PROSATORI DEL NOVECENTO

PROSATORI DEL NOVECENTO

MICHELE CANTARELLA
Smith College

HOLT
RINEHART
WINSTON

New York, Toronto, London

Library of Congress Catalog Card Number: 67-10872
Printed in the United States of America

ISBN: 0–03–055190–0
234 008 16 15 14

A
Francesco,
Nelda,
Virginia
e
Michelino,
molto lontani,
ma sempre vicini.

Introduction

Prosatori del Novecento has been inspired by the desire to give students of Italian an image of contemporary Italy as well as a panoramic view of prevailing Italian literary trends. It may be used in college or high school courses as soon as students have mastered the basic elements of Italian grammar.

The sixteen stories. The stories here included have been selected from the works of outstanding writers, most of whom belong to the post World War II generation. The material deals with varying aspects of Italian life, mores, events and problems. The collection opens with a story by Moravia, the dean of contemporary Italian novelists, followed by one from the pen of Lampedusa, an aristocrat who points to the roots of Italy's "Southern problem," and by a vignette by Pratolini, the chronicler of Florentine life. Silone, Vittorini and Levi, in their neorealistic vein, reveal the true face of Italy concealed behind the "imperial" fascist mask, while Calvino and Cassola report episodes of the Italian resistance against Fascism and Nazism during the war of liberation. Contrasting facets of Italian mentality are disclosed by Rea, Soldati, Pavese, Buzzati, Ortese, Marotta, Ginzburg and Cassieri in their pathetic, humorous, witty or satirical stories. The authors come from different parts of Italy and the action of their stories is set in ten regions that range from the Alps to Sicily, thus offering a variety of backgrounds, situations, characters and styles.

Since no short stories suitable to our purpose by Silone, Vittorini and Levi were available, chapters from their major works have been reproduced. Except for the texts from Silone, Levi and Ortese, which had to be abridged for reasons of space, the others have been given in their entirety.

Each of the sixteen selections is preceded by a profile of its author which supplies information about his life, his works and his style. In these profiles, the title of those works which have been translated into English follows their Italian title.

Footnotes and vocabulary. Inasmuch as there is no general rule in Italian for marking the accent on final *e*, *i* and *u*, the student will find in the texts such doublets as *lí* and *lì*, *perché* and *perchè*, *sí* and *sì*, *piú* and *più* since the autography of the original Italian publications is followed. However, in the complete end vocabulary all words, including those falling in this category, have been accented according to the practice of the best Italian dictionaries. Non-recurring words and some difficult constructions have been annotated and translated at the foot of the page where they occur. Here, as well as in the end vocabulary, stress and accent are indicated typographically. In both the footnotes and the end vocabulary no literal translation of the words and idioms has been given; rather the corresponding English equivalents as they apply to the specific text are provided.

The exercises. Since oral and written drill is of paramount importance in order to increase and improve language efficiency, a substantial amount of exercise material has been provided.* This exercise material is found in a special section after the sixteen selections. It is of three types:

EXERCISE A. Ten questions are provided which cover the main points of the story. In understanding and answering these the students will familiarize themselves with the words and expressions which are to be used in the following exercises B and C. Preferably the answers to exercise A should be written and the questions then used as topics for conversation.

EXERCISE B. Ten verbal patterns selected from the story just read highlighting points of structural contrast between Italian and English. Each pattern is to be used in two sentences the

---

*An accompanying laboratory program on magnetic tape is also available. For information regarding its content please write to the Foreign Language Department of Holt, Rinehart and Winston, Inc., 383 Madison Avenue, New York, New York 10017.

second of which contains another possible English translation. These sentences involve only the use of high-frequency words with which the intermediate student is already familiar and the new items from the story just read.

EXERCISE C. This last exercise is a completion drill involving the use of high-frequency idiomatic expressions.

The exercises for the last few stories are noticeably longer than the others since they are intended to provide a general review of the vocabulary, idioms and structures of previous drills.

M.C.

Contents

Introduction

PROSATORI DEL NOVECENTO

1. ALBERTO MORAVIA

(Roma 1907)

ALBERTO MORAVIA, whose real name is Alberto Pincherle, is generally recognized as the foremost Italian writer of our times. Born in Rome in 1907, he spent the first sixteen years of his life in and out of hospitals and sanatoria. Forced to a life of solitude, he used to invent—as lonely children are wont to do—stories both long and short that he used to tell himself out loud. He became so adept a story-teller that by the time he was 22 he burst as a full-fledged novelist on the literary scene of Italy with *Gli indifferenti* (*The Time of Indifference*), his first work, published at his own expense. The novel—in a taut, raw, harsh, icy, rapid-firing prose—gives a masterful analysis of the complete collapse of an upper middle-class Roman family. Two mutually hostile camps greeted the work. The detractors found it amoral and asocial. The enthusiasts, among them the literary critic G. A. Borgese, hailed Moravia as "l'enfant prodige" of twentieth-century Italian literature and as the brightest star in its firmament. This controversy did its share to establish the young Moravia not only at home but abroad and he soon became one of the most widely read and translated of Italian writers.

Moravia is the author of more than twenty volumes which include novels, short stories, plays, essays and travel notes on the many countries—including the United States—which he has visited. He has been awarded four of Italy's major literary prizes. Besides being co-editor of the literary review *Nuovi Argomenti,* he is the trenchant, informed film critic of the weekly *L'Espresso* and a regular contributor to the daily *Corriere della Sera.*

Roman to his very fingertips, Moravia almost invariably sets the action of his novels in Rome and his characters are usually

Romans of the bourgeoisie or the lower middle class. But the problems which vex them always have universal significance.

Like most modern writers, Moravia is concerned with men or women who have been stripped of faith, hope and even moral resiliency. Unimpassioned, indifferent, drained, they are often incapable of loving or being loved. Yet Moravia is also a realist and a moralist, human yet stern. He makes real and repugnant to the reader the dark emotions and motives which propel man.

Moravia is a compelling writer. His style is fluid, sharp, concise and amusing—perhaps even antiliterary—but it is always spellbinding. Once the reader begins one of his novels or short stories he will not be able to put down the book until he has finished it.

Moravia's most successful novels include: *Agostino* and *La disubbidienza* (*Two Adolescents*), which deal with the real and imaginary trials and tribulations of two unusually intelligent and sensitive boys emerging from adolescence into the mysterious complexities of the adult world; *La Romana* (*The Woman of Rome*), a graphic story of the hard climb of an ambitious and beautiful working-class girl who is determined to use every means at her command to escape from the dreary poverty into which she was born; *La Ciociara* (*Two Women*), the dramatic description of the horrors of war through two acts of violence, one collective and the other individual, immortalized in the film which Vittorio de Sica made of it with Sophia Loren playing the part of the mother; and *La noia* (*The Empty Canvas*), an introspective novel about the moral and intellectual bankruptcy of modern man who, alienated from society, nature and himself, lives in a self-perpetuating vacuum.

Although Moravia owes his international reputation to his novels, the genre in which he stands without peer is the short story, a literary form which in Italy has an ancient tradition that goes back to the *Novellino* and Boccaccio's *Decameron*. Most of Moravia's short stories have been collected in three imposing volumes: *Racconti, Racconti Romani* and *Nuovi Racconti Romani*. The dramatis personæ are young men and young women of the Roman working districts: mechanics, taxi and truck drivers, waiters, fruit or flower vendors, street singers, office boys, receptionists, daredevils and bullies bursting with life and who give, through an incisive if elliptical dialogue and vivid narrative force, an account of their paradoxical lives and how they have come to be what they are.

Una donna sulla testa, taken from *Nuovi Racconti Romani*, is a wry and witty treatment of the theme of boredom which Moravia was later to develop into the novel *La noia*.

Una donna sulla testa

Deciso a tutto pur di lavorare, accettai finalmente di diventare fattorino al servizio di un certo Crostarosa che aveva un'agenzia di viaggi e turismo dalle parti di via Veneto.[1] Questo Crostarosa era un bell'uomo, con la faccia rossa e i capelli d'argento; gli occhi li aveva neri sotto due ₅ cespuglietti di sopracciglia nere come il carbone. Crostarosa doveva averne passate tante; e questa dell'agenzia non era che l'ultima. Sapeva, per esempio, parlare molte lingue alla perfezione: il francese, l'inglese, il tedesco, lo spagnolo e perfino, come scoprii con stupore, una volta che venne ₁₀ all'agenzia un tizio scuro di pelle, con un fazzolettone in testa e un accappatoio addosso, anche l'arabo. Lui non parlava mai della sua vita, ma, come ho detto, doveva

---

[1] *Via Vèneto:* One of the most glamorous streets of Rome.

averne passate assai: a sprazzi, ogni tanto, veniva fuori che era stato in India o in Brasile, in Inghilterra o in Australia; ma, cosí, modestamente, come io direi: sono stato a Ladispoli,[2] sono stato a Frascati. Ne aveva passate tante e non
5 era piú giovane, anzi quasi anziano, sebbene si vestisse sempre di chiaro, per lo piú a quadrettini bianchi e neri, con cravatte e fazzoletti sgargianti. Crostarosa era gentile; ma gentile da non credersi: mai perdeva la pazienza, mai si urtava, mai diceva una parola di troppo, in nessuna
10 lingua, mai smetteva quel suo tono di voce dolce, paterno, entrante, servizievole, affabile.

Aveva una paroletta gentile per tutti: per il tedesco ottuso e pignolo che voleva tutto scritto, tutto annotato, tutto dettagliato; per l'americano rompiscatole e diffidente
15 che aveva paura che gli si fregassero i dollari; per il francese padrone del mondo, insultante di sufficienza; per lo scandinavo di poche parole ma ostinato come un mulo.

Crostarosa ci aveva sul bancone due o tre telefoni ai quali lui rispondeva pur prendendo tutto il tempo ap-
20 punti e tenendo il ricevitore appicciato all'orecchio con la spalla. Queste telefonate erano tutte eguali: si parlava di viaggi, si rispondeva sui viaggi e tutto finiva lí. Però, quattro o cinque volte al giorno in media, capitava una certa telefonata differente, non di viaggi, per cui Crosta-
25 rosa gettava via carta e matita e ascoltava serio e rispondeva serio e non si occupava piú dell'agenzia né dei clienti. Queste telefonate erano lunghe e si vedeva che Crostarosa friggeva dall'impazienza, ma lui era gentile, come ho detto, e non diceva niente per farle finire o,
30 quanto meno, abbreviare. Si limitava ad ascoltare, dicendo ogni poco qualche parola, guardando intanto alla porta a vetri e, se entrava qualche cliente, sorridendo come per

---

2 *Ladìspoli* and *Frascati* are two towns a few miles from Rome, the latter famous for its wine.

dire che avesse pazienza un momento, con un bel sorriso pieno di denti finti, perché ci aveva la dentiera, Crostarosa, bianca accecante, da giovanotto di vent'anni. Finalmente all'altro capo, la persona finiva di parlare; e allora Crostarosa deponeva il ricevitore, non senza però avergli prima 5 lanciato un'occhiata quasi di rimprovero; e non senza sospirare, in maniera triste, senza rancore, però, gentilmente, dolcemente, come il solito suo.

Nell'ufficio che era una stanzetta stretta e lunga da metterci[3] piuttosto una vendita di coni gelati che un'agenzia 10 di viaggi, eravamo in tre: una signorina brutta, di mezza età, coi capelli crespi tinti, gli occhiali, e una punta di malignità sulla punta del nasino puntuto, che stava alla macchina da scrivere; Crostarosa che faceva tutto lui; ed io. La signorina che si chiamava Peverelli, doveva sapere 15 benissimo chi fosse la persona che telefonava a Crostarosa, perché, ogni volta che quella telefonata incominciava, lei interrompeva di battere a macchina e si metteva là, dietro il suo tavolino, a godersi lo spettacolo della pazienza di Crostarosa con una certa aria tra la malignità e il com- 20 patimento che, a sua volta, era tutto uno spettacolo. Forse era innamorata di Crostarosa, la signorina Peverelli. Certo gli voleva bene; e ogni volta che lui deponeva il telefono, lei tirava un sospiro e scuoteva la testa, in una certa sua maniera, come per dire: « Poveretto, lo compatisco... ma 25 esagera con la pazienza... se rispondessi io, sarebbe tutta un'altra cosa. » Eh, ci sono facce che sono parlanti e dicono tante cose, anche se tengono la bocca chiusa. La signorina Peverelli aveva una di queste facce.

Io non capivo niente; poi, finalmente, un giorno, capii 30 tutto in una sola volta. Crostarosa era uscito per andare a fare certi biglietti presso un'agenzia di navigazione aerea;

---

3 *da métterci:* fit for.

la signorina, siccome non erano ancora le quattro, non c'era;[4] io, in quella calda giornata di giugno, me ne stavo intontito, dietro il banco, guardando alla poca gente che passava dietro i vetri. Squilla il telefono, stacco, una vocina 5 dolce, proprio bella, una vocina d'angelo, domanda: « C'è il signor Crostarosa? » Risposi subito, come mi era stato raccomandato: « Non c'è... è andato all'agenzia della navigazione aerea... sarà qui tra un momento. » « Ma io con chi parlo? » «Con il fattorino, Luigi... e lei, scusi, chi 10 è? Il signor Crostarosa mi ha raccomandato di prendere tutti i nomi di quelli che telefonano. » « Io sono la signora Crostarosa... Luigi, lei si annoia? » A questa domanda, dico la verità, rimasi a bocca aperta. Balbettai: « Eh, signora, cosí cosí . . . » E lei: « Luigi, io mi annoio, soffoco, non 15 ne posso piú . . . Luigi, dica al signor Crostarosa, quando torna, che è inutile che mi telefoni perché io mi sono buttata dalla finestra. » E, click, giú il telefono. Io non ci ero ancora abituato; e cosí, dopo questa dichiarazione cosí decisa, rimasi proprio male. Quella si buttava dalla finestra e io 20 non potevo farci niente, non potevo né telefonarle perché non conoscevo il numero di casa di Crostarosa, né andarci perché non conoscevo l'indirizzo. Passa mezz'ora; Crostarosa rientra nell'ufficio; io mi precipito: « Presto, signor Crostarosa, presto . . . sua moglie ha telefonato poco fa che 25 si buttava dalla finestra. » Lui mi guardò senza turbarsi né dir parola; depose in ordine in un casseto i biglietti aerei che teneva in mano; poi, con calma, prese il telefono, formò il numero. Subito lei gli rispose; e lui, dopo un poco, disse: « Cara, perché hai detto quella brutta cosa a Luigi? L'hai 30 spaventato. » Una pausa, poi: « Ma no, cara, angelo mio, no, tu non devi farlo, se mi vuoi veramente bene, come dici. E

---

4 *la signorina . . . non c'èra:* Offices and stores in Italy usually close down from 1:00 PM to 4:00 PM, during the lunch and siesta period.

la bambina, non ci pensi alla bambina? Perché, invece, non vai a prendere un tè in qualche albergo? Perché non telefoni ad Alice per una canasta? » Nuova pausa. « Ma no, ma no, ti prego, ti supplico, non farlo, tu mi vuoi far morire di dolore... pensa alla nostra bambina... Un'idea: perché non vai a vedere quel film tanto bello, c'è l'aria condizionata, ti divertirai. » Ancora una pausa. « Ma no, no, no, tu questo, nonché dirlo, non devi neppure pensarlo... ci sono io che ti voglio tanto bene, c'è la bambina... ci vuoi lasciare soli? » E via di questo passo.

Poi, dopo tante altre telefonate, l'ho saputo quello che lei rispondeva alle suppliche e alle raccomandazioni di quell'uomo cosí gentile: « Mi butto dalla finestra, sí, mi butto, mi butto.» Era un'ossessione, questa della finestra. E lui, paziente, dolce, cercava di smontarla, di consolarla; e alla fine ci riusciva perché, insomma, lei dalla finestra non ci si buttava.

Basta, venne luglio e Crostarosa fece un sacrificio, perché non era ricco e mandò la moglie con la governante e la bambina a Cortina d'Ampezzo, in uno dei primi alberghi. Ci credereste? Lei continuò a telefonargli, nello stesso modo, soltanto che adesso, invece che da via Caroncini, a Roma, dove abitavano, le telefonate gliele faceva da Cortina, a tante centinaia di lire ogni tre minuti e lui, poveretto, che lo sapeva che il denaro correva, sudava e fremeva ma lo stesso, sempre per il timore che lei si buttasse davvero, non cercava di abbreviare le comunicazioni ma la consolava e la pregava. Da Cortina d'Ampezzo lei passò al Lido di Venezia e anche di lí, siccome anche lí si annoiava e le finestre erano alte, minacciava, con le interurbane, di buttarsi; e Crostarosa, dall'ufficio, a Roma, insisteva che non si buttasse e che pensasse a lui e alla bambina.

Passò l'estate, lei tornò a Roma; e ricominciò la stessa solfa; ma forse peggiorata, perché vedevo che Crostarosa

7

era diventato nervoso e quando lei gli parlava al telefono persino si dimenticava di sorridere ai clienti che entravano. Un giorno che lui era sprofondato nello studio di un orario internazionale per conto di un americano che voleva andare
5 in Persia, ecco che lei telefonò, al solito. Crostarosa prese il ricevitore, disse brevemente: « Guarda, angelo mio, non ho proprio tempo... ti mando Luigi con una lettera; » e tolta da un cassetto la lettera già pronta, me la diede raccomandandomi di portarla a sua moglie, a via Caroncini.
10 Ci andai. Trovai una bella casa moderna, salii con l'ascensore al secondo piano, entrai in un appartamento elegante, signorile, tanto che pensai: « Ce l'avessi io un appartamento come questo... certo non penserei di buttarmi dalla finestra. » La cameriera, giovine e bellina, con il
15 grembiale di pizzo e la cuffia, mi introdusse in un salotto spazioso. Seduta sul pavimento, assorta a giocare con una bambola e un orso di pezza, c'era una bambina bionda di forse quattro anni, con un bel viso tondo, rosso di salute e due occhi azzurri che sembravano due fiori. In una poltrona,
20 davanti la finestra aperta, c'era la signora Crostarosa.
Dico la verità, me l'ero immaginata tutta diversa nonostante la vocina dolce: scarmigliata, esaltata, una strega. Vidi invece una donna molto giovane, avrà avuto ventiquattr'anni, con un viso delicato, una bocca che pareva
25 una rosa, e gli occhi grandi, scuri, belli, dall'espressione angosciata, però. Si alzò, come entrai, e notai che era alta, elegante, snella. Aveva la mano lunga e bianca, con un anello con un brillante al dito. Disse: « Lei è Luigi, non è vero?... me l'ero immaginato. » Quindi prese la lettera e
30 tornò a sedersi nella poltrona, ingiungendomi di non andarmene: prima voleva leggerla. Mentre leggeva, io vedevo le sue pupille trascorrere da una parte all'altra del foglio, muovendosi rapide sotto le palpebre socchiuse e allora capii che lei non era normale perché quelle pupille scintillavano

in una maniera strana. Infatti, finita la lettera, ebbe come una crisi di nervi: stracciò la lettera, la gettò a terra, poi si prese il viso tra le mani smaniando e dicendo non so che cosa. Tutto questo senza preoccuparsi affatto né di me che la guardavo, né della bambina che, lei, doveva esserci 5 abituata, perché continuò, zitta zitta, a giocare con la sua bambola e il suo orso. Finalmente, lei cominciò a dire le stesse cose che diceva per telefono: « Mi annoio, mi annoio, non ne posso piú, mi butto dalla finestra, sí, mi butto, mi butto. » Non sapendo che fare, mi avvicinai, sedetti sopra 10 una seggiola accanto a lei e le dissi: « Signora, non dica questo, lei non deve buttarsi. » « E perché no, Luigi? » domandò lei, pronta, togliendosi le mani dalla faccia e guardandomi con quei suoi magnifici occhi. Dissi: « Perché la vita é bella, signora... guardi me... dormo in un sottoscala, 15 mangio lo sfilatino, ci ho le scarpe rotte... però non mi annoio e non penso a buttarmi dalla finestra. » « Ma voi siete diversi, voi del popolo... almeno avete la miseria a cui pensare... io non ci ho nulla, nulla, nulla. » « Ma signora, lei ha una bambina che è un amore, ha un marito che non vede 20 che per gli occhi suoi, ha una bella casa, viaggia, si diverte... perché vuol buttarsi dalla finestra? » Intanto, pur cosí parlando, non so come, le avevo preso la mano e lei me l'abbandonò e, dico la verità, io mi sentii ad un tratto tutto turbato, perché era una gran bella donna e io di donne cosí 25 sinora non ne avevo vedute che al cinema. Dunque, tenendole la mano, continuai, pieno di zelo: « Signora, lei dice che i poveri almeno hanno da pensare alla miseria... ma lo sa lei che è la miseria?... lo sa lei, per esempio, che è la disoccupazione? » E lei, tutto ad un tratto, con uno strillo: 30 « Ma chi piú disoccupata di me? Io non faccio nulla tutto il giorno, non so che farc di me stessa, non so dove mettermi... ah, io non ce la faccio piú, mi butto dalla finestra, sí, mi butto. » « Signora, provi a lavorare anche lei... vedrà che

non si annoierà piú. » Altro strillo: « Lavorare... ma ci ho provato a lavorare... mio marito mi aveva preso al suo ufficio... battevo a macchina, al posto di quell'odiosa signorina Peverelli... ma io impazzivo lo stesso dalla noia... avrei
5 ammazzato tutti quegli imbecilli che venivano a chiedere informazioni sui viaggi... e lo dissi a mio marito: prenditi un'altra segretaria, altrimenti impazzisco e uno di questi giorni salgo al piano di sopra e mi butto dalla finestra. » Pensai: "E dàgli con questa finestra;" quindi, sempre tenen-
10 dole la mano: « Ma l'amore, signora, l'amore lei l'ha mai provato? » e per un momento quasi sperai che lei mi gettasse le braccia al collo e mi dicesse: "Luigi, ti amo, non mi butto piú dalla finestra." Invece, non l'avessi mai fatto.[5] Cacciò un urlo: « Per caritá, l'amore... mi fa orrore, l'amore... tutti
15 quegli uomini che vanno dietro le donne e dicono tutti le stesse cose... c'è da impazzire... meglio far la segretaria a mio marito, allora... ah, ah, l'amore... non mi parli dell'a-more, Luigi. » A questo punto per fortuna, ecco, squillò il telefono, lei ci si avventò e disse subito: « Ah sei tu, Gaeta-
20 no. » Era il marito; e io, pensando che adesso ci avrebbe pensato lui a convincerla, indietreggiai fino alla porta e poi uscii.

Discesi le scale pensando: "Che tipo... un tipo cosí, a pagarlo a peso d'oro, non se ne trova un secondo;" quindi passai per il portone d'ingresso del palazzo. Il portone era
25 proprio sotto le finestre dei Crostarosa, due piani piú giú. Come uscivo, tutto ad un tratto, udii un urlo, e quindi, pata-punfete, un colpo terribile e un peso enorme che mi cascava addosso e poi capitombolai per terra e svenni e non sentii piú nulla.
30 Rinvenni all'ospedale, in un letto tra i tanti, allineati in due file ai due lati di un camerone bianco. Ero fasciato per tutto il corpo, mi sentivo male e, insomma, la buona

---

[5] *non l'avéssi mai fatto:* would that I had kept my mouth shut.

suora che mi sedeva accanto, mi spiegò quello che era successo. Lei al telefono aveva detto, al solito: « Mi butto dalla finestra, sí, mi butto, mi butto; » e Crostarosa, o che avesse perduto finalmente la pazienza, o che fosse nervoso per via dello scirocco, le aveva risposto, per la prima volta: 5
« E buttati. » Lei, allora, con la massima semplicità, aveva posato il ricevitore, era andata alla finestra e si era buttata. Per fortuna sua mi era cascata addosso proprio nel momento in cui uscivo dal palazzo. Morale: io ci avevo due o tre costole rotte e lei non si era fatta nulla, salvo la crisi di nervi, 10
perché io le avevo fatto da cuscino. E adesso io ero all'ospedale e lei era a casa.

Poco dopo venne il professore seguito dagli assistenti e da un codazzo di infermieri. Come mi vide, forse perché ce n'erano tanti di malati, disse: « Andiamo bene, giovanotto... 15
siete fortunato... ah, voialtri giovanotti, non ci avete che le donne per la testa. » Qualcuno allora gli fece osservare sottovoce che si sbagliava: il suicida per amore stava un letto piú in là. Ed io: « Professore, non dica: le donne per la testa... dica piuttosto: una donna sulla testa. » 20

(From *Nuovi Racconti Romani,* Bompiani, Milano, 1959. Reproduced here with the permission of the publisher.)

2. GIUSEPPE TOMASI DI LAMPEDUSA
(Palermo 1896—Roma 1957)

GIUSEPPE TOMASI, Duke of Palma and Prince of Lampedusa, was a cultivated Sicilian aristocrat, descendant of an ancient family of feudal absentee landowners. During World War I, he served as an artillery officer. Taken prisoner on the Balkan front, he escaped in disguise and made his way back to Italy by crossing all of Europe on foot. With the coming of peace, he dedicated his intellectual life first to military and historical studies and then to French, English, German and Russian literature. While in his early thirties he married the Baroness Alessandra von Wolf-Stomersee, a Baltic lady of profound culture who was also a noted Freudian analyst. A silent and retiring man, the Prince of Lampedusa was a voracious reader who, for years, spent his days poring over books in the back room of a café in his native Palermo, and his evenings at home reading aloud in five foreign languages with his wife. Because he was torn between love and hatred for Sicily, he occasionally escaped from it by traveling or staying in France, England and Latvia.

It was not until the last two years of his life that Tomasi di Lampedusa discovered his natural inclination for writing. Urged by his wife, he wrote a novel which he submitted to a prominent Italian publisher. Five days before his death by cancer in Rome in July 1957, he was notified by the editor that his work was unpublishable.

Several months later an unsigned copy of his manuscript reached, almost by accident, the desk of a young Italian writer who immediately recommended it to Giangiacomo Feltrinelli, the dynamic publisher who had brought out of Russia and given to the world Boris Pasternak's *Doctor Zhivago*. Its title was *Il Gattopardo*

(*The Leopard*). The book's success was electric and instantaneous with critics hailing it as the best novel of the year, of the decade, of the century.

The story opens in the year 1860, just as Garibaldi and his Thousand Red Shirts land in Sicily to liberate the Island and Southern Italy from the Bourbon monarchy. Autobiographical in character, the novel is built around Lampedusa's great-grandfather, a magnificent, sensual, aristocratic despot who ruled his immense holdings and his family with imperious hand. Aware of the ineptitude of his class and the iniquitous social order on which it rested, Don Fabrizio, *il Gattopardo,* now witnesses with resignation the decline of his fortunes and the disintegration of his house, inert in the face of the ruthless upsurge of the hard-working, coarse, grasping, short-sighted bourgeoisie that will supplant his kind. Written in an engagingly refreshing poetic style, the novel won the Strega Prize, was translated into many languages and, not long after its acclaimed appearance in Italy, became a world best seller, universally acknowledged as a masterpiece worthy of taking its place among the classics of world literature.

Following the success of *Il Gattopardo,* a search among Tomasi di Lampedusa's papers brought to light three stories and a long autobiographical memoir which were published in 1961, also by Feltrinelli, under the title of *Racconti* (*Two Stories and a Memory*).

Il viaggio is taken from *I luoghi della mia prima infanzia* (*Places of My Infancy*) composed of 8 chapters which the author wrote before *Il Gattopardo,* not so much for publication as for possible inclusion in his novel. The stories are beautiful, elegiacal and nostalgic evocations of his childhood envisioned as a long-lost Eden.

Il viaggio gives an idea of Sicilian feudal life, of the old order with the immense wealth and quasi-regal haughtiness of the aristocracy. Contrasted with the frightening squalor of the hamlets and towns that surrounded their princely estates, the abysmal poverty and servility of the peasantry and the social injustice prevalent in Western Sicily, it is not difficult to understand the collapse of these great families, the coming to power of a scheming, backward, corrupt, rapacious class of callous upstarts and the growth of the Mafia.

The two houses mentioned in this story were both lost by Tomasi di Lampedusa. The palace in Palermo was totally destroyed by Allied bombings in 1943, and the great villa at Santa Margherita Belice (called "Donnafugata" in *Il Gattopardo*), with its more than a hundred rooms, its library, its private theatre and church, was sold by his uncle, ironically enough a Socialist Deputy in the Italian Parliament.

Il viaggio

Ma la casa di Palermo aveva anche delle dipendenze in campagna che ne moltiplicavano il fascino. Esse erano quattro: Santa Margherita Belice,[1] la villa di Bagheria,[2] il palazzo a Torretta[3] e la casa di campagna a Raitano.[4] Vi era anche la casa di Palma[5] e il castello di Montechiaro,[6] ma in quelli non andavamo mai.   5

La preferita era Santa Margherita, nella quale si passavano lunghi mesi anche d'inverno. Essa era una delle piú belle case di campagna che io abbia visto. Costruita nel 1680, verso il 1810 era stata completamente rifatta dal   10

---

[1] *Santa Margherita Belice:* Small town in W Sicily N of Sciacca.
[2] *Bagherìa:* A town E of Palermo.
[3] *Torrètta:* Locality about 15 miles W of Palermo.
[4] *Raitano:* S of San Giusèppe Iato in the province of Palermo.
[5] *Palma di Montechiaro:* Town E of Agrigento founded in 1637 by Carlo Tommaso di Lampedusa, an ancestor of the author.
[6] *Castèllo di Montechiaro:* Picturesque XIV century castle near Palma.

principe Niccolò Filangeri di Cutò,[7] padre di mio bisnonno materno, in occasione del soggiorno lunghissimo che vi fecero Ferdinando IV[8] e Maria Carolina,[9] costretti in quegli anni e risiedere in Sicilia, mentre a Napoli regnava Murat.[10]
5 Dopo, però, essa non era stata abbandonata come avvenne invece a tutte le altre case siciliane, ma continuamente curata, restaurata ed arricchita fino a mia nonna Cutò, la quale, vissuta sino a venti anni a Parigi, non aveva ereditato l'avversione sicula per la vita in campagna, vi risiedeva
10 quasi continuamente e l'aveva posta in condizione *up to date* (per il Secondo Impero, si capisce, che non era però molto differente dallo stato di comfort che regnò in Europa sino al 1914).

Il fascino dell'avventura, del non completamente com-
15 prensibile che è tanta parte del mio ricordo di Santa Margherita, cominciava con il viaggio per andarvi. Era una intrapresa piena di scomodità e di attrattive. In quei tempi non vi erano automobili; verso il 1905 il solo che circolasse a Palermo era l' *"électrique"* della vecchia signora Giovanna
20 Florio.[11] Un treno partiva dalla stazione Lolli[12] alle cinque e dieci del mattino. Bisognava quindi alzarsi alle tre e mezza. Mi si svegliava a quell'ora sempre noiosa, ma resa per me piú infausta dal fatto che era quella stessa alla quale mi si propinava l'olio di ricino quando avevo mal di pancia.
25 Camerieri e cuochi erano già partiti il giorno prima. Ci si caricava in due *landaus* chiusi; nel primo mio padre, mia madre, la governante ed io. Nel secondo Teresa, o Con-

---

[7] *Cutò:* Name of an old and distinguished Sicilian family.
[8] *Ferdinando IV:* Ferdinand IV (1751-1821), King of Naples and Sicily.
[9] *Marìa Carolina* (1752-1814): Daughter of Francis I, Emperor of Austria, and wife of Ferdinand IV.
[10] *Murat, Joachim* (1767-1815): French general, brother-in-law of Napoleon I and King of Naples from 1808 to 1815.
[11] *Flòrio:* Name of a family of Sicilian industrialists and shipowners.
[12] *stazióne Lòlli:* One of Palermo's railway stations.

cettina che fosse,[13] la cameriera di mia madre, il contabile che andava a passare le vacanze con i suoi, e Paolo, il cameriere di mio padre. Credo che anche un altro veicolo seguisse, con i bagagli e le ceste per la colazione.

Era generalmente fine giugno e nelle strade deserte 5 cominciava ad albeggiare. Attraverso piazza Politeama[14] e via Dante (che allora si chiamava via Esposizione) si arrivava alla stazione Lolli, e lí ci si cacciava nel treno per Trapani.[15] I treni erano allora senza corridoi e quindi senza ritirata; e quando ero molto piccolo ci si tirava dietro per me 10 un vasino da notte in orribile ceramica marrone comprato apposta e che si buttava dal finestrino prima di arrivare a destinazione. Il controllore faceva il suo servizio aggrappato all'esterno della vettura ed a un tratto si vedeva dal di fuori sorgere il suo berretto gallonato e la sua mano guantata 15 di nero.

Durante delle ore si attraversava il paesaggio bello e tremendamente triste della Sicilia occidentale: credo che fosse allora tale e quale come lo trovarono i Mille[16] sbarcando—Carini, Cinisi, Zucco, Partinico[17]—; poi la linea cos- 20 teggiava il mare, i binari sembravano posati sulla sabbia; il sole già ardente ci cuoceva nella nostra scatola di ferro, ed alle stazioni non c'era da aspettare nessun rinfresco;[18] poi il treno tagliava verso l'interno, tra montagne sassose e campi di frumento mietuto, gialli come le giubbe di leoni. 25 Alle undici finalmente si arrivava a Castelvetrano,[19] che

---

[13] *che fósse:* whoever might be.
[14] *Politeama:* Opera House.
[15] *Tràpani:* Ancient city and seaport in Western Sicily.
[16] *i Mille:* The Thousand. So were called the thousand patriots who, under Garibaldi, landed in Sicily in 1860, to liberate Southern Italy.
[17] *Carini . . . Partinico:* Towns W of Palermo on the way to Trapani.
[18] *non c'èra da aspettare nessun rinfrésco:* there were no refreshments to be expected.
[19] *Castelvetrano:* Inland town in the province of Trapani.

allora era lungi dall'essere la cittadina civettuola e ambiziosa
che è adesso: era un borgo lugubre, con le fognature allo
scoperto ed i maiali che si pavoneggiavano nel corso centrale; e miliardi di mosche. Alla stazione che già da sei ore
5 rosolava sotto il solleone ci aspettavano le nostre carrozze,
due *landaus* ai quali erano state adattate delle tendine
gialle.

Alle undici e mezzo si ripartiva: sino a Partanna,[20] per
un'ora la strada era piana e facile, attraverso un bel paesag-
10 gio coltivato; si andava riconoscendo i luoghi noti, le due
teste di negri in maiolica sui pilastri d'ingresso di una villa,
la croce di ferro che commemorava un omicidio; giunti
sotto Partanna, però, la scena cambiava: si presentavano
tre carabinieri, un brigadiere e due militi, che a cavallo
15 e con la nuca riparata da una pezzuola bianca come i
cavalleggeri di Fattori,[21] avrebbero dovuto[22] accompagnarci
sino a Santa Margherita. La strada diventava montuosa:
attorno si svolgeva lo smisurato paesaggio della Sicilia del
feudo, desolato, senza un soffio d'aria, oppresso dal sole di
20 piombo. Si cercava un albero alla cui ombra far colazione;
non vi erano che magri ulivi che non riparavano dal sole.
Infine si trovava una casa colonica abbandonata, semi in
rovina, ma con le finestre gelosamente chiuse. Alla sua
ombra si scendeva e si mangiava: succolente cose, per lo
25 piú. Un po' in disparte anche i carabinieri cui si era mandato il pane, la carne, il dolce, le bottiglie, facevano colazione allegri, già bruciati dal sole. Alla fine del pasto il
brigadiere si avvicinava, col bicchiere pieno in mano. "A
nome anche dei miei militi, ringrazio le Loro Eccellenze."
30 E buttava giú il vino che doveva avere 40 gradi di calore.

---

20 *Partanna:* Town in the province of Trapani.
21 *Fattóri, Giovanni* (1825-1908): Italian painter famous for his Tuscan
and Roman landscapes.
22 *avrèbbero dovuto:* were to.

Ma uno dei militi era rimasto in piedi, e girava intorno alla casa, circospetto.

Ci si metteva in carrozza. Erano le due, l'ora veramente atroce della campagna estiva siciliana. Si andava al passo perché incominciava la discesa verso il Belice.[23] Tutti erano muti, e fra il battere degli zoccoli si sentiva solo la voce di un carabiniere che canticchiava: "La spagnola sa amar cosí."[24] Il polverone si alzava. Poi si traversava il Belice, che era un fiume sul serio per la Sicilia, con financo dell'acqua nel suo greto, e cominciava l'interminabile salita al passo: le giravolte si succedevano eterne nel paesaggio calcinato.

Sembrava non dovesse finir piú, ma tuttavia finiva. In cima al versante, i cavalli si fermavano, fumanti di sudore; i carabinieri smontavano, anche noi scendevamo per sgranchirci le gambe. E si ripartiva al trotto.

Mia madre cominciava ad avvertirmi:

"Stai attento ora, tra poco a sinistra vedrai la Venaría."[25] E infatti si giungeva su un ponte e a sinistra si scorgeva finalmente un po' di verzura, dei canneti e financo un aranceto. Erano le Dàgari,[26] la prima proprietà Cutò che si incontrasse. E dietro le Dàgari una collina ripida, traversata sino in cima da un largo viale di cipressi che portava alla Venaría, padiglione di caccia che ci apparteneva.

Non eravamo piú lontani, e mia madre, sospinta dal suo amore per Santa Margherita, non stava piú ferma, si sporgeva ora da uno sportello, ora dall'altro. "Siamo quasi a Montevago."[27] "Siamo a casa!" Si traversava infatti Monte-

---

[23] *il Belice:* River in W Sicily which runs from N to S and empties near the ruins of the ancient Greek city of Selinunte, V B. C.

[24] *"La spagnòla sa amar cosí.":* "That's how the Spanish girl makes love." Refrain of an old, popular song called *"La spagnòla"*.

[25] *Venaría:* Name of the Lampedusas' hunting lodge.

[26] *Dàgari:* One of the Lampedusas' estates.

[27] *Montevago:* Hamlet a few miles from Santa Margherita Belice.

vago, primo nucleo di vita ritrovato dopo quattro ore di strada. Ma quale nucleo! Larghe strade deserte, case egualmente oppresse dalla povertà e dall'implacabile sole, nessuna anima viva, qualche maiale, qualche carogna di gatto.

5 Ma passato Montevago tutto andava meglio. La strada era diritta e piana, il paesaggio ridente. "Ecco la villa di ...!" "Ecco la Madonna delle Grazie e i suoi cipressi!" E salutava con gioia perfino il cimitero. Poi la Madonna di Trapani. "Ci siamo,[28] ecco il ponte."

10 Erano le cinque di sera. Viaggiavamo da dodici ore. Sul ponte era schierata la banda municipale che attaccava con slancio una polka. Noi abbrutiti, con le ciglia bianche di polvere e la gola riarsa, ci sforzavamo di sorridere e ringraziare. Un breve percorso nelle strade, si sboccava 15 nella piazza, si vedevano le linee aggraziate della casa, si entrava nel portone: primo cortile, androne, secondo cortile. Si era arrivati. Al basso della scala esterna il gruppetto dei "familiari" capeggiato dall'eccellente amministratore, minuscolo sotto la barba bianca e fiancheggiato dalla potente 20 moglie. "Benvenuti!" "Come siamo contenti di essere arrivati."

Su in un salotto l'amministratore aveva fatto preparare delle granite di limone, pessime, ma che erano lo stesso una benedizione. Io venivo trascinato da Anna nella mia stanza 25 e immerso riluttante in un bagno tiepido che l'amministratore, l'inappuntabile, aveva pensato a far preparare, mentre i miei infelici genitori affrontavano l'ondata delle conoscenze che cominciavano ad arrivare.

(From *Racconti,* Feltrinelli, Milano, 1961. Reproduced here with the permission of the publisher.)

[28] *Ci siamo:* We have arrived.

3. VASCO PRATOLINI
(Firenze 1913)

LIKE MORAVIA, it was in a sanatorium that Vasco Pratolini, over-whelmed by the urge to tell what had happened to him during his stormy life, decided to become a writer.

Born of poor parents (his father was a waiter and his mother a chambermaid) in one of Florence's working class districts, he began earning his living at the age of nine first as elevator boy then as printer's devil, factory hand, doorman, proofreader and house-to-house salesman. Self-taught, he learned to read by deciphering the commemorative marble tablets affixed to the walls of ancient Florentine buildings. By the time he was twenty, the long years of poverty, hunger and cold had taken their toll and he was forced to enter a sanatorium where he was at last able to indulge to the full his passion for reading. Upon his return to Florence, he met Elio Vittorini who, impressed by the young man's talent, urged him to write, and published his first short stories in the review *Letteratura*. To support himself while writing, Pratolini worked as a government clerk, teacher, newspaperman, scriptwriter and magazine editor. In 1945, with the publication of *Il quartiere* (*The Naked Street*) came literary recognition. Now the author of about a dozen widely translated novels and the recipient of three important literary prizes, Pratolini is acknowledged internationally as one of the most significant writers of Italy's post-war generation.

Pratolini does not have to invent plots or characters. He digs deep into his eventful life and into the recesses of his memory and, out of his own experiences and those of his fellow men, weaves chronicles which, when filtered through time, are transmuted to a universal plane. Thus, his novels unfold as historical, moral and psychological frescos of an epoch. Although he has lived in Naples and in Milan and now resides in Rome, his plots are usually anchored in Florence, in Via de' Magazzini, the street where he was born; in the alley where he was brought up, *Cronache di poveri amanti* (*A Tale of Poor Lovers*); the slum which was his playground and where he reached early maturity, *Il quartiere* (*The Naked Street*); a famous and colorful workers' district, the battleground of a would-be Don Juan who falls victim to a group of witty, scheming girls, *Le ragazze di San Frediano* (*The Girls of San Frediano*).

Lately, the motives and interests of Pratolini's characters have broadened. In one of his recent novels, *La costanza della ragione* (*Bruno Santini*), he tells the story of a very young non-conformist Florentine factory worker who, torn between Fascist and Communist ideology and alternating between optimism and despair, finds—through a tragic love affair—a new reason for living, not in alienation but in a deeply felt sense of human and class solidarity. In 1955, Pratolini published *Metello* (1955 Viareggio Prize), the first part of an historico-socio-political trilogy (*Una storia italiana*), which depicts the impact of national and international events between 1875 and 1945 on different social strata, from the proletariat to the aristocracy. The second part, in two volumes, *Lo scialo,* which appeared in 1960, was followed by the third and last, *Allegoria e derisione,* published in 1966.

So far, Pratolini's masterpiece is his choral novel *Cronache di poveri amanti,* a sort of neighbourhood "epic" set in Via del Corno, a short, narrow dead-end street behind Palazzo Vecchio. The characters are its inhabitants: men and women, young and old, heroes and cowards, with their vices and virtues, hopes and delusions, loves and hatreds. The action takes place between 1922 and 1926, during the years which marked the consolidation of Fascism and the loss of freedom. Pratolini's skill has transformed the daily events in the lives of these poor people into art and poetry and Via del Corno from a microcosm into a macrocosm.

Lo sgombero is taken from *Diario sentimentale,* a collection of Pratolini's early autobiographical stories. It is a tender evocation of the ties that bound him, an orphan, to his defenseless yet embattled little grandmother, and the tragi-comic adventures they shared in their not dejecting poverty.

Lo sgombero

La nonna ed io passammo da via de' Magazzini[1] a via del Corno,[1] nell'autunno del '26. Eravamo rimasti noi due « soli sulla faccia della terra », come lei diceva: e via de' Magazzini, al centro della città, aveva, con gli anni, conferito un nuovo valore alle sue case, gli appartamenti   5
erano stati venduti uno ad uno. Un commerciante e sua moglie avevano acquistato quello in cui noi abitavamo: venivano da Torino e la casa gli serviva,[2] stavano in albergo nell'attesa; progettavano di cambiare piancito, di alzare un tramezzo per il bagno, fra ingresso e cucina; offersero una   10
buonuscita[3] che la nonna rifiutò. Lo sfratto venne prorogato di tre mesi. Ora ci sentivamo assediati: i vecchi inquilini dello stabile ci avevano lasciato (e il sarto Masi, anarchico e ottantenne, aveva fatto in tempo a morirvi, conciliato con Dio,[4] di crepacuore) cedendo il posto ai nuovi padroni   15

---

[1] *vìa de' Magazzini, via del Còrno:* Two small streets in the center of Florence near Palazzo Vecchio (City Hall).
[2] *gli serviva* for *serviva loro:* they needed it. The *gli* is a colloquial form for the plural indirect pronoun *loro.*
[3] *buonuscita:* indemnity. Sum paid a tenant for vacating premises before expiration of lease.
[4] *conciliato con Dio:* having made his peace with God.

delle mura: l'ingegnere del primo piano dirigeva di persona
l'impianto della luce, del gas, i lavori di rimodernamento
per il condominio. Noi resistevamo, soli e isolati, col nostro
lume a petrolio, il fornello a carbone, ricevendo sguardi di
5 rimprovero, di ironia, minacce lungo le scale: impedivamo,
rifiutandoci[5] non so come, la costruzione di una moderna
fossa biologica. E caparbia, in tanta apparente igenuità, la
nonna ripeteva loro:

—Mio marito fece stimare la casa, poi ci ripensarono e
10 non ce la vollero più vendere. Se ora si sono decisi, ecco le
milleduecento lire della stima.

—Trent'anni fa,—le dicevano,—adesso costa ventimila,
lei è stata interpellata per prima ed ha lasciato cadere
l'offerta.

15 —Non le ho forse pagate di pigione, ventimila lire, in
questi trent'anni?

—Perde la buonuscita, se si oppone allo sfratto. Con la
buonuscita troverà da sistemarsi[6] altrove, lei e suo nipote.

—Stiamo bene dove stiamo,—ella rispondeva.—Ci sono
20 stata bene più di trent'anni, e allevato figli e... Del resto,
non si trovano case per un fitto adeguato alla mia borsa.
Con la buonuscita potrò pagarlo un anno, due, e poi? Mentre
qui, più di tanto non mi possono aumentare. Ho già dovuto
vendere i mobili del salotto per trovarmi qualcosa da parte,[7]
25 all'occorrenza.

—Vede, lo vede?—le dicevano.—Praticamente le basta
una camera vuota con l'uso di cucina; e una camera, modesta, con l'uso di cucina, la buonuscita gliela garantisce
per cinque anni almeno.

30 —Ma in combutta con altri, senza più libertà, e chissà

---

5 *rifiutàndoci:* by refusing to budge.
6 *troverà da sistemarsi:* you will find the way to settle. The preposition *da*
before an infinitive may express means or possibility.
7 *per trovarmi qualcòsa da parte:* to set something aside for myself.

dove, chissà in che strada, e con che gente. Ho abitato più di trent'anni dove sono, mi ci sono nati e morti i figlioli, c'è morto mio marito...

E sempre, come un intercalare ormai, e come un argomento tanto più decisivo quanto più puerile:

—È da trent'anni che sento Palazzo Vecchio battere le ore.

Così resistevamo, col nostro lume a petrolio, lo scaldino e il campanello a tirante che non serviva più. Avevano messo la placca coi bottoni elettrici alla porta di strada, verniciate le porte sulle scale, le targhe di ottone, le scale stesse imbiancate, sostituite le lastre del lucernario. E il nostro uscio, scortecciato allo zoccolo, il cartellino su cui avevo scritto a stampatello Casati,[8] la griglia impolverata dal tempo, erano una stonatura, un'offesa—fino alla mattina che mi accompagnai sfregando col carbone sul muro delle scale e l'ingegnere mi sorprese. Due giorni dopo, avvalendosi di una disposizione del Giudice che ne consentiva il diritto al nuovo proprietario, ci entrarono in casa i muratori, cominciarono dal salotto per aprirvi una vetrata. Dovemmo trasportare in camera il divano, il tavolo e le due sedie che ancora lo arredavano. Ed erano ormai trascorsi i secondi tre mesi, era un novembre di gelo, dietro le imposte serrate i rintocchi di Palazzo Vecchio avevano un'eco lunga, sepolcrale, il silenzio della strada era spaventoso quelle notti, e i sospiri della nonna simili a una soffocata agonia: restavo desto ad ascoltarla, ragazzo, con l'allucinato timore che ella addormentatasi, cessato il suo lamento, il sonno la consegnasse alla morte.

[8] *Casati:* Married name of the grandmother.

LO SGOMBERO

*

Poi fu il 24 novembre e arrivarono gli uscieri, ci dettero altri sei giorni di tempo e siccome la nonna si rifiutò ancora una volta di accettare l'intimazione di sfratto, staccarono una delle puntine e attaccarono il foglio sulla porta, sopra
5 il cartellino. I muratori stavano a guardare.

—Se mi permette,—disse uno di loro,—credo che lei non si renda conto della situazione.

Era un uomo sui quarant'anni, dalla pronuncia vernacola, i baffi tagliati corti fino agli angoli della bocca, portava
10 il cappello lavorando.

—Si ritroverà col letto sulla strada, cosa spera?

La nonna era poggiata di spalle alla finestra, volgeva attorno lo sguardo, sulla parete abbattuta, sul piancito rimosso, si teneva il labbro inferiore tra le gengive:
15 Entrai in questa casa poco dopo sposata... È perché sono una vecchia sola con un ragazzo.

—È perché loro sono dalla parte della ragione,—disse il muratore.—Hanno o no comprato?

—Anche mio marito voleva comprare...
20 —Sì,—disse il muratore.—Quando uno più uno faceva due.[9]

E si offerse di aiutarci, sapeva di una camera vuota, « con uso di cucina », dove abitava un suo parente, in via del Corno, tra brave persone.
25 —A poco,—disse.—Non sono venali.

—Così fuori di mano,—disse la nonna.

Il muratore sorrise:

—Vive qui da tanti anni e non sa dov'è via del Corno.

---

9 *Quando uno più uno facéva due:* When one plus one equalled two. Implying: In the good old days.

Ma a due passi, si scende via de' Gondi e ci siamo.

—Ah,—esclamò la nonna,—ho capito, mi ci lasci pensare.

A sera, e d'improvviso, rompendo il silenzio, da letto a letto, ella mi disse: 5

—Via del Corno non è una strada adatta a noi...—Poi aggiunse:—Non bisogna lasciarli più soli in casa, i muratori.

Ma non fu necessario: accertato che comunque ce ne saremmo dovuti andare entro la settimana, i lavori vennero sospesi. L'indomani volli vedere via del Corno, così prossima 10 e anche a me sconosciuta: era un vicolo escluso al traffico e breve, ma popolato, rumoroso, assordante rispetto a via de' Magazzini, con puzza di cavallo e biancheria appesa alle finestre. C'era un orinatoio sull'angolo, e mi sembrò che soltanto per questo vi si potesse sostare.[10] 15

Finché, come il muratore aveva previsto, i nostri mobili si trovarono allineati sul marciapiede, e il più giovane dei due uscieri, un biondo, ci chiese di ringraziarlo per averci fatto risparmiare le spese del facchino.

—Sembra uno stabile disabitato,—commentò mentre 20 insieme trasportavamo l'armadio. Rivolto alla nonna disse anche:—Non siamo noi, è la legge.

La nonna gli dette la mano. Ella aveva sperato in una nuova proroga, « se non firmiamo, lo sfratto non diventerà mai esecutivo » mi diceva, intanto aveva dato la caparra in 25 via del Corno. Ci saremmo dovuti adattare noi alla strada, « giocoforza », dopo che cercando e cercando, in quei sei giorni, non ci s'erano offerte occasioni possibili o migliori.

Ora io tornavo con un carretto preso a nolo, e i due uscieri ci aiutarono a caricarvi la nostra roba. 30

—Di più non possiamo fare,—disse il biondo,—siamo in ritardo,—e ci lasciarono, noi soli adesso nel mezzo di via

---

[10] *soltanto per quésto vi si potésse sostare:* this was the only reason people would ever stop there.

de' Magazzini, col barroccino carico di tutta la nostra roba,
tanta da stare sul barroccino. La nonna teneva sotto il
braccio l'« ingrandimento » della mamma, con la fotografia
voltata sul suo petto. Sembrava serena, troppo per esserlo
5 veramente, gli occhi asciutti, i gesti ordinati, come se giunto
il momento la sua angoscia si compisse,[11] nemmeno la sua
voce tradiva un sentimento fuori dell'ordinario. Tirava le
corde che trattenevano le masserizie, per accertarsi che
reggessero, che non mancasse nulla.

10 —C'è tutto,—diceva.—I due lettini, la cassa della biancheria, il tavolo, l'armadio. Ce la facciamo con un solo
viaggio. Ho fatto bene a vendere l'ottomana, nella camera
che abbiamo non ci sarebbe entrata. Le sedie le metteremo
in cima quando ci muoviamo, il ritratto della mamma ce
15 l'ho io, bene... E ora?

—Ora dobbiamo partire,—dissi.

—Già,—ella continuò.—Le corde reggeranno, arrive-
remo in pochi minuti, i soldi li ho in tasca, la cassetta delle
pentole sì, c'è... Ma tu ce la farai?

20 —Il carico è calibrato, è leggero.

—È tutta la nostra casa,—ella disse.—E andiamo a
stare in una strada... Ricordati, buongiorno buonasera e
basta, è gente con la quale noi non abbiamo nulla da spartire, è la sventura che ci porta in mezzo a loro, ma per poco,
25 un mese al massimo. Con un mese di tempo davanti a noi,
troveremo di meglio, almeno in una strada com'è stata
questa nostra per tanti anni, tra gente perbene.

Erano le dieci di mattina, via de' Magazzini silenziosa e
deserta, col suo spicchio di cielo tra le case, l'aria intirizziva
30 le mani, i rari passanti ci rivolgevano uno sguardo e proce-
devano, un ciclista scampanellò a ridosso del nostro carico.

---

11 *cóme se . . . si compisse:* as if, the moment having arrived when her
anguish reached its peak, . . .

—Non son riuscita mai a capire,—disse la nonna,—perché di qui passa sempre poca gente, in centro come siamo, con l'angolo su via Condotta che è un via vai.

—Ma perché è una strada interna, bisogna passarci apposta, non si accorcia il cammino, non ti pare? Un po' 5 come via del Corno. Lì c'è rumore perché ci sono gli stallaggi e la gente è diversa, l'hai detto tu.

—Già, non può essere educata come da noi, vive sulla strada, fa cento mestieri, e di che genere...[12] Dunque, c'è tutto. 10

—Sì, c'è tutto,—io dissi,—e non andiamo poi in capo al mondo.

—Già, già,—ella ripeteva. Guardava su, le finestre, parlava come al ritorno dopo una lunga assenza.—Sei nato lì, vedi? Quella aperta, a destra verso la doccia, erano le undici 15 di mattina, suppergiù quest'ora... Le abbiamo lasciate aperte tutte e due, le nostre finestre... Tutte le altre sono chiuse, per forza,—rispose a se stessa,—fa già freddo. Non mi ero accorta che avessero messo le tendine. È più buio nelle stanze, di questa stagione, con le tendine abbassate. La tua 20 mamma non lo voleva capire. « Le tiene forse il Masi? »[13] le dicevo, « col lavoro che fa, d'inverno dovrebbe accendere il lume alle due... ».

—Ti devi decidere,—le dissi.

Avevo impugnato le due stanghe e spinto avanti il 25 carretto, era leggero a portarsi, come mi aspettavo. La nonna teneva il ritratto contro il petto, mi camminava di fianco, non si voltò più, accelerò il passo invece, fu a metà del carretto,[14] appoggiò la mano a tutelare il carico. Così

[12] *fa cènto mestièri, e di che gènere* . . . : they engage in all sorts of trades, and Heaven only knows what kind . . .
[13] *"Le tiène fórse il Masi?":* "Does Masi perhaps keep his (shades) down?"
[14] *fu a metà del carrétto:* she got halfway along the cart.

uscimmo, dalla nostra strada incontro alla nuova, giù, discesa via de' Gondi, percorrendo il breve tratto di Piazza della Signoria, rasente le case.

Ancora pochi minuti prima avevo riflettuto che via de' 5 Gondi era in discesa, che non sarei stato capace di trattenere il carico da solo e che mi sarebbe convenuto, pure allungando il cammino, di passare dietro Badia,[15] per via del Proconsolo e Piazza Sanfirenze; poi, l'atteggiamento della nonna, turbato com'ero dalle sue parole, mi aveva distratto. 10 E fu come se via de' Gondi mi apparisse davanti all'improvviso, appena voltato l'angolo,[16] inattesa.

Subito il carico mi prese la mano, le stanghe mi spezzavano i polsi, slittai, ma riuscii a tenermi forte alle stanghe, il corpo piegato sulla catenella che le congiungeva, quindi 15 fu[17] un volo, assurdo e nondimeno rispondente a una legge fisica qualsiasi: il carico mi trascinava e io sapevo mantenerlo diritto, in corsa, in equilibrio, al punto da inclinarlo per planare, non c'è altra parola, su via dei Leoni, miracolosamente libera di passanti, di auto, di tram, fino a tentare 20 ancora, raggiunto il piano, la voltata di via del Corno. Qui la ruota sinistra andò ad incastrarsi tra piedistallo e bandone del monumentino,[18] lo divelse, il carico si rovesciò, le corde cedettero, e la nostra miseria si sciolse sul lastricato. La gente di via del Corno accorse, mi rialzò e mi sostenne, il 25 maniscalco[19] fu pronto col suo secchio d'acqua, una donna si fece largo sventolando un asciugamano, prima che arrivasse la nonna e mi si accasciasse a lato. Qualcuno pensò di raccogliere le sedie, ora che ci servivano ad entrambi, già

---

[15] *Badìa:* The Abbey Church.
[16] *appéna voltato l'àngolo:* no sooner had I turned the corner.
[17] *quindi fu . . . :* thereafter it became . . .
[18] *monumentino:* little monument. Euphemism for public urinal.
[19] *il maniscalco:* the blacksmith who, under the name of Maciste, will become the hero of Pratolini's *Crònache di pòveri amanti*.

l'incidente suscitava l'allegria. Incolume ma stordito, tardavo a rendermi conto del gran movimento.

—Il ragazzo sbucciature, e la vecchia meglio di prima,— gridò una voce verso l'alto.

—Sono i nuovi inquilini del Carresi.[20]   5

—Nulla di grave, hanno soltanto deragliato.

E già il nostro carico era di nuovo in piedi, completo di tutte le cianfrusaglie uscite dai cassetti dell'armadio, già la nonna spiegava che la signora della fotografia era la sua figliola, la madre del ragazzo, già gradiva un goccio di 10 vinsanto per rimettersi dall'emozione. Una donna le diceva:

—Dalla sua camera, l'orologio di Palazzo Vecchio le sembrerà di averlo sul comodino.

From *Diario sentimentale,* Mondadori, Milano, 1962. Reproduced here with the permission of the publisher.)

[20] *del Carrèsi:* of Mr. Carresi.

4. IGNAZIO SILONE
(Pescina dei Marsi 1900)

THE NAME OF IGNAZIO SILONE is synonymous with moral integrity, intellectual and political courage and honesty. Born Secondo Tranquilli, the son of a small landowner and a weaver in an ancient town of the Abruzzi, his early life was destined to be a concatenation of disasters. He received his education in Catholic and Jesuit schools. At the age of fourteen he lost his parents, five brothers and his home in an earthquake. His only surviving brother, imprisoned for political reasons by the fascists, was tortured and died in prison in 1932. The crucial experiences of Silone's life have been poverty, Catholicism, Communism and exile.

Shocked by the endemic poverty and ignorance in which both Church and State kept the exploited peasants of his region, young Tranquilli became interested in politics, abandoned his studies and joined the Peasant League of his district and the Socialist Party. When he was twenty-one, he helped found the Italian Communist Party, held important offices and contributed regularly to its press until fascist persecution drove him into underground activities where he assumed the name of Ignazio Silone. In his never-ending fight against Fascism he was arrested and expelled from Spain, France and Switzerland. In 1931, during the last of a series of visits to Moscow, he came to the conclusion, on the basis of firsthand evidence, that Russia, far from being the publicized workers' paradise it claimed to be, was little more than a self-perpetuating political oligarchy. Not without anguish he broke with the party and in 1950, with Arthur Koestler and others, told the story of his crisis in *The God That Failed*.

At the age of thirty-one, penniless, without a country, disillusioned, now persecuted by both fascists and communists, and suffering from tuberculosis, Silone entered a sanatorium in Davos, Switzerland. No longer able to be an activist in the struggle against Fascism, Silone resorted to his pen and wrote *Fontamara,* a short but graphically powerful novel set in a village of the Abruzzi about exploited, primitive peasants ruthlessly tricked out of their lawful share of irrigation waters by local fascist bullies. Inspired by a deeply-felt passion for justice and humanity yet sparkling with salty humour and ancient wisdom, *Fontamara,* first published in German at the author's expense in 1933, rocketed Silone's name to world fame, was translated into thirty foreign languages and sold more than a million and a half copies. In its choral simplicity and almost sculptural strength *Fontamara* represents a link between Giovanni Verga's veristic style as exemplified in *I Malavoglia* (*The House by the Medlar Tree*) and post-war neorealistic literature.

Fontamara was followed by *Pane e Vino* (*Bread and Wine*) and *Il seme sotto la neve* (*The Seed Beneath the Snow*) which constitute a sort of trilogy that brought to the attention of the democratic world the oppression of the Italians under Fascism. In these works, as in his later volumes of short stories, essays and novellas, Silone became the voice of his silenced countrymen. Since his return to Italy in 1944, Silone has published three more novels: *Una manciata di more* (*A Handful of Blackberries*); *Il segreto di Luca* (*The Secret of Luca*), 1957 Salento Prize; and *La volpe e le camelie* (*The Fox and the Camellias*). He belongs to no political party, is co-editor of a political-literary monthly, *Tempo presente,* and is President of the Italian Association for Cultural Freedom. In 1965, he was awarded the Marzotto Prize for his *Uscita di sicurezza,* a collection of stories and essays based on his political experiences.

Perhaps no one has ever summed up more succinctly yet eloquently Ignazio Silone's role in the world of letters than did Kingman Brewster, Jr., President of Yale University who, in awarding the Italian writer an honorary degree in June 1966, said in his citation: "You have long been admired for your searching studies of the human dilemma. Free men everywhere remember you as an outspoken champion of liberty. Neither exile nor persecution could destroy your faith in freedom".

Il compleanno di don Benedetto is taken from the first chapter of *Vino e Pane,* a revised edition of *Pane e Vino.*

Vino e pane is a richly-patterned panoramic novel, dense with action, drama and earthy humor. It revolves about the clandestine activities of Pietro Spina, a young socialist antifascist intellectual who, disguised as a priest to avoid police detection, returns after fifteen years of exile to work among the peasants of his native Abruzzi and help them throw off the shackles of ignorance and totalitarian oppression.

Pietro Spina had been the favorite student of don Benedetto, a gentle, learned antifascist priest and true Christian, whose birthday is being celebrated by his former students.

Il compleanno di don Benedetto

Il vecchio don Benedetto leggeva il breviario seduto sul muricciuolo dell'orto, all'ombra del cipresso. Sul muricciuolo che gli serviva da panca il nero del suo abito talare assorbiva e prolungava l'ombra dell'albero. Dietro di lui la sorella tesseva al telaio, impiantato tra una siepe di bosso e 5 un'aiuola di rosmarino, e la navetta saltava tra l'ordito di lana rossa e nera, da sinistra a destra e da destra a sinistra, accompagnata dal ritmo del pedale....

IL COMPLEANNO DI DON BENEDETTO

A un certo momento la sorella del prete interruppe il lavoro per osservare con malcelata ansietà un veicolo fermo ai piedi della collina. Delusa, ella riprese a tessere.* Era un carro di campagna, tirato da buoi.

5 « Vedrai, non tarderanno » ella disse al fratello.

Egli alzò le spalle, fingendo noncuranza.

A destra si trovavano la strada ferrata e la via Valeria[1] che, tra campi di fieno, di grano, di patate, di bietole, di fagiuoli, di granturco, portava ad Avezzano,[2] si arrampicava 10 fino a Colli di Monte Bove,[3] scendeva a Tivoli[4] e infine, come ogni fiume che sfocia nel mare, conduceva a Roma; a sinistra, tra i vigneti, i piselli, le cipolle,[5] c'era la via provinciale che si inerpicava subito tra le montagne e s'addentrava nel cuore dell'Abruzzo....

15 La sorella del prete spingeva a destra e a sinistra la navetta, senza perdere di vista le strade della valle. Ma quello che vedeva, erano persone e cose d'ogni giorno, non ciò che aspettava.

Per la stradetta provinciale, sassosa e tortuosa come il 20 letto di un torrente inaridito, si fece avanti una giovane contadina in groppa a un piccolo asino, con un bambino sulle braccia. Su un campicello dietro il cimitero, un vecchio contadino, a capo scoperto, tracciava linee brune con un aratruccio di legno tirato da due asini. Sembrava una vecchia 25 pantomima monotona la vita contemplata dall'orto del prete.

Don Benedetto compiva quel giorno settantacinque anni. Era un tiepido pomeriggio di fin d'aprile, la prima vera giornata primaverile dopo un inverno assai rigido. Seduto sul muricciuolo dell'orto, anch'egli alzava ogni tanto gli

---

1 *via Valèria:* The ancient Roman Valeria-Tiburtina Way which, crossing the chain of the Apennines, links Pescara, on the Adriatic, to Rome.

2 *Avezzano:* A large, modern town in the Abruzzi.

3 *Còlli di Mónte Bòve:* A village on the Valeria Way.

4 *Tìvoli:* Ancient hill-town near Rome famous for its waterfalls.

5 *i pisèlli, le cipólle:* the fields of peas and the onion beds.

occhi dal breviario per guardare a valle, in attesa dell'arrivo
di un gruppo di suoi antichi allievi. I giovanotti dovevano
arrivare isolatamente dalla destra e dalla sinistra, dalla parte
della città e dai villaggi di montagna, dove la vita li aveva
dispersi alla fine degli studi. Ma sarebbero venuti? 5

Al di sotto dell'orto di don Benedetto, in quell'ora del
giorno, le poche case del villaggio della Rocca[6] sembravano
disabitate. In mezzo alle povere case appiccicate l'una contro l'altra, era una piazzetta angusta, lastricata di ciottoli
e d'erba; in fondo alla piazzetta, il porticato basso d'una 10
antica chiesa e sul porticato un grande rosone a trafori. Le
case, le vie, la piazzetta parevano abbandonate. Attraversò
la piazzetta un mendicante in cenci e tirò via senza fermarsi.
Si affacciò sulla soglia d'una casa una bambina e stette a
guardare; poi si nascose dietro una siepe e rimase a guardare 15
tra i cespugli.

« Avrei dovuto forse comprare della birra » disse la sorella. « E tu avresti potuto anche farti la barba, oggi ch'è
la tua festa. »

« La mia festa? Bei tempi di festa, in verità. Per i ragazzi 20
il tamarindo è anche buono » disse don Benedetto. « Dico
questo, se verranno. »

Il tamarindo veniva dalla città, in bottiglia, mentre Ma-
talena Ricotta con le fragole, i funghi e le uova, scendeva
dalla montagna. 25

Don Benedetto posò sul muricciuolo, accanto a sé, il
libro e si mise a osservare il lavoro del telaio. Se i giovanotti
non fossero arrivati, che delusione per Marta, sua sorella.
Gli inviti erano stati diramati da lei, in segreto, ma quella
mattina aveva tutto raccontato al fratello, per trattenerlo in 30
casa l'intero pomeriggio. Ma se gli invitati, non fossero

---

[6] *Ròcca* or *Ròcca dei Marsi:* A village overlooking the drained basin of
Lake Fucino in the Abruzzi.

venuti? I due cercavano di non guardarsi, per dissimulare l'uno all'altra la propia ansietà.

.   .   .

« A rifletterci bene, però, i miei antichi allievi preferiranno bere del vino, ché non sono piú ragazzi. »

5 Quelli che don Benedetto attendeva, passarono infatti la licenza liceale[7] subito dopo la grande guerra, e dovevano essere sui trenta e piú. Marta si alzò dal telaio e trasportò dalla cucina sul tavolo di granito ch'era in mezzo all'orto, tra i pomidoro e la salvia, i rinfreschi per i giovanotti attesi.
10 Era forse un rito propiziatorio perché si affrettassero.

« Almeno Nunzio verrà » disse. « Lui non può mancare. »

« È medico » disse don Benedetto. « Ha tanto da fare. »

Marta tornò al telaio e lanciò nel passo dell'ordito la
15 navetta con la spola di lana nera.

« Sai che al comune hanno cambiato il commissario? » ella disse. « Naturalmente un altro forestiero. Sembra che ci siano altri cambiamenti in vista a causa della nuova guerra d'Africa. »

20 « Tempi di guerra, tempi di carriera »[8] disse don Benedetto.

.   .   .

« Hai sentito che Clarice si è fidanzata con un meccanico dello zuccherificio? » disse Marta. « Sposarsi in tempi di
25 guerra, è come seminare tra le spine. »

.   .   .

« Vi sono donne fortunate che nascono con il talento di vedove di guerra » disse don Benedetto. « Poeta si diventa,

---

[7] *la licènza licèale:* Diploma awarded upon completion of studies at the pre-university level.
[8] *tèmpi di guèrra, tèmpi di carrièra:* war time is career time. The war referred to here is the Fascist invasion of Ethiopia (1935-1936).

ma vedova di guerra, oppure vescovo, si nasce. Non dico
questo per Clarice, che ha l'aria piuttosto innocente. »

« Clarice, buona dote, buona terra, terra canapina » disse
Marta.

« Il meccanico vuol lasciare la fabbrica e mettersi a col- 5
tivare canapa? »

« Al contrario » disse Marta « è Clarice che vuol vendere
la terra. La canapa non va piú. »

La canapa una volta andava, ma ora non si vendeva piú;
la trovavano costosa, ruvida e primitiva. 10

« Anche il panno di lana tessuto in casa non va piú »
disse don Benedetto. « Anche noi non andiamo piú. »

« Anche le scarpe su misura » disse Marta « anche i
mobili di legno massiccio ora non vanno piú. Le botteghe
degli artigiani si chiudono una dopo l'altra. » 15

« Anche noi non andiamo piú » disse don Benedetto.

Gli oggetti delle fabbriche erano piú eleganti e costavano
meno. Chi poteva, chiudeva bottega e andava in città; i piú
vecchi restavano in paese ad aspettare la morte.

Marta dovette alzarsi per girare il subbio dell'ordito in 20
fondo al telaio. (Erano state proprio quelle le parole di
monsignore: "Suo fratello, riverita signorina, è di una ruvidezza e di un primitivismo[9] che noi non possiamo sopportare in un professore di un collegio nel quale le piú ricche,
cioè, le migliori famiglie della diocesi, mandano i loro fi- 25
gli".) Monsignore, questo bisognava riconoscerlo, non era
ruvido e primitivo, e sapendo don Benedetto d'umore timido
e rassegnato per tutto ciò che concerneva la sua carriera,
l'aveva messo alla porta col pretesto della salute malferma.

Da allora don Benedetto aveva vissuto ritirato, assieme 30
alla sorella, nella sua casetta al di sopra di Rocca dei Marsi,

---

[9] *è di una ruvidézza e di un primitivismo:* is so crude and primitive.

tra i suoi vecchi libri e l'orto. Essendo di natura uomo pacato e taciturno, non c'era voluto molto perché[10] nel suo piccolo ambiente fosse considerato uno scontroso, uno strambo, un misantropo, forse anche un sempliciotto. Ma
5 le poche persone alle quali talvolta si confidava sapevano che, sotto la sua timidezza contadinesca, egli nascondeva una libertà e vivacità di spirito temerarie per il suo stato. Insomma, era piuttosto compromettente mostrarsi suo amico. Immaginarsi dunque i parenti, i fratelli, i cugini, le
10 cognate. Valeva la pena sopportare tutti quei sacrifizi per mantenerlo in seminario se poi doveva finire cosí? I parenti addirittura lo odiavano per non averne avuto presso le autorità[11] l'assistenza e protezione che se ne aspettavano e che egli, prete, se non si fosse ridotto a vivere come un
15 eremita, sarebbe stato in grado di dare, in un'epoca in cui, senza appoggi e raccomandazioni, lavorare onestamente in pratica non serviva a nulla. L'ultimo incontro fra parenti, presso il notaio di Fossa, si era concluso, a causa di ciò, in una scenata assai penosa.
20 « Disgraziato » a un certo punto aveva gridato a don Benedetto una sua vecchia zia « sai perché noi sopportammo tanti sacrifizi per avere un prete in famiglia? »

« Certamente lo faceste » disse don Benedetto « per attirare su di voi la benevolenza del Signore. »
25 Non l'avesse mai detto![12] Agli orecchi di quei buoni cristiani l'ingenua risposta suonò volutamente provocatoria, per cui soltanto l'intervento del notaio valse a salvare il vecchio prete dalla loro legittima ira. Da quel giorno non si erano piú visti. Privato di ogni altra compagnia, a parte
30 la vecchia sorella, l'affetto di don Benedetto si era cosí riposto su alcuni giovani che erano stati suoi allievi e che

---

10 *non c'èra voluto mólto perché* . . . : it did not take a long time before . . .
11 *per non avérne avuto prèsso le autorità* . . . : for not having obtained through him from the authorities . . .
12 *Non l'avésse mai détto!*: Would that he had kept his mouth shut!

egli si sforzava di seguire nelle vicende complicate e contraddittorie della loro carriera. Non aveva altri al mondo. Alcuni di essi, i piú vicini, i piú affezionati, erano stati appunto invitati da Marta a venire fino a Rocca, nel romitaggio del loro professore, per festeggiarlo sulla soglia del 5 suo settantaseesimo anno. Marta li aveva pregati di condurre anche altri, di cui ella non aveva il recapito ed era in grande ansia che i rinfreschi preparati potessero non bastare e che la dozzina di bicchieri ineguali, allineati sul tavolo di granito, potesse essere insufficiente. Ma l'eventualità contraria la 10 rendeva maggiormente inquieta: se non venisse nessuno? Marta continuava a tessere e tra una navetta e l'altra scrutava a valle la strada e i sentieri dai quali gli invitati sarebbero dovuti apparire.

« Almeno Nunzio dovrebbe arrivare » disse Marta.   15

« Ma se questi ragazzi tardano, è perché i treni e gli autopostali non arrivano in orario » disse don Benedetto. « Siccome dalle nostre parti non vengono stranieri, a che servirebbe l'orario? »

.   .   .

Marta smise di tessere e rientrò in casa.   20

« Dove vai? » disse don Benedetto.

« Ho da fare » rispose.

Ella salí al primo piano e si sedette vicino alla finestra che dava sulla valle. Il confuso brusio che saliva nell'ora del tramonto dal piano verso Rocca non faceva che accrescere 25 il sentimento di solitudine e di lontananza del villaggio....

« Arrivano » gridò Marta dalla finestra. « Arriva Nunzio. »

Don Benedetto subito si alzò attratto anche da grida e vociferazioni che provenivano dalla strada. Ma non era 30 facile capire il motivo del chiasso. Egli non vide dapprima che una lunga nuvola di polvere che dalla strada straripava sui vigneti e gli orti vicini. Nella nuvola avanzava lenta-

mente un gregge di pecore, un piccolo fiume di onde gial-
lastre, e dietro il gregge intravide un asino carico degli
attrezzi abituali del pastore. Dietro l'asino, camminava il
pastore, attorniato da grandi cani bianchi. Piú indietro
5 avanzava lentamente una piccola automobile scoperta, con
due giovanotti che si sgolavano a gridare al pecoraio: "Fa
largo. Lascia la via libera a sinistra", ma senza alcun risultato apparente. Il pecoraio non rispondeva e faceva anzi
larghi gesti forse per dire che non sentiva, che era sordo e
10 muto, che lo lasciassero in pace. Ma, poiché anche un sordo
avrebbe dovuto capire che un'automobile non poteva marciare eternamente dietro un gregge di pecore, i giovanotti
inveivano sempre piú contro di lui e sarebbero passati facil-
mente a vie di fatto se il pecoraio non fosse stato attorniato
15 da tre cagnacci dall'aria feroce, coi collari di ferro, irti di
chiodi. Uno dei giovanotti dell'automobile, in divisa di
ufficiale della milizia,[13] in piedi, presso lo sterzo, non cessava
di minacciare il sordomuto, e di domandargli, con le grida
e i gesti, di lasciare passare l'automobile, facendo ripiegare le
20 pecore verso destra.

Il pecoraio, attorniato dai suoi cani, rimaneva imperturbato e rispondeva con i gesti di non capire. Questo durava
già da un buon tratto di strada, quando don Benedetto
si fece incontro al gregge e attraverso la nuvola di polvere
25 salutò cordialmente il pecoraio e nello stesso tempo due
suoi antichi allievi che riconobbe sull'automobile.

« Benvenuti, benvenuti » disse il vecchio prete. Rivolto
al pecoraio egli aggiunse cortesemente: « Sono degli amici
che vengono a visitarmi ».

30 Il pecoraio riacquistò d'un tratto la parola e gridò indispettito a quelli dell'automobile:

---

[13] *milìzia:* Fascist militia. Special army created by Mussolini in 1923 for
the defense of the Fascist State.

« Perché non mi avete spiegato prima che venivate da don Benedetto? » Poi egli diede una voce ai cani e in un batter d'occhio il gregge si restrinse e allungò sul ciglio destro della strada, lasciando un largo posto per il passaggio della vettura.   5

I due giovani dell'automobile non riuscivano però a riaversi dalla sorpresa del finto sordomuto.

« Come si chiama questo mascalzone? » chiese l'ufficiale a don Benedetto. « Lo metterò a posto, per tutto il resto della sua vita. »   10

Intanto era accorsa anche Marta.

« Questo qui » disse don Benedetto a sua sorella « questo qui, con questa uniforme, non è un carbonaio,[14] ma soltanto Concettino Ragú, e quest'altro, lo conosci, è un vero medico, il dottor Nunzio Sacca; in fondo, due bravi ragazzi. »   15

« Come si chiama quel mascalzone? » diceva Concettino rivolto a don Benedetto e alla sorella.

« Sono arrivato all'età di settantacinque anni senza mai fare la spia » disse ridendo il prete. « Per cominciare sarebbe troppo tardi. » Egli prese sottobraccio i suoi due antichi   20 allievi e li condusse verso l'orto.

Ma il pecoraio credeva probabilmente di aver ragione lui, poiché, dal mezzo della strada, egli continuava a protestare:

« Perché non mi avete spiegato che venivate da don Be-   25 nedetto? »

« Sedetevi e riposatevi » disse Marta ai due per distrarli dal pecoraio. « Gli altri non tarderanno a venire. »

Concettino tuttavia non riusciva a ingoiare l'affronto del falso sordomuto. La sorpresa gli impediva perfino di ar-   30 rabbiarsi.

---

[14] *carbonàio:* charcoal man. An ironic reference to the Black Shirt uniform worn by the Fascist militiamen.

« Come si chiama? » voleva sapere.

« Gli perdoni » disse Marta. « Non è cattivo. È un pover'uomo carico di figli. Tra i pecorai di qui è anzi uno dei piú onesti. »

5 « Mio caro » gli disse allora don Benedetto, che forse voleva evitare quella spiegazione, « tu non hai proprio bisogno che io, digiuno di politica, ti spieghi che cosa rappresenti la tua uniforme per la povera gente. Il giorno in cui le lingue dei finti muti si scioglieranno, be', saranno giorni
10 atroci, che vorrei ti fossero risparmiati. »[15]

Concettino guardò Nunzio come per dire: Vedi, ci siamo,[16] valeva la pena di venire fin qui? Nunzio cercò di cambiare discorso.

(From *Vino e pane,* Mondadori, Milano, 1955. Reproduced here with the permission of the author.)

[15] Prophetic reference to the violent reaction of the Italian people against Fascism after its fall.
[16] *ci siamo:* here we go again.

5. ELIO VITTORINI
(Siracusa 1908—Milano 1966)

WHEN VITTORINI'S NOVEL *Conversazione in Sicilia* (*In Sicily*) appeared in English, Ernest Hemingway wrote: "Elio Vittorini is one of the very best of the new Italian writers".

Elio Vittorini was the son of a Sicilian railroad worker whose job entailed constant transfers from one malaria-infested zone of the Island to another. The boy, who was studying to become an accountant, therefore attended a succession of schools and was enrolled in the Fascist Youth Organization. As is not uncommon under such circumstances, he soon revealed himself to be a rebel in open revolt against family, school and society. Availing himself of the family free-pass on the national railway lines, he ran away from home four times between the ages of 13 and 17, touring different cities by day and sleeping on trains by night. On the fourth try, he left home for good, gave up his studies and found work in Northern Italy first as a day-laborer and later as a foreman on a road-construction project. During this time he began to write short stories and, in 1930, went to Florence where he met a group of young antifascist writers who were publishing the literary magazine *Solaria* and used to gather for discussions in a café called *Le giubbe rosse*. To keep body and soul together while writing, he worked nights as a proofreader for one of the local newspapers and learned English from an old printer who had lived in the United States. With his help he set himself to translating Defoe's *Robinson Crusoe* and to reading in the original works by English and American writers little known to the Italian reading public. When a severe case of lead poisoning forced him to give up his job of proof-reading, and Fascist censorship kept him from writing freely and publishing his own works, he "discovered" American contemporary literature and translated among others the novels of Ernest Hemingway, Sherwood Anderson, William Faulkner and William Saroyan. If these writers owe to Vittorini the fame they enjoyed in Italy for two decades, Vittorini in his turn is indebted to them for the subtle influences they exercised over his style which he forged into a new substance and a new form.

It was at this time that Vittorini, to express his frustrated protest against Fascism, became a Communist. Between 1933 and 1935, he published in *Solaria,* in instalments, the novel *Il garofano rosso (The Red Carnation),* a satirical indictment of the youthful blood-lust inspired by fascist indoctrination, which led to the suppression of the magazine by the régime's censors.

Undaunted by this brutal warning, the review *Letteratura* published from 1937 to 1939, also in instalments, Vittorini's *Conversazione in Sicilia* which then circulated in clandestine book form until 1941 when it was seized and banned by the police. Meanwhile, the author, threatened by the Florentine fascists, moved to Milan where he published *Americana,* a fine anthology of American literature which was instrumental in arousing in Italy the enthusiasm for American letters which characterized this period. During the war Vittorini joined the Resistance movement and was jailed for underground activities while his books and manuscripts were burned.

With the liberation of Italy, Vittorini resumed his literary activities. Among his best works are *Uomini e No,* a gripping novel based on the heroic and uneven struggle of Italian partisans (Men) against the Nazis (Non-men); *Il Sempione strizza l'occhio al Frejus (The Twilight of the Elephant),* the poignant story of the slow, stoic decline into death of an ancient worker who symbolizes the end of old ideologies and foreshadows the hoped-for dawning of a new society; and *Le donne di Messina,* the tale of some hundred war refugees who, bound by a fresh spirit of human brotherhood, take over a bombed-out village to rebuild it in terms of a new and better life.

As editor of *Politecnico,* a lively polemical literary review which he directed from 1945 to 1947, he came increasingly to grips with the fundamental incompatibility of the arts and Communism and began to measure the depth of his political and intellectual estrangement from the Communist Party with which he broke publicly in 1951, revindicating the right to freedom of inquiry and the autonomy of artistic creation.

Vittorini was never satisfied with any of his books because he always aspired to write "*the* book". During the last fifteen years of his life he published only three works: two novellas—*Erica e i suoi fratelli* and *La Garibaldina* (which received the 1966 Salento Prize and appeared together in English under the title of *The Light and the Dark*). The former tells in gently muted, sombre poetic tones how an abandoned adolescent girl meets the challenge of providing for her younger brother and sister; the second is a wry, witty confession of an eccentric but politically minded old noblewoman who meets on the train a naive soldier boy going home on short leave. The third, *Diario in pubblico,* is a candid, moving recapitulation of Vittorini's cultural and political experiences, his hopes and illusions, his errors and defeats during the relentless struggle he waged to save man from conformism and servitude.

Considered the literary father of the post-war generation of writers, Vittorini dedicated most of his energies during the past years of his life to the discovery of fresh young talent. This he accomplished as consulting editor of one of Italy's great publishing firms and, together with Italo Calvino, as joint editor of the literary avant-garde review *Il Menabò*. He died in Milan on February 12, 1966, after a long incurable illness which he endured with characteristic stoicism.

Verso la Sicilia is taken from *Conversazione in Sicilia* (Chapters III and IV), a landmark in the transition from traditional, rhetorical prose to modern writing. In order to evaluate the novel at its just worth the reader must bear in mind that nothing could be published under Fascism without prior authorization of the censor. Hence the literary hermeticism which was decipherable by all save the censor.

It is also pertinent to remember that Vittorini wrote *Conversazione in Sicilia* in 1935-37, when Fascism was at its peak of power. Mussolini had dismembered the League of Nations, conquered Ethiopia, proclaimed the Roman Empire and, with Hitler, had helped Franco crush the Spanish Republic, all the while proclaiming to the four winds that the Italians were happy, prosperous, patriotic and ready to die to destroy the "pluto-democracies". The truth was not quite so blatantly glamorous.

The protagonist of Vittorini's novel is Silvestro, a linotype operator who better reflects the general spiritual malaise of the times. Struck on a bleak, wintry day by the reports of the slaughter that scream from the banner headlines of all newspapers, he feels haunted by "abstract furies"—neither heroic nor impelling—but obsessive in their anguish for the "doomed human race" which has been so deeply "outraged and offended". Although he knows mankind to be on the edge of Armageddon, Silvestro feels no compulsion to save it. He is invaded by a quiet hopelessness and the overwhelming desire to succumb to it. Without quite knowing why, he suddenly decides to go to his home town to see his mother from whom he has been separated for years. He takes the first train for Sicily. Once there, in close physical touch with the elemental people of his island, he recaptures his lost sense of the meaning of life. But with the coming of new hope and new faith he recognizes that a spirit of sacrifice will be needed to meet man's "new duties" toward an "offended world" if it is to be restored to sanity, justice and truth.

Verso la Sicilia

E ro in viaggio, e a Firenze, verso mezzanotte, cambiai
treno, verso le sei del mattino dopo cambiai un'altra
volta, a Roma Termini, e verso mezzogiorno giunsi a Napoli,
dove non pioveva e spedii un vaglia telegrafico di lire cin-
quanta a mia moglie.   5

Le dissi: « Torno giovedí ».

Poi viaggiai nel treno per le Calabrie, ricominciò a piovere, a esser notte e riconobbi il viaggio, me bambino nelle
mie dieci fughe da casa e dalla Sicilia, in viaggio avanti e
indietro per quel paese di fumo c di gallerie, e fischi inenar- 10
rabili di treno fermo, nella notte, in bocca a un monte,
dinanzi al mare, a nomi da sogni antichi,[1] Amantèa, Maratèa, Gioia Tauro.[2] Cosí un topo,[3] d'un tratto, non era piú
un topo in me, era odore, sapore, cielo e il piffero[4] suonava
un attimo melodioso, non piú lamentoso. Mi addormentai, 15
mi risvegliai e tornai ad addormentarmi, a risvegliarmi,
infine fui a bordo del battello-traghetto[5] per la Sicilia.

---

[1] *dinanzi al mare, a nómi da sógni antichi:* by the sea, before names out of
ancient dreams.

[2] *Amantèa, Maratèa, Giòia Tàuro:* Small, ancient and picturesque towns
on the Calabrian coast.

[3] *un tòpo:* a mouse. Symbol of the author's obsessive, recurrent memories.

[4] *il pìffero:* the pipe (wind-instrument). Another symbol of obsessive childhood memories.

[5] *il battèllo-traghétto:* The ferryboat which runs between Villa San Giovanni, at the tip of the Italian boot, and Messina linking Sicily to Italy.

Il mare era nero, invernale, e in piedi sull'alto ponte,
quell'altipiano, mi riconobbi di nuovo ragazzo prendere il
vento, divorare il mare verso l'una o l'altra delle due coste
con quelle macerie, nel mattino piovoso, città, paesi, am-
5 mucchiati ai piedi. Faceva freddo e mi riconobbi ragazzo,
avere freddo eppur restare ostinato sull'alta piattaforma, nel
vento, a picco sulla corsa e sul mare.

Del resto non si poteva girare, il battello era pieno di
piccoli siciliani da terza classe, affamati e soavi nell'aver
10 freddo, senza cappotto, le mani nelle tasche dei pantaloni, il
bavero della giacca rialzato. Avevo comprato a Villa S. Giovanni qualcosa da mangiare, pane e formaggio, e mangiavo
sul ponte, pane, aria cruda, formaggio, con gusto e appetito
perché riconoscevo antichi sapori delle mie montagne, e
15 persino odori, mandrie di capre, fumo di assenzio, in quel
formaggio. I piccoli siciliani, curvi con le spalle nel vento
e le mani in tasca, mi guardavano mangiare, erano scuri
in faccia, ma soavi, con barba da quattro giorni, operai,
braccianti dei giardini di aranci, ferrovieri con i cappelli
20 grigi a filetto rosso della squadra lavori. E io, mangiando,
sorridevo loro e loro mi guardavano senza sorridere.

« Non c'è formaggio come il nostro », io dissi.

Nessuno mi rispose, tutti mi guardavano, le donne dalla
femminilità voluminosa sedute su grandi sacchi di roba, gli
25 uomini in piedi, piccoli e come bruciacchiati dal vento, le
mani in tasca. E io di nuovo dissi:

« Non c'è formaggio come il nostro ».

Perché ero d'un tratto entusiasta di qualcosa, quel formaggio, sentirmene in bocca, tra il pane e l'aria forte, il
30 sapore bianco eppur aspro, e antico, coi grani di pepe come
improvvisi grani di fuoco nel boccone.

« Non c'è formaggio come il nostro », dissi per la terza
volta.

Allora uno di quei siciliani, il piú piccolo e soave, e

insieme il piú scuro in faccia e il piú bruciato dal vento, mi chiese:

« Ma siete siciliano, voi? ».

« Perché no? », io risposi.

L'uomo si strinse nelle spalle e non disse altro, aveva una specie di bambina, seduta su un sacco, ai piedi, e si chinò su di lei, e uscí di tasca una grande mano rossa e la toccò come carezzandola e insieme aggiustandole lo scialle perché non avesse freddo.

Da qualcosa di quel gesto io vidi che la bambina non era sua figlia ma sua moglie e intanto Messina si avvicinava, non era piú un'ammucchiata macerie[6] sull'orlo del mare, ma case e moli e tranvai bianchi e file di vagoni nerastri su larghi spiazzi di ferrovia. Il mattino era di pioggia ma non pioveva, tutto era bagnato sull'alto ponte e il vento soffiava bagnato e i fischi dei battelli risuonavano bagnati, e come fischi d'acqua giungevano da terra quelli delle locomotive, ma non pioveva, e dall'altra parte delle ciminiere d'un tratto si vide in mezzo all'inverno marino la torre del faro in viaggio, altissima, in navigazione per Villa S. Giovanni.

« Non c'è formaggio come il nostro », dissi io.

Tutti i siciliani in piedi s'erano voltati verso le ringhiere del ponte a guardare la città, e anche le donne sedute sui sacchi avevano voltato la testa a guardare. Ma nessuno si muoveva verso il sottoponte a prepararsi per lo sbarco; c'era ancora tempo! ricordavo bene che c'erano, dal faro all'approdo, quindici minuti e piú.

« Non c'è formaggio come il nostro », dissi.

E intanto finivo di mangiare, e l'uomo con la moglie bambina si chinò un'altra volta e anzi si inginocchiò, aveva

---

[6] *non èra piú un'ammucchiata macèrie:* it was no longer a pile of ruins. Reference to the destruction of Messina wrought by the earthquake of 1908.

un paniere ai piedi, e, osservato da lei, cominciò a far qualcosa intorno al paniere. Era coperto, questo, da un pezzo di tela incerata cucita all'orlo con lo spago, e piano piano egli sfilò un po' di spago, cacciò la mano sotto la tela, 5 e mise fuori un'arancia.

Non era grande, né molto bella, non forte di colore, ma era un'arancia, e silenziosamente, senza levarsi di ginocchio, egli l'offrí alla moglie bambina. La bambina guardò me, io vidi i suoi occhi dentro il cappuccio dello scialle e poi la 10 vidi scuotere il capo.

Il piccolo siciliano parve disperato, e rimase in ginocchio, una mano in tasca, l'arancia nell'altra. Si rialzò in piedi e cosí continuò a stare, col vento che gli sbatteva la visiera molle del berretto contro il naso, l'arancia in mano, 15 bruciato dal freddo nella piccola persona senza cappotto, e disperato, mentre a picco sotto di noi passavano, nel mattino di pioggia, il mare e la città.

« Messina », disse con lamento una donna; e fu una parola detta senza ragione; solo una specie di lagnanza; e io 20 osservai il piccolo siciliano dalla moglie bambina pelare disperatamente l'arancia, e disperatamente mangiarla, con rabbia e frenesia, senza affatto voglia, e senza masticare, ingoiando e come maledicendo, le dita bagnate di sugo d'arancia nel freddo, un po' curvo nel vento, la visiera del 25 berretto molle contro il naso.

« Un siciliano non mangia mai la mattina », egli disse d'un tratto.

Soggiunse: « Siete americano, voi? ».

Parlava con disperazione eppure con soavità, come sem-30 pre era stato soave anche nel disperato pelare l'arancia e nel disperato mangiarla. Le ultime tre parole disse eccitato, in tono di stridula tensione come se gli fosse in qualche modo necessario, per la pace dell'anima, sapermi americano.

« Sí », dissi io, vedendo questo. « Americano sono. Da 35 quindici anni ».

*

Pioveva, sul molo della Stazione Marittima dove il piccolo treno che avrei preso aspettava; e della folla di siciliani scesa dal battello-traghetto parte se ne andarono, il bavero della giacca rialzato, le mani in tasca, attraverso il piazzale nella pioggia; parte restarono, con donne e sacchi e panieri, 5 come dianzi a bordo, immobili, in piedi, sotto la tettoia.

Il treno aspettava di essere allungato coi vagoni che avevano passato il mare sul battello; e questo era una lunga manovra; e io mi ritrovai vicino al piccolo siciliano dalla moglie bambina che di nuovo sedeva sul sacco ai suoi piedi. 10

Stavolta egli mi sorrise vedendomi, eppur era disperato, con le mani in tasca, al freddo, al vento, ma sorrise, con la bocca, di sotto alla visiera di panno che gli copriva metà della faccia.

« Ho dei cugini in America », disse. « Uno zio e dei 15 cugini... ».

« Ah, cosí », dissi io. « E in che posto? A New York o in Argentina? ».

« Non lo so », rispose lui. « Forse a New York. Forse in Argentina. In America ».   20

Cosí disse e soggiunse: « Di che posto siete voi? ».

« Io? », dissi io. « Nacqui a Siracusa... ».

E lui disse: « No... Di che posto siete dell'America? ».

« Di... Di New York », dissi io.

Un momento fummo zitti, io su questa menzogna, guar- 25 dandolo, e lui guardando me, dai suoi occhi nascosti sotto la visiera del berretto.

Poi, quasi teneramente, egli chiese:

« Come va a New York? Va bene? ».

« Non ci si arricchisce », risposi io.   30

« Che importa questo? », disse lui. « Si può star bene senza arricchire... Anzi è meglio... ».

« Chissà! », dissi io. « C'è anche lí disoccupazione ».

« E che importa la disoccupazione? », disse lui. « Non è sempre la disoccupazione che fa il danno... Non è questo... Non sono disoccupato, io ».

5 Indicò gli altri piccoli siciliani intorno.

« Nessuno di noi lo è. Lavoriamo... Nei giardini.. Lavoriamo ».

E si fermò, mutò voce, soggiunse: « Siete tornato per la disoccupazione, voi? ».

10 « No », io dissi. « Sono tornato per qualche giorno ».

« Ecco », disse lui. « E mangiate la mattina... Un siciliano non mangia mai la mattina ».

E chiese: « Mangiano tutti in America la mattina? ».

Avrei potuto dire di no, e che anche io, di solito, non 15 mangiavo la mattina, e che conoscevo tanta gente che non mangiava forse piú di una volta al giorno, e che in tutto il mondo era lo stesso, eccetera, ma non potevo parlargli male di un'America dove non ero stato, e che, dopotutto, non era nemmeno l'America, nulla di attuale, di effettivo, ma una 20 sua idea di regno dei cieli sulla terra. Non potevo; non sarebbe stato giusto.

« Credo di sí », risposi. « In un modo o in un altro... ».

« E il mezzogiorno? », egli chiese allora. « Mangiano tutti, il mezzogiorno, in America? ».

25 « Credo di sí », dissi io. « In un modo o in un altro... ».

« E la sera? », egli chiese. « Mangiano tutti, la sera, in America? ».

« Credo di sí », dissi io. « Bene o male... ».

« Pane? », disse lui. « Pane e formaggio? Pane e verdure? 30 Pane e carne? ».

Era con speranza che lui mi parlava e io non potevo piú dirgli di no.

« Sí », dissi. « Pane e altro ».

E lui, piccolo siciliano, restò muto un pezzo nella speranza, poi guardò ai suoi piedi la moglie bambina che sedeva immobile, scura, tutta chiusa, sul sacco, e diventò disperato, e disperatamente, come dianzi a bordo, si chinò e sfilò un po' di spago dal paniere, tirò fuori un'arancia, e disperatamente l'offrí, ancora chino sulle gambe piegate, alla moglie 5 e, dopo il rifiuto senza parole di lei, disperatamente fu avvilito con l'arancia in mano, e cominciò a pelarla per sé, a mangiarla lui, ingoiando come se ingoiasse maledizioni.

« Si mangiano a insalata », io dissi, « qui da noi ».

« In America? », chiese il siciliano. 10

« No », io dissi, « qui da noi ».

« Qui da noi? », il siciliano chiese. « A insalata con l'olio? ».

« Sí, con l'olio », dissi io. « E uno spicchio d'aglio, e il sale... ». 15

« E col pane? », disse il siciliano.

« Sicuro », io risposi. « Col pane. Ne mangiavo sempre quindici anni fa, ragazzo... ».

« Ah, ne mangiavate? », disse il siciliano. « Stavate bene anche allora, voi? ». 20

« Cosí, cosí », io risposi.

E soggiunsi: « Mai mangiato arance a insalata, voi? ».

« Sí, qualche volta », disse il siciliano. « Ma non sempre c'è l'olio ».

« Già », io dissi. « Non sempre è buona annata... L'olio 25 può costar caro ».

«E non sempre c'è il pane », disse il siciliano. « Se uno non vende le arance non c'è il pane. E bisogna mangiare le arance... Cosí, vedete? ».

E disperatamente mangiava la sua arancia, bagnate le 30 dita, nel freddo, di succo d'arancia, guardando ai suoi piedi la moglie bambina che non voleva arance.

« Ma nutriscono molto », dissi io. « Potete vendermene qualcuna? »

Il piccolo siciliano finí d'inghiottire, si pulí le mani nella giacca.

« Davvero? » esclamò. E si chinò sul suo paniere, vi scavò dentro, sotto la tela, mi porse quattro, cinque, sei
5 arance.

« Ma perché? », io chiesi. « È cosí difficile vendere le arance? »

«Non si vendono », egli disse. « Nessuno ne vuole ».

Il treno intanto era pronto, allungato dei vagoni che
10 avevano passato il mare.

« All'estero non ne vogliono », continuò il piccolo siciliano. « Come se avessero il tossico. Le nostre arance. E il padrone ci paga cosí. Ci dà le arance... E noi non sappiamo che fare. Nessuno ne vuole. Veniamo a Messina, a piedi, e
15 nessuno ne vuole... Andiamo a vedere se ne vogliono a Reggio,[7] a Villa S. Giovanni, e non ne vogliono... Nessuno ne vuole ».

Squillò la trombetta del capotreno, la locomotiva fischiò.

« Nessuno ne vuole... Andiamo avanti, indietro, pa-
20 ghiamo il viaggio per noi e per loro, non mangiamo pane, nessuno ne vuole... Nessuno ne vuole ».

Il treno si mosse, saltai a uno sportello.

« Addio, addio! ».

« Nessuno ne vuole... Nessuno ne vuole... Come se aves-
25 sero il tossico... Maledette arance ».

(From *Conversazione in Sicilia*, Bompiani, Milano, 1958. Reproduced here with the permission of the author and the publisher.)

[7] *Règgio:* Capital of Calabria.

6. CARLO LEVI
(Torino 1902)

CARLO LEVI, born into a cultivated, well-to-do Piedmontese family, is a physician by training, a painter by profession, a conspirator, journalist, writer and politician by historic necessity.

While still a university student, he began what was to be a twenty-year fight against Fascism and, with the suppression of all civil liberties, became one of the leaders of the Liberal-Socialist underground movement called *Giustizia e Libertà*. Arrested in 1934, liberated and rearrested the following year, he was sentenced to confinement in the god-forsaken mountain villages first of Grassano and then of Gagliano in remote Lucania, Southern Italy, where he spent two years. Thanks to a general amnesty granted on the occasion of the Fascist conquest of Ethiopia, he was able to leave Italy and seek political exile in France. In 1942, during the Nazi occupation of Italy, Levi managed to get back to Florence in order to organize the *Partito d'Azione* and was arrested once more. Upon his release he took part in the Florentine resistance and after the liberation became editor of *La Nazione del popolo* of Florence and then of *L'Italia libera* of Rome. He still lives in Rome where he paints and writes and plays a prominent part in the artistic, cultural and political life of the capital. In 1948-49, he taught in the teacher-training courses organized by the National Union for the Battle Against Illiteracy in Southern Italy, partially supported by the Carrie Chapman Catt Memorial Fund of Chicago.

Levi was catapulted on the international literary scene in 1945 with *Cristo si è fermato a Eboli* (*Christ Stopped at Eboli*) which he had written in 1944 under the very nose of the Germans while in hiding on the top floor of a Florentine building directly opposite Palazzo Pitti. The book won two literary prizes, was translated into more than twenty languages, and made Levi world famous.

The volume is as hard to classify as is its author. It is the cohesive portrait of a region seen through a homogeneous series of historical, socio-political, literary vignettes and frescos done with the incisive yet humane clinical insight of a physician, the eye for color and form of a painter, and the aptness of a politician. With deft poetic touch Levi relates what he—a highly civilized cosmopolitan man—saw, heard, thought and learned during those two years of political confinement in that isolated, desolate, primeval world of peasants abandoned to their ignorance and superstitions, preyed upon by the State and a few local tyrants. Here, sorcery, love potions, idolatry, fetichism, fate, myths, legends, banditry and vendettas take the place of medicine, religion, law and morality; men do not consider themselves "Christians" (men), but beasts of burden and are convinced that "Christ" (Civilization) never succeeded in reaching their barren mountain villages but stopped to the North, down on the plains around the city of Eboli.

Silone with *Fontamara,* Vittorini with *Conversazione in Sicilia* and Levi with *Cristo si è fermato a Eboli* not only focussed a glaring white light on the tragic conditions of Southern Italian peasants but gave fresh impetus to that veristic literary current which, interrupted by the Fascist dictatorship, had had in Giovanni Verga (1840-1922) its master and originator.

Some of Levi's later successes include *L'orologio* (*The Watch*), the agonizing and moving record of the 1945 Italian government crisis which marked the betrayal and downfall of the ideals of the Resistance movement; and *Le parole sono pietre* (*Words are Stones*)—awarded half the 1956 Viareggio Prize—a startlingly vivid pictorial account of the plight of the peasants of Western Sicily terrorized by the Mafia while government authorities look upon hunger, deprivation and crime with olympian indifference.

In the general elections held in 1963 Levi ran as an independent on the Communist ticket and was elected Senator of the Republic.

Gli "*americani*" *di Gagliano* is taken from a chapter of *Cristo si è fermato a Eboli*. Levi takes the reader inside a peasant's "home" and later introduces him to some of the typical so-called "americani": the town tailor and the barber who lost their "paradise", and Faccialorda, the crafty mason who, having been preyed upon and cheated all his life, cheats an American insurance company and considers himself a hero in the struggle of the poor against their exploiters.

Gli "americani" di Gagliano

. . . .

Le case dei contadini sono tutte uguali, fatte di una sola stanza che serve da cucina, da camera da letto e quasi sempre anche da stalla per le bestie piccole, quando non c'è per quest'uso, vicino alla casa, un casotto che si chiama in dialetto, con parola greca, il *catoico*. Da una parte c'è il 5 camino, su cui si fa da mangiare con pochi stecchi portati ogni giorno dai campi: i muri e il soffitto sono scuri pel fumo. La luce viene dalla porta. La stanza è quasi interamente riempita dall'enorme letto, assai piú grande di un comune letto matrimoniale: nel letto deve dormire tutta la 10 famiglia, il padre, la madre, e tutti i figliuoli. I bimbi piú piccini, finché prendono il latte, cioè fino ai tre o quattro anni, sono invece tenuti in piccole culle o cestelli di vimini, appesi al soffitto con delle corde, e penzolanti poco piú in alto del letto. La madre per allattarli non deve scendere, 15

---

1 (Title) *Gagliano:* Small mountain town in the province of Potenza (Lucania).

ma sporge il braccio e se li porta al seno; poi li rimette nella culla, che con un solo colpo della mano fa dondolare a lungo come un pendolo, finché essi abbiano cessato di piangere.

Sotto il letto stanno gli animali: lo spazio è così diviso in
5 tre strati: per terra le bestie, sul letto gli uomini, e nell'aria i lattanti. Io mi curvavo sul letto, quando dovevo ascoltare un malato, o fare una iniezione a una donna che batteva i denti per la febbre[2] e fumava per la malaria; col capo toccavo le culle appese, e tra le gambe mi passavano improvvisi i maiali
10 o le galline spaventate. Ma quello che ogni volta mi colpiva (ed ero stato ormai nella maggior parte delle case) erano gli sguardi fissi su di me, dal muro sopra il letto, dei due inseparabili numi tutelari. Da un lato c'era la faccia negra ed aggrondata e gli occhi larghi e disumani della Madonna
15 di Viggiano:[3] dall'altro, a riscontro, gli occhietti vispi dietro gli occhiali lucidi e la gran chiostra dei denti aperti nella risata cordiale del Presidente Roosevelt, in una stampa colorata. Non ho mai visto, in nessuna casa, altre immagini: né il Re, né il Duce, né tanto meno Garibaldi, o qualche
20 altro grand'uomo nostrano, e neppure nessuno dei santi, che pure avrebbero avuto qualche buona ragione per esserci: ma Roosevelt e la Madonna di Viggiano non mancavano mai. A vederli, uno di fronte all'altra, in quelle stampe popolari, parevano le due facce del potere che si è spartito l'universo:
25 ma le parti erano giustamente invertite: la Madonna era, qui, la feroce, spietata, oscura dea arcaica della terra, la signora saturniana di questo mondo: il Presidente, una specie di Zeus, di Dio benevolo e sorridente, il padrone dell'altro mondo. A volte, una terza immagine formava,
30 con quelle due, una sorta di trinità: un dollaro di carta, l'ultimo di quelli portati di laggiú, o arrivato in una lettera

---

2 *che battéva i dènti per la fébbre:* whose teeth chattered with fever.
3 *Viggiàno:* Locality in Lucania at an altitude of about 6,000 ft. with a sanctuary of the Madonna.

del marito o di un parente, stava attaccato al muro con una puntina sotto alla Madonna o al Presidente o tra l'uno e l'altro, come uno Spirito Santo, o un ambasciatore del cielo nel regno dei morti.

Per la gente di Lucania, Roma non è nulla: è la capitale 5 dei signori, il centro di uno Stato straniero e malefico. Napoli potrebbe essere la loro capitale, e lo è davvero, la capitale della miseria, nei visi pallidi, negli occhi febbrili dei suoi abitatori, nei « bassi » dalla porta aperta pel caldo, l'estate, con le donne discinte che dormono a un tavolo, nei 10 gradoni di Toledo;[4] ma a Napoli non ci sta piú, da gran tempo, nessun re; e ci si passa soltanto per imbarcarsi. Il Regno[5] è finito: il regno di queste genti senza speranza non è di questa terra. L'altro mondo è l'America. Anche l'America ha, per i contadini, una doppia natura. È una terra 15 dove si va a lavorare, dove si suda e si fatica, dove il poco denaro è risparmiato con mille stenti e privazioni, dove qualche volta si muore, e nessuno piú ci ricorda; ma nello stesso tempo, e senza contraddizione, è il paradiso, la terra promessa del Regno. 20

Non Roma o Napoli, ma New York sarebbe la vera capitale dei contadini di Lucania, se mai questi uomini senza Stato potessero averne una. E lo è, nel solo modo possibile per loro, in un modo mitologico. Per la sua doppia natura, come luogo di lavoro essa è indifferente: ci si vive 25 come si vivrebbe altrove, come bestie legate a un carro, e non importa in che strade lo si debba tirare; come paradiso, Gerusalemme celeste,[6] oh! allora, quella non si può toccare, si può soltanto contemplarla, di là dal mare,[7] senza mescolarvisi. I contadini vanno in America, e rimangono quello 30

---

4 *Tolédo:* One of the most lively streets of Naples, also called Via Roma.
5 *Il Régno:* The Kingdom of Naples, which came to its end in 1860.
6 *Gerusalèmme celèste:* Jerusalem, the Golden.
7 *di là dal mare:* once they have crossed the Ocean.

che sono: molti vi si fermano, e i loro figli diventano americani: ma gli altri, quelli che ritornano, dopo vent'anni, sono
identici a quando erano partiti. In tre mesi le poche parole
d'inglese sono dimenticate, le poche superficiali abitudini
5 abbandonate, il contadino è quello di prima, come una
pietra su cui sia passata per molto tempo l'acqua di un
fiume in piena, e che al primo sole in pochi minuti riasciuga.
In America, essi vivono a parte, fra di loro: non partecipano
alla vita americana, continuano per anni a mangiare pan
10 solo, come a Gagliano, e risparmiano i pochi dollari: sono
vicini al paradiso, ma non pensano neppure ad entrarci.
Poi, tornano un giorno in Italia, col proposito di restarci
poco, di riposarsi e salutare i compari e i parenti: ma ecco,
qualcuno offre loro una piccola terra da comperare, e tro-
15 vano una ragazza che conoscevano bambina e la sposano, e
cosí passano i sei mesi dopo i quali scade il loro permesso
di ritorno laggiú, e devono rimanere in patria. La terra
comperata è carissima, hanno dovuto pagarla con tutti i
risparmi di tanti anni di lavoro americano, e non è che
20 argilla e sassi, e bisogna pagare le tasse, e il raccolto non
vale le spese, e nascono i figli, e la moglie è malata, e in
pochissimo tempo è tornata la miseria, la stessa eterna miseria di quando, tanti anni prima, erano partiti. E con la
miseria torna la rassegnazione, la pazienza, e tutti i vecchi
25 usi contadini: in breve questi americani non si distinguono
piú in nulla da tutti gli altri contadini, se non per una
maggiore amarezza, il rimpianto, che talvolta affiora, d'un
bene perduto. Gagliano è piena di questi emigranti ritornati:
il giorno del ritorno è considerato da loro tutti un giorno di
30 disgrazia. Il 1929 fu l'anno della sventura, e ne parlano
tutti come d'un cataclisma. Era l'anno della crisi americana,
il dollaro cadeva, le banche fallivano: ma questo, in generale, non colpiva i nostri emigrati, che avevano l'abitudine
di mettere i loro risparmi in banche italiane, e di cambiarli

subito in lire. Ma a New York c'era il panico, e c'erano i propagandisti del nostro governo, che, chissà perché, andavano dicendo che in Italia c'era lavoro per tutti e ricchezza e sicurezza, e che dovevano tornare. Cosí moltissimi, in quell'anno di lutto, si lasciarono convincere, abbandonarono il lavoro, presero il piroscafo, tornarono al paese, e vi restarono invischiati come mosche in una ragnatela. Eccoli[8] di nuovo contadini, con l'asino e la capra, eccoli partire ogni mattina per i lontani bordi di malaria.[9] Altri conservano invece il mestiere che facevano in America; ma qui, al paese, non c'è lavoro, e si fa la fame.—Maledetto il 1929, e chi mi ha fatto tornare!—mi diceva Giovanni Pizzilli, il sarto, mentre mi prendeva le misure in pollici, con complicati e originali e moderni sistemi americani per l'abbassamento della spalla, e non so che altro, per un vestito alla cacciatora. Era un artigiano intelligente, abilissimo nel suo mestiere, come se ne trovano pochi nelle piú celebri sartorie di città, e mi fece, per cinquanta lire di fattura, il piú bell'abito di velluto che io abbia mai portato. In America guadagnava bene, ora era in miseria, aveva già quattro o cinque figli, non sperava piú di risollevarsi, e sul suo viso ancor giovane era scomparsa ogni traccia di energia e di fiducia, per lasciarvi una continua, disperata espressione di angoscia.

—Laggiú avevo un salone, e quattro lavoranti. Nel '29 sono venuto per sei mesi, ma ho preso moglie e non sono piú partito: e ora son ridotto a questa botteguccia e a combattere con la miseria,—mi diceva il barbiere, un uomo coi capelli già grigi sulle tempie, con l'aria seria e triste. A Gagliano c'erano tre botteghe di barbiere, e questa dell'americano, in alto, vicino alla chiesa, era la sola che fosse sempre aperta, quella dove si rasavano i signori. Quella di Gagliano

---

[8] *Èccoli:* Soon they were.
[9] *per i lontani bórdi di malària:* for the distant fields bordering on malarial marshes.

di Sotto,[10] tenuta dall'albino, serviva i contadini poveri, ed era quasi sempre chiusa: l'albino aveva anche da coltivare la terra, e adoperava il rasoio la mattina dei giorni di festa, e soltanto di quando in quando, durante la settimana. A 5 metà del paese, verso la piazza, c'era la terza bottega, e anche questa era sempre chiusa, perché il suo padrone era in giro in continue faccende.... Era stato, da militare, caporale di sanità, durante la grande guerra, e aveva imparato cosí a fare il medico. Il suo mestiere ufficiale era il barbiere, 10 ma le barbe e i capelli dei cristiani erano l'ultima delle sue occupazioni. Oltre a tosare le capre, a curare le bestie, a dar la purga agli asini, a visitare i maiali, la sua specialità era quella di cavare i denti. Per due lire « tirava una mola » senza troppo dolore né inconvenienti. Era una vera fortuna 15 che ci fosse lui in paese: perché io non avevo la minima idea dell'arte del dentista, e i due medici ne sapevano ancor meno di me....

La bottega dell'americano, del parrucchiere dei signori, era l'unica delle tre che sembrasse una vera bottega di 20 barbiere. C'era uno specchio, tutto appannato dalle cacche di mosca, c'era qualche seggiola di paglia, e al muro erano attaccati ritagli di giornali americani, con fotografie di Roosevelt, di uomini politici, di attrici, e *réclames* di cosmetici. Era l'unico resto dello splendido salone in non so 25 piú quale strada di New York: il barbiere, ripensandoci, si rattristava e si faceva cupo. Che cosa gli rimaneva della bella vita di laggiú, dove era un signore? Una casetta in cima al paese, con la porta pretenziosamente scolpita e qualche vaso di geranio sul balcone, la moglie malaticcia, e 30 la miseria.—Non fossi mai tornato!—Questi americani del 1929 si riconoscono tutti all'aria delusa di cani frustati, e ai denti d'oro.

I denti d'oro brillavano anacronistici e lussuosi nella

[10] *Gagliano di Sótto:* Lower Gagliano.

larga bocca contadina di Faccialorda,[11] un uomo grosso, robusto, dall'aspetto testardo ed astuto. Faccialorda, chiamato da tutti con questo soprannome forse per il colore della sua pelle, era invece un vincitore nella lotta dell'emigrazione, e viveva nella sua gloria. Era tornato dall'America 5 con un bel gruzzolo, e anche se l'aveva già in gran parte perduto per comprarsi una terra sterile, ci poteva ancora modestamente campare: ma il vero valore di quel denaro consisteva nel non essere stato guadagnato col lavoro, ma con l'abilità. Faccialorda, la sera, tornando dai campi, 10 sull'uscio di casa sua, o passeggiando per la piazza, amava raccontarmi la sua grande avventura americana, felice per sempre della sua vittoria. Era un contadino, in America faceva il muratore.—Un giorno mi danno da svuotare un tubo di ferro, di quelli che servono per le mine, che era pieno 15 di terra. Io ci batto su con una punta; invece di terra, c'era la polvere, e il tubo mi scoppia in mano. Mi sono un po' sgraffiato qui sul braccio, ma sono rimasto sordo. Si era rotto il timpano. Là in America ci sono le assicurazioni, dovevano pagarmi. Mi fanno una visita, mi dicono di tornare 20 dopo tre mesi. Dopo tre mesi io ci sentivo di nuovo bene, ma avevo avuto l'infortunio, dovevano pagarmi, se c'è la giustizia. Tremila dollari dovevano darmi. Io facevo il sordo: parlavano, sparavano, non sentivo nulla. Mi facevano chiudere gli occhi: io mi dondolavo e mi lasciavo 25 cadere per terra. Quei professori dicevano che non avevo niente, e non volevano darmi l'indennità. Mi fecero un'altra visita, e poi tante altre. Io non sentivo mai nulla, e cadevo per terra: dovevano pur darmi il mio denaro! Siamo andati avanti due anni, che non lavoravo, i professori dicevano di 30 no, io dicevo che non potevo far nulla, che ero rovinato. Poi i professori, i primi professori dell'America si sono convinti,

---

[11] *Faccialórda:* Dirty-Face.

e dopo due anni mi hanno dato i miei tremila dollari. Mi vengono per giustizia. Sono subito tornato a Gagliano, e sto benissimo—.Faccialorda era fiero di aver combattuto da solo contro tutta la scienza, contro tutta l'America, e di
5 aver vinto, lui, piccolo cafone di Gagliano, i professori americani, armato soltanto di ostinazione e di pazienza. Era, del resto, convinto che la giustizia fosse dalla sua parte, che la sua simulazione fosse un atto legittimo. Se qualcuno gli avesse detto che egli aveva truffato i tremila dollari, si
10 sarebbe sinceramente stupito. Io mi guardavo bene dal dirglielo, perché in fondo non gli davo torto; ed egli mi ripeteva con orgoglio la sua avventura, e si sentiva, nel suo cuore, un poco un eroe della povera gente, premiato da Dio nella sua difesa contro le forze nemiche dello Stato. Mi
15 venivano in mente, quando Faccialorda mi raccontava la sua storia, altri italiani incontrati in giro per il mondo, fieri di essersi battuti contro le potenze organizzate della vita civile, e di aver salvato la propria persona contro la volontà assurda dello Stato....
20 Faccialorda aveva vinto, ma anche lui era tornato, e tra poco, malgrado i denti d'oro, non lo si sarebbe piú distinto dagli altri contadini. A lui il racconto della sua avventura dava ancora un ricordo preciso, per quanto limitato e particolare, dell'America: ma gli altri in breve la dimenticavano:
25 tornava ad essere per loro quello che era stata prima della partenza, e anche, forse, mentre erano laggiú: il paradiso americano. Qualcuno, piú pratico e piú americanizzato, forse come quelli che restano laggiú, ne ho visto a Grassano:[12] ma questi non erano contadini, e badavano con ogni
30 cura a non lasciarsi riprendere dalla vita paesana. Uno, a Grassano, stava seduto su una sedia, ogni giorno, sull'uscio di casa, sulla piazza, a veder passare la gente. Era un uomo

[12] *Grassano:* Small town on the road from Matera to Potenza.

di mezza età, alto, magro, vigoroso, con un viso di falchetto, il naso aquilino, la pelle scura. Era vestito sempre di nero, e in testa portava un panama a larghe tese. D'oro non aveva soltanto i denti, ma la spilla della cravatta, i bottoni dei polsini, la catena dell'orologio, i ciondoli, i corni porta- 5 fortuna, gli anelli, il portasigarette. In America aveva fatto fortuna, faceva il sensale e il commerciante; forse, sospetto, un poco il negriero dei contadini poveri; era abituato a comandare, e guardava ormai con distacco e disprezzo i suoi compaesani. Tuttavia tornava al paese, dove aveva una 10 casa, una volta ogni tre o quattro anni, e si compiaceva di fare sfoggio dei suoi dollari, del suo barbaro inglese e del suo piú barbaro italiano. Ma stava attento a non lasciarsi invischiare.—Qui potrei restarci,—mi diceva,—denaro ne ho abbastanza. Mi potrebbero fare podestà: ci sarebbe da 15 lavorare, in paese, da rifar tutto, all'americana. Ma sarebbe un fallimento, e si perderebbe tutto. I miei affari mi aspet- tano—.Consultava ogni giorno il giornale, e ascoltava la radio, e quando si fu convinto che tra poco sarebbe scop- piata la guerra d'Africa, fece le sue valige, s'imbarcò sul 20 primo piroscafo, per non rischiare di rimaner bloccato in Italia, e fuggí.

Dopo il '29, l'anno della disgrazia, ben pochi sono tor- nati da New York, e ben pochi ci sono andati. I paesi di Lucania, mezzi di qua e mezzi di là dal mare, sono rimasti 25 spezzati in due. Le famiglie si sono separate, le donne sono rimaste sole: per quelli di qui,[13] l'America si è allontanata, e con lei ogni possibile salvezza. Soltanto la posta porta continuamente qualcosa che viene di laggiú, che i com- paesani fortunati mandano a regalare ai loro parenti... 30 Arrivavano forbici, coltelli, rasoi, strumenti agricoli, fal- cetti, martelli, tenaglie, tutte le piccole macchine della vita

13 *di qui:* who live here.

comune. La vita di Gagliano, per quello che riguarda i ferri del mestiere, è tutta americana, come lo è per le misure: si parla, dai contadini, di pollici e di libbre piuttosto che di centimetri o di chilogrammi. Le donne, che filano la lana 5 su vecchi fusi, tagliano il filo con splendidi forbicioni di Pittsburg: i rasoi del barbiere sono i piú perfezionati ch'io abbia mai visto in Italia, e l'acciaio azzurro delle scuri che i contadini portano sempre con sé, è acciaio americano. Essi non sentono alcuna prevenzione contro questi strumenti 10 moderni, né alcuna contraddizione fra di essi e i loro antichi costumi. Prendono volentieri quello che arriva da New York, come prenderebbero volentieri quello che arrivasse da Roma. Ma da Roma non arriva nulla. Non era mai arrivato nulla, se non l'U. E.,[14] e i discorsi della radio.

(From *Cristo si è fermato a Eboli,* Einaudi, Torino, 1946. Reproduced here with the permission of the publisher.)

[14] *U. E.:* Abbreviation for *Ufficiale Esattoriale,* Tax Collector.

7. ITALO CALVINO
(Santiago de las Vegas 1923)

ITALO CALVINO was born in Cuba to a family of Italian scientists.
When he was two years old his parents took him back to Italy to
live in the flower-bedecked Ligurian resort town of San Remo which
he considers his native city. He now makes his home in Turin.

During World War II Calvino interrupted his university studies
to join a Partisan brigade fighting against Nazi-Fascist troops.
These war experiences inspired his first novel, *Il sentiero dei nidi di
ragno* (*The Path of the Nest of Spiders*), in which he gives a lean,
neo-realistic account of some of the events in which he had taken
part. With the coming of peace, Calvino resumed his studies and
received his degree in Letters in 1947 with a thesis on John Conrad.
He took an active part in politics and was a regular contributor to
the newspaper *L'Unità* until 1957 when he broke with the Communist Party. Meanwhile, he had begun working with Cesare Pavese as consulting editor for the Einaudi press where he came under
the influence of Elio Vittorini. He has written a good deal for
Officina, Botteghe Oscure and *Nuovi Argomenti,* three leading
Italian reviews, and is currently co-editor of *Il Menabò.*

After the success of his first work, Calvino found that neo-
realism—which had become fashionable in Italian films and literature—was proving too constricting for his quixotic imagination. He
therefore evolved his own highly individualistic style which consists
in charging reality with fantasy and saturating fantasy with reality.
Thus emerged two diametrically opposite yet complementary facets
of Calvino's temperament which are reflected in his works, usually
separately and in quite distinct form. Besides the sober yet poetic
realist there is the fanciful satirist who seeks escape from the im-
passe of our workaday world in witty, mordant yet basically opti-

mistic allegories applicable to the contemporary scene. Out of this original and bizarre amalgam springs his mock-epic trilogy: *Il visconte dimezzato* (*The Cloven Viscount*), the ironical parable of a nobleman whose body is split in battle into two autonomous parts, one disseminating terror and evil while the other epitomizes virtue and goodness until both are joined to form a single balanced human being; *Il barone rampante* (*The Baron in the Trees*), an ingenious spoof about an 18th-century adolescent who, in protest against the rigid code of behavior imposed upon him by his parents, takes to the trees never—during the course of his long lifetime—to descend to earth again; and *Il cavaliere inesistente* (*The Nonexistent Knight*), a chivalric tale about the exploits of a knight who exists without existing yet fights for order, justice and liberty and, on the point of being vanquished by his enemies, vanishes into thin air. Reaching even farther back into the realms of myth are Calvino's enchanting *Fiabe italiane* (*Italian Fables*), a compendium of fables and fairy tales selected from the inexhaustible wealth of folk stories that has accumulated in Italy since the beginning of time; and his latest work, *Le cosmicomiche* (1965), eight caustic serio-comic stories told by a strange creature from a pre-human age, before the physical consolidation of the universe.

A unifying element does bind both the realist and the whimsical spinner of fables in Calvino: his compulsive need to express the tragedy of contemporary man needlessly estranged from nature, love, life, freedom and even himself through the ever-mounting social, political and intellectual pressures that violate man's basic right to his own individuality.

Paese infido belongs to the first period of Calvino's writings. It is taken from *I racconti* (Bagutta Prize 1959). The story shows an Italian town under German occupation with a small segment of the population ready—half through fear, half through political hatred —to hand over in cold blood a wounded and stranded partisan to the Nazis. The partisan gradually senses what is about to happen.

But just as he begins to feel hopelessly trapped, a little girl, sent as a messenger by the hidden townspeople, comes to save his life and to make him realize that even what may appear hostile and inhuman—in this case the mistrustful town—can turn out to have its unhoped-for good side.

Paese infido

Nel sonno gli pareva che una bestia, una specie di scorpione, o di granchio, gli morsicasse una gamba, sul femore. Si svegliò. Il sole era alto e gli occhi di Tom[1] restarono abbagliati: dovunque girasse lo sguardo continuava a vedere il disegno dei ritagli di cielo splendente tra i rami 5 dei pini. Poi riconobbe il posto dove s'era buttato stanco morto quando la gamba ferita aveva cominciato a fargli troppo male e c'era troppo buio per ritrovare la strada dei compagni. Guardò subito la gamba: la fasciatura s'era saldata alla ferita in una dura macchia quasi nera, e intorno 10 c'era gonfio.

Pareva una cosa da niente. In combattimento, quando un proiettile l'aveva colpito di striscio, a mezza coscia, non se n'era quasi accorto. Il suo sbaglio era stato, piú tardi, mentre si ritiravano per il bosco, dire:—No, no, cammino 15 benissimo, ce la faccio da me!—ma davvero gli pareva di zoppicare solo un poco, allora. Quando tutt'a un tratto arrivò

[1] *Tom:* Names such as *Tom, Fùlmine* (Lightning), *Tarzàn, Bufèra* (Hurricane) used in this story were all assumed by the Partisans to avoid detection.

una raffica tra gli alberi e i partigiani[2] si dispersero, Tom
cominciò a restare indietro. Gridare non si poteva, cosí si
perse e venne notte. S'era buttato sugli aghi di pino e chissà
quanto aveva dormito. Ora era giorno fatto. Aveva un po'
5 di febbre. E non sapeva dove si trovava.

S'alzò. Imbracciò il moschetto e s'appoggiò a un ramo
di nocciolo che gli faceva da bastone fin dal giorno prima.
Non sapeva da che parte prendere: il bosco non gli lasciava
vedere intorno. Sul costone del monte c'era una roccia
10 grigia; Tom, faticosamente, vi salí. Vide la valle aprirglisi
dinanzi. Sotto l'immobile campana del cielo, giusto nel
mezzo, era un paese, ammonticchiato su un cocuzzolo e
circondato di magre vigne digradanti intorno. Una polve-
rosa strada carrozzabile veniva su a tornanti. Tutto era
15 silenzioso e fermo. Non un essere umano che sbucasse dalle
case o nei campi. Non il volo d'un uccello. La strada vuota
al sole, come fosse stata tracciata per le lucertole. Di nemici,
nessun segno: cosí che nemmeno pareva d'essere all'indomani d'una battaglia.

20 Tom era già stato in quel paese. Non di recente, ma
alcuni mesi prima. Da qualche mese i partigiani non vi
facevano piú che puntate di pochi uomini, senza fermarsi,
perché—sebbene non vi fosse un presidio nemico stabile—
era collegato da diverse strade ai paesi dove i nemici erano
25 acquartierati in forze, e poteva essere una trappola. Ma,
nei mesi buoni, quando tutta la zona era in mano partigiana
e si girava per i paesi come a casa propria, Tom ricordava
una giornata passata in quel paese, ricordava ragazze che
portavano fiori, piatti di tagliatelle su tavole imbandite, e un
30 ballo all'aperto, e facce amiche, e canti. « Andrò al paese,—
si disse Tom,—troverò certo gente che m'aiuterà e mi farà
ritrovare i compagni ».

2 *i partigiani:* the Partisans. Italian civilians who during World War II
fought against the Fascists and the Nazis.

Ma intanto, gli tornava in mente una frase sentita dire da un compagno, Fulmine, una frase cui allora non aveva dato peso. Durante quella festa, Fulmine aveva detto qualcosa riguardo a tutti quelli[3] del paese che gli sarebbe piaciuto proprio incontrare e che invece non si facevano vedere... 5 E sghignazzava, Fulmine, nella sua barba nera, e carezzava il calcio del suo archibugio. Ma Fulmine era uno che parlava sempre a quel modo, e Tom scacciò quel ricordo dalla testa. Uscí dal bosco e scese sullo stradone.

Il sole era sempre luminoso ma s'era come infiacchito 10 nell'intensità e nel calore. Il cielo era percorso da nuvole gialle. Tom avanzava cercando di non piegare la gamba perché non gli dolesse; gocciole di sudore gli imperlavano la fronte; non vedeva l'ora di raggiungere le prime case, ma ancor piú di scorgere qualcuno, un segno di vita, in 15 quell'abitato che pareva un mucchio di tegole e di finestre chiuse.

Sul muro che cintava un campo c'era un manifesto. « Bando » diceva. « Il comando militare germanico promette a chiunque aiuterà a catturare vivo o morto un bandito 20 ribelle... »[4] Tom con la punta del bastone strappò la carta; ma dovette far forza, perché era incollata bene e resisteva.

Dopo il muro correva un recinto di rete metallica. Una gallina beccava in terra, all'ombra d'un fico. Se c'era una gallina doveva esserci pure qualche essere umano, e Tom 25 guardava di tra la rete metallica e di tra le foglie di zucca che salivano a una pergola: finché scoperse una faccia, ferma, gialla, come una zucca, che lo guardava. Era una vecchia avvolta in panni neri.—Ehi!—fece Tom, e la vecchia silenziosamente gli voltò le spalle e andò via. Anche la 30 gallina si girò e le andò dietro.—Ehi!—fece ancora Tom,

---

[3] *tutti quélli:* the Fascists.
[4] *un bandito ribèlle:* an outlaw. Reference to the Partisans who were considered outlaws by the Fascists and by the Nazis.

per richiamarle, ma vecchia e gallina sparirono in una specie di pollaio e si sentí un rumore di chiavistello arrugginito.

Tom proseguí. Il dolore alla gamba gli si faceva piú forte, gli dava una specie di nausea. Piú avanti s'apriva 5 l'ingresso d'un'aia. Tom vi entrò. In mezzo all'aia c'era un grosso maiale immobile. Un uomo veniva avanti lentamente, un vecchio decrepito, col cappello sugli occhi, e una mantellina, nonostante il caldo. Tom gli andò incontro.—Senta, non ci sono mica tedeschi in giro, oggi?—chiese. Il vecchio 10 si fermò, non alzò il viso, scuoté il capo e come brontolando tra sé disse:—... Tedeschi?... Non so, io... Mai visti, qui, tedeschi...

—Come, mai visti?—disse Tom.—E ieri? Non sono saliti da questa parte, ieri? Non c'è stata la battaglia?

15 Il vecchio si strinse nella mantellina:—Io non so, non so niente... —Tom ebbe un moto d'impazienza. La ferita gli tirava; sentiva i muscoli aggricciarglisi. E si trovò di nuovo fuori.

La strada saliva tra le case. Forse addentrarsi nel paese 20 non era prudente, cosí da solo, e invalido; ma Tom era pur sempre armato, e poi ricordava la festosa accoglienza di quel giorno lontano, che testimoniava quanti amici avessero i partigiani in mezzo agli abitanti.

Ecco che, all'angolo della prima casa, scantonò un 25 uomo, un tipo grasso, con una corta collottola rossa. Tom gli andò dietro: saliva per una scala esterna.

—Senta,—disse Tom, ma l'uomo non si voltava e Tom salí dietro di lui e riuscí a impedirgli di chiudere la porta.

—Cosa volete?—disse l'uomo grasso.

30 Tom si trovava di fronte a una tavola imbandita, con un minestrone fumante, e una famiglia formata da tre donne pettorute e baffute e da un magro giovinetto con un'eguale peluria sul labbro, tutti seduti coi cucchiai in mano.

—Un piatto di minestra,—disse Tom avanzando de-35 ciso.—Sono quarantott'ore che non mangio. Sono ferito.

Gli sguardi delle grosse donne e del giovinetto si spostarono dal viso di Tom a quello del capofamiglia, che soffiò un po' col naso e poi rispose:—È proibito. Non possiamo. C'è il bando.

—Il bando?—disse Tom.—Ma di che cosa avete paura? 5 Non c'è mica un presidio tedesco, in paese! Il bando, lo si strappa!

—È proibito... —disse ancora l'uomo grasso.

« Ora gli punto il fucile contro », pensò Tom, ma si sentiva debolissimo e dovette puntellarsi al bastone. Avrebbe 10 voluto sedersi, ma nella stanza non c'erano sedie libere.

Girando lo sguardo vide, a una parete, seminascosto da un calendario olandese, il quadro di un cavallo. Era un cavallo muscoloso e pettoruto, e sulle staffe aveva due stivali neri e sopra gli stivali una divisa panciuta e costellata di 15 medaglie, e il resto era nascosto. Tom alzò il calendario e vide la ganascia e l'elmo luccicanti di Mussolini.—E questo qui, cosa ci fa?—chiese.

—Oh, questo qui, un vecchio quadro, è tanto che non mettiamo in ordine,—disse l'uomo grasso, e si mise a armeg- 20 giare come volesse nasconderlo, ma nello stesso tempo spolverarlo e conservarlo intatto.

—Io non capisco,—disse Tom, quasi parlando per conto suo,—eppure, qualche mese fa ci avete accolto cosí bene, in questo paese... Le tagliatelle... il ballo... i fiori... Non vi 25 ricordate?

—Mah... Noi non eravamo in paese, allora... —disse l'uomo.

—Le tagliatelle, però,—non poté trattenere dal saltar su una delle donne baffute,—erano della nostra farina! Trenta 30 sacchi... —ma s'interruppe, perché il marito le faceva gli occhiacci.

Tom ricordava le parole di Fulmine.—Ma allora,—chiese,—quelli di allora, i nostri amici, dove sono...?

—Mah...—disse l'uomo grasso,—non so... molte famiglie si sono... trasferite, in questi ultimi tempi... Giovanotto, andate al municipio, presentatevi al podestà, lí
potranno assistervi...

5 « Al podestà? Gli sparo tutto un caricatore nello stomaco, al vostro podestà! » voleva dire Tom, ma si sentiva
mancare, e l'uomo grasso lo stava spingendo, pur quasi
senza toccarlo, fuori della porta.—D'un medico, ho bisogno... Sono ferito...

10 —Sí, sí, il medico,—diceva l'uomo grasso,—lo troverete
in piazza, è sempre lí a quest'ora... —e intanto l'aveva spinto
sulla scala, e gli aveva chiuso la porta alle spalle.

Tom si ritrovò in strada. C'era un po' di gente, adesso,
che discuteva sottovoce, in crocchi, e si scostava vedendolo
15 passare e sfuggiva il suo sguardo. Vide un prete lungo,
allampanato, con un colorito bianco avorio, che parlava
con una donna bassottina e spettinata, e, gli parve, indica-
vano col dito lui, Tom.

A Tom, che avanzava sempre piú a fatica, zoppicando,
20 pareva di rivedere sempre le stesse facce che aveva sorpas-
sato prima; e quel prete dal viso d'avorio appariva e spariva,
discutendo sottovoce in ogni crocchio. Tom s'accorse che a
poco a poco l'atteggiamento di quei paesani verso di lui
stava cambiando, lo guardavano con occhio interessato, con
25 certi melliflui sorrisi, finché quella donna bassottina che
aveva parlato col prete non gli trotterellò vicino e gli disse:
—Povero ragazzo, non ti reggi in piedi, vieni con me.

Era una donnetta con la faccia di faina; dal registro che
aveva in mano e dall'impolveratura di gesso sparsa su di un
30 vestito nero che pareva una divisa riadattata, si sarebbe
detta una maestra.

—Sei venuto a presentarti? Bravo!—diceva la maestra,
e cercava, come per alleviarlo da un peso, di sfilargli il fucile
dalla spalla.

Ma Tom teneva la mano stretta alla cinghia e si fermò.
—Cosa? Presentarmi? E a chi?

La maestra gli aveva aperto la porta d'un'aula. I banchi
erano ammonticchiati in un angolo, ma c'erano ancora,
appesi alle pareti, cartelloni con scene della storia romana,   5
trionfi di imperatori, e carte geografiche della Libia[5] e del-
l'Abissinia.[6]—Siediti qui, a scuola, e ti portiamo subito una
minestrina,—diceva la maestra, e faceva per chiuderlo
dentro.

Tom la spinse via.—Un medico,—disse.—Ora devo 10
andare dal medico—. Tra la gente della piazza c'era un
ometto nerovestito con una gran croce rossa su una fascia
bianca attorno al braccio.

—Lei è il dottore, vero?—disse Tom.—Vengo da lei
un momento!   15

L'ometto spalancò una bocca sdentata, guardandosi intorno come incerto. Ma quelli che gli erano vicino lo sospin-
sero, lo consigliarono sottovoce e il medico avanzò verso
Tom, indicò la croce rossa sul braccio, disse:—Io sono
neutrale, non conosco né gli uni né gli altri, faccio il mio 20
dovere.

—Ma sí, ma sí,—disse Tom,—che me ne importa?—e
lo seguí verso una casa lí sulla piazza. La gente teneva loro
dietro a una certa distanza, finché non si fece largo tra loro
un tipo dall'aria autorevole e nervosa, coi calzoni alla zuava, 25
che faceva segno di lasciare che pensasse lui a tutto.

Tom seguí il medico in uno studio semibuio e puzzolente
d'acido fenico. Garza sporca, siringhe, bacinelle, stetoscopi
erano sparsi intorno in gran disordine. Il dottore aperse le
persiane e un gatto saltò via dal lettino clinico.   30

—Qui, stendi la gamba qui,—diceva il medico, soffiando

[5] *Lìbia:* Libya. Kingdom in N Africa, until 1945 an Italian colony.
[6] *Abissìnia:* Abyssinia. Empire in NE Africa invaded by Mussolini's troops
in 1936 and liberated in 1941.

un alito da avvinazzato. Tom si ficcò i denti nelle labbra per non gridare, mentre l'ometto, con mani tremolanti e sgraziate, gli incideva la gamba.—Una bella infezione,—diceva,—una bella infezione—. A Tom pareva che non
5 finisse mai.

Ora aveva preso a svolgere un rotolo di garza, ma s'imbrogliava e invece di fasciargli la gamba faceva girare quella garza dappertutto, anche intorno al lettino, alle braccia di Tom, finché lui non gli strappò tutto di mano,
10 gridando:—Ma lei è ubriaco! Faccio io!—e in quattro e quattr'otto si fece una fasciatura perfetta, ben aderente, lungo tutta la coscia.

—Presto, delle pastiglie febbrifughe,—disse, e poiché il medico cincischiava nella confusione dei campioni di
15 medicinali sparsi dappertutto, ci mise le mani lui, lesse il nome di un tubetto, ne trasse due pastiglie, le inghiottí, intascò il tubetto.

Grazie di tutto,—disse, riprese il fucile, e uscí. Ma gli girava la testa. Sulla soglia sarebbe caduto se non ci fosse
20 stato a aspettarlo lí quell'uomo coi calzoni alla zuava che lo sorresse.—Ma tu devi ristorarti, riposarti... Devi essere sfinito... —diceva.—Vieni, vieni a casa mia... —E indicava, oltre un cancello di ferro, una costruzione mezzo villa e mezzo casa colonica. Tom, con la vista annebbiata, lo seguí.
25

Il cancello, appena entrati, si chiuse di scatto. Nonostante la forma antiquata, aveva una serratura di sicurezza. In quel momento, dal campanile cominciarono a cadere dei rintocchi, in una successione ritmata, sempre uguale, lenta
30 come suonasse a morto, ma scandita come un messaggio telegrafico. « Come un messaggio... » pensò Tom, concentrandosi su quel suono per non lasciarsi venir meno.—Cos'è?—chiese all'uomo coi calzoni alla zuava.—Perché suonano le campane a questo modo? E a quest'ora?

—Niente, niente,—rispose quello.—È il pievano. Ci sarà una funzione, credo.

L'aveva fatto entrare in una specie di salotto buono, con poltrone e sofà. Sul tavolo c'era preparato un vassoio con bottiglia e bicchierini.—Assaggia questo rosolio!—disse, e prima che Tom avesse potuto protestare che di ben altro aveva bisogno, gli aveva fatto tranguggiare un bicchierino.

—Ora vado a ordinare il pranzo, con permesso,—e uscí. Tom si lasciò andare sul sofà. La testa gli ciondolava seguendo quel battere di campane: « Don-dan-din! Don-dan-dan! » e si sentiva calare giú in un sonno molle e senza fondo. Fissava una macchia nera sul ripiano del buffè di fronte a lui, e la macchia nera si dilatava, perdeva i contorni, e Tom per lottare contro il sonno cercava di mettere bene a fuoco col suo sguardo quella macchia, ecco che riprendeva concretezza e dimensioni normali, era un oggetto basso e tondo, ecco che se ancora teneva alzate le palpebre sarebbe riuscito a discernere cos'era: un copricapo, era, tondo e nero, con una lucida frangia di fili di seta che gli pioveva dal cocuzzolo: un fez da gerarca, conservato sotto una campana di vetro sul buffè.

Ora Tom era riuscito a alzarsi dal divano. In quel momento l'aria gli portava come un lontano ronzio. Tese l'orecchio. Da qualche parte doveva passare un autocarro. Un autocarro o piú d'uno, con un rombo che s'avvicinava di secondo in secondo. Tom cercava con tutte le forze di vincere il torpore che l'aveva invaso. Al segnale della campana pareva rispondere quel rombo di motore che già faceva tintinnare leggermente i vetri. E la campana, finalmente, tacque.

Tom andò alla finestra, scostò una tendina. La finestra dava in un cortile acciottolato, dove lavorava un cordaio coi suoi garzoni. Tom non riusciva a vederli in faccia;[7] pare-

[7] *vedérli in fàccia:* to see their faces.

vano tipi anziani, duri, con spessi baffi neri. Silenziosi, muo- vendosi in fretta, tendevano e arrotolavano una gran treccia di canapa, per farne una fune.

Tom si voltò, s'afferrò alla maniglia della porta. Cedeva.
5 Nell'androne si trovò di fronte a tre porte chiuse. Due erano chiuse a chiave, la terza era un basso usciolo che s'aperse su una scala di mattoni, buia. Tom scese e si trovò in una larga stalla vuota. Alle mangiatoie, vecchio fieno. Tutt'in- torno, inferriate. Non si vedeva via d'uscita. Il rombo dei
10 motori ingigantiva, era forse un'intera autocolonna che saliva in una spessa nuvola di polvere su per i tornanti della strada verso il paese. E lui era in trappola.

Ed ecco Tom sentí una vocetta che lo chiamava:— Partigiano! di', partigiano!—e da un mucchio di fieno venne
15 fuori una bambina con le trecce.

Aveva in mano una mela rossa.—Tieni,—disse,—mor- dila e vieni con me,—e gli indicò dietro il mucchio di fieno una breccia nel muro. Uscirono in un campo incolto pieno di gialli fiori selvatici stellati. Erano dietro il paese. Sopra
20 di loro s'alzavano le mura diroccate dell'antico castello. Si sentiva il rumore degli autocarri che dovevano essere già all'ultima svolta.

—M'hanno mandato a insegnarti la strada per scappare, —disse la bambina.
25 —Chi?—fece Tom mordendo la mela, ma era già sicuro che di quella bambina poteva fidarsi a occhi chiusi.

—Tutti. Tutti noi che non possiamo farci vedere in paese e stiamo nascosti. Se no ci fanno la spia. Io ho due fratelli partigiani, sai,—aggiunse,—conosci Tarzan? Co-
30 nosci Bufera?

—Sí,—disse Tom. « Ogni paese,—pensò,—anche quel- lo che pare piú ostile e disumano, ha due volti; a un certo punto finisci per scoprire quello buono, che c'era sempre stato, solo che tu non lo vedevi e non sapevi sperare ».

—Vedi questo sentiero tra le vigne? Scendi pure di là, non è in vista. Poi passa quel ponticello, piú presto che puoi, sta' attento, è allo scoperto. Entra nel bosco. Sotto la quercia grossa c'è una caverna con dentro tanta roba da 5 mangiare. Stanotte passerà una ragazza che si chiama Susanna: fa la staffetta e ti condurrà dai compagni. Va', partigiano, va', fa' in fretta!

Tom ora scendeva tra le vigne, e non sentiva quasi piú il dolore alla gamba, e oltre il ponticello si stendeva il bosco 10 fitto, oscuro, d'un verde nero, che i raggi del sole non riuscivano a attraversare. E piú forte si sentiva il rombo dei motori nel paese piú fitto e oscuro gli sembrava il bosco. « Se riesco a buttare il torsolo della mela nel torrente, sono in salvo », pensò Tom. 15

La bambina con le trecce, su dal campo incolto, vide Tom che traversava il ponticello, nascosto dietro il muretto, e poi il torsolo cadere in un limpido laghetto del torrente alzando spruzzi sulle canne. Batté le mani e se ne andò.

(From *I racconti,* Einaudi, Torino, 1958. Reproduced here with the permission of the publisher.)

8. CARLO CASSOLA
(Roma 1917)

CARLO CASSOLA is a master of introspective understatement. His usual themes are the dualistic ones of commitment and alienation, of passion and renunciation. His spare, anti-rhetorical style and terse dialogue have won for his novels a wide audience particularly among the young who found in his works the note of unadorned truth they were seeking.

Although Cassola was born in Rome, he is considered a Tuscan because the countryside of Tuscany serves as the most frequent backdrop for his stories. His father, a journalist, came from Lombardy while his mother was from the lovely Etruscan town of Volterra that lies atop one of the spectrally white chalk hills of Tuscany. He began to publish short stories in various newspapers and magazines when he was twenty. By the time Mussolini entered World War II, Cassola had graduated from the University of Rome. Intellectually opposed to Fascism, he saw in the Resistance a chance to achieve not only the liberation of Italy but the renewal of Italian society through the concrete realization of the ideals of social justice and human brotherhood. He therefore joined the Partisans and fought against the Fascists and Nazis in the treacherous mountains around Volterra. At the end of the war, he worked as a journalist in Florence and in 1952 went to teach history and philosophy in the scientific liceo of Grosseto (Tuscany).

Cassola wrote his first full-fledged novel—*Fausto e Anna* (*Fausto and Anna*)—in 1949. It was finally accepted for publication after having been turned down by no fewer than ten publishers. Revised and republished in 1958, it has enjoyed wide success at home and abroad. It describes the first love of a young guilt-ridden intellectual for a beautiful uncomplicated girl, their conflicts and contrasting destinies, their separation and eventual reunion during the partisan warfare, and their final melancholy parting. Cassola had meanwhile published *I vecchi compagni* and *Un matrimonio del dopoguerra* which deal with the unbridgeable chasm between the bright hopes of partisans who had fought collectively for justice and freedom, and the bleak realities of the post-war period when man—once again alone and acting singly—saw his ideals jeopardized in a climate of domestic misfortunes, nagging poverty, injustice and petty party politics.

The work which securely established Cassola's international reputation as one of Italy's foremost fiction writers is *La ragazza di Bube* (*Bebo's Girl*). When it appeared in 1960, it sold over a half-million copies in Italy alone, won the coveted Strega Prize and was made later into a moving film by Luigi Comencini with Claudia Cardinale and George Chakiris playing the troubled protagonists. It is a tender, delicate, authentic story of love, immaturity and integrity blossoming out of Fascism, war, political vendettas and party squabbles which bring together then tear asunder two adolescents—Bebo, a rebellious, naïve ex-partisan, and Mara, the pretty but frivolous girl he loves—and the suffering, frustration and sheer endurance through which both attain precocious maturity and mutual respect if no longer impassioned love.

In 1959 Cassola published *Il taglio del bosco,* a collection of stories and novellas which was followed in 1962 by *La visita,* a selection of his best short stories. In his latest novels—*Un cuore arido* (*An Arid Heart*), *Il cacciatore* and *Tempi memorabili*—Cassola has given up the theme of the Resistance in favor of his post-war topics of the bleakness of Italian provincial life, the frustrating, enervating monotony in which humble, middle-class girls are helplessly trapped and the anxiety of younger men emerging from adolescence.

Il caporale Müller is taken from *La visita*. It relates a gripping episode of partisan warfare which illustrates, through its characters, the old peasant and the German corporal, what Elio Vittorini meant by "man" and "non-man".

Il caporale Müller

Alla testata della valle c'era un podere di cui non ricordo il nome. Subito sopra la casa cominciava la macchia, bassa, fitta, sormontata[1] dalla linea ad alta tensione. Il contadino era un uomo sveglio, benché vivesse in un posto cosí sperduto. Il suo unico figlio era con noi tra i partigiani. 5

Quel giorno l'uomo era solo, perché la moglie era andata a Castelnuovo,[2] a visitare la sorella ricoverata in ospedale. Tornando dal campo, egli si tagliò una fetta di pane e la mangiò con le cipolline e il sale. Quindi rimase un bel pezzo seduto sulla panca, tra un ronzio invisibile di mosche. 10

Sperava ancora che la moglie tornasse in serata. Ma era poco probabile. Di lí a Castelnuovo c'erano tre ore di strada, e poi tutto dipendeva dalle condizioni della cognata.

Il cane lo aveva seguito in cucina, poi era tornato fuori. Lo sentí abbaiare. « Che sia lei? » pensò. Ma gli abbaiamenti 15 avevano un'intonazione tutt'altro che festosa.

Uscí a vedere. Il cane era sul ciglio del muro, si sporgeva abbaiando furiosamente contro qualcuno o qualcosa nell'orticello sottostante. L'uomo guardò giú, ma sulle prime non vide nessuno. 20

A un tratto lo vide, proprio in mezzo al viottolo, tra le canne dei pomodori. Il verde della divisa si confondeva col verde delle piante e dell'erba.

[1] *sormontata da:* over which soared.
[2] *Castelnuòvo:* Small mountain town in Tuscany.

IL CAPORALE MÜLLER

Il cane ora aveva smesso di abbaiare, ma restava pronto a slanciarsi contro l'intruso. Questi veniva avanti senza fretta. Gesticolava; al contadino parve anche che dicesse qualcosa.

5 « E se scappassi? » pensò. Si disse anche che doveva correre ad avvertire i ragazzi. Ma non si mosse, e restò come affascinato a guardare il tedesco, che continuava a venire avanti, fermandosi ogni due passi e gesticolando.

Il cane si rilassò. Scodinzolando, si mise a frugare in-
10 torno col muso. Acchiappò qualcosa, lasciò la presa e starnutí rumorosamente. Il tedesco, che era ormai sotto il muro, alzò la testa di scatto. Vide il cane, vide il contadino, riabbassò la testa e ricominciò a gesticolare. Diceva anche qualcosa come: « Rauff, rauff... »[3] A un tratto si slanciò su per
15 la scaletta e in un momento fu davanti al contadino.

Era un uomo alto, molto alto, con un faccione rosso. Dapprima guardò il contadino con ostilità, poi la sua bocca si aprí in un largo sorriso che scoprí i denti lunghi e appuntiti:

20 —Buonasera,—disse.

—Buonasera,—rispose il contadino, che aveva anche accennato a togliersi il cappello.

—Tu che fare qui? Contadino?[4]

—Sissignore.

25 —Tua questa casa? Tuo questo cane?—Il cane si era avvicinato, gli annusava gli stivali.—Bella bestia,—disse il tedesco,—bella bestia,—e si chinò ad accarezzarlo. Gli dava dei colpetti sulla testa, mentre l'animale si schermiva e tentava per gioco di azzannare la mano. Di scatto il tedesco gli
30 chiuse la mascella nella morsa delle dita. Il cane si divincolò

---

3 *Rauff, rauff* . . . : (German) probably for *Rauf, rauf* . . . : Go up, go up . . .
4 *Tu che fare qui? Contadino?:* What are you doing here? Are you a farmer? The ungrammatical, elliptical phrases spoken here by the German corporal are characteristic of the speech of foreigners unfamiliar with Italian grammar.

furiosamente, finché il tedesco lasciò la presa, raddrizzandosi e scoppiando a ridere.—Bella bestia,—ripeté guardando il contadino.—Razza... fina,—aggiunse.

—Uhm,—fece il contadino.—È un bastardo.

—Bastardo? Cosa essere bastardo?—Il contadino non 5 rispose nulla. Si chiedeva cosa mai fosse venuto a cercare lassú quel tedesco. Doveva aver fatto molta strada, a giudicare da com'era sudato. Gli stivali avevano una larga suola di fango. Quando si chinò per ricominciare a giocare col cane, la giubba, dietro, gli si aprí scoprendo una grossa pis- 10 tola alla cintura.

Fu la vista della pistola a ricordare al contadino la pericolosa situazione in cui si trovava. Giocando col cane, il tedesco si era allontanato di qualche passo. « Se gira l'angolo,—pensò il contadino,—me la batto nella macchia ». 15

Ma il tedesco smise di giocare col cane.

—Hai acqua?—domandò brusco.

—Anche vino,—rispose prontamente l'uomo.

—No vino; acqua,—disse il tedesco.—Vino non buono quando uno stanco. Senti qua,—gli prese la mano e se la 20 schiacciò contro il petto.—Senti? Pun-pun-pun,—e scoppiò a ridere.

Smise di colpo e prese a guardare dalla parte della macchia. La fitta cortina boscosa incupiva nel crepuscolo. Tra palo e palo i fili dell'alta tensione non si scorgevano 25 già piú. Il contadino dapprima pensò al suo ragazzo, poi non pensò piú a nulla. Il tedesco dal canto suo sembrava si fosse dimenticato di lui. Teneva le lunghe braccia abbandonate lungo il corpo; le dita delle mani si rattrappivano e tornavano a distendersi. A un tratto cominciò a camminare 30 avanti e indietro, borbottando qualcosa e gesticolando.

L'aria infittiva. Giú nella vallata la nebbia aveva confuso i contorni, velando i lumi che andavano accendendosi qua e là.

Il contadino si era quasi dimenticato del tedesco, quando questi gli venne vicinissimo col viso:

—Bere,—disse minaccioso.

Il contadino lo precedette in casa. Dalla porta si scende-
5 vano due scalini e si era subito in cucina. Tastoni l'uomo trovò l'interruttore: una luce scialba si diffuse nella stanza. Anche il tedesco si decise a scendere i due scalini. Si guardava intorno, arricciando il naso. Non era infatti un ambiente molto confortevole. Il piano del tavolo appariva nero
10 e untuoso. Anche sugli sgabelli e sulla panca c'era una patina d'untume nerastro. La credenza verdognola sembrava fatta di legno fradicio. Solo la mezzina sull'acquaio riluceva pulita.

—Pronti,—fece il contadino mettendo il bicchiere sul
15 tavolo.

Il tedesco lo prese di scatto, disse:—Salute,—e bevve d'un fiato.—Ancora,—disse.

Bevve un secondo e un terzo bicchiere, quindi emise un « Ah » di soddisfazione e si lasciò andare sulla panca.
20 —Vuole anche da mangiare?—disse il contadino.—Giovane, vuole anche da mangiare?

Il tedesco non rispondeva. Aveva steso le lunghe gambe, si era appoggiato con la schiena alla parete e guardava fisso davanti a sé.
25 L'uomo si decise, e per prima cosa accese il fuoco. Quindi aprí la madia e scelse con cura due uova tra le sei o sette sepolte nella farina. Il tedesco nel frattempo non dava segni di vita. Ma quando si vide mettere davanti il tegamino con le due uova che friggevano nell'olio, strappò
30 il pane dalle mani del contadino e si buttò sul cibo con la stessa avidità con cui si era buttato sull'acqua.

Il contadino lo guardava mangiare, soddisfatto. Mise in tavola il fiasco del vino, quindi affettò la carne grassa e il prosciutto. Dava al tedesco quello che era abituato a dare ai partigiani, quando il figlio glieli portava in casa.

Mangiando e bevendo, il tedesco si era fatto anche più rosso.—E tu?—disse al contadino.—Mangia; bevi; hai paura?—e rise. Ma poi diventò triste:—Tedeschi fare paura, —disse.—Tedeschi essere cattivi... —Ridiventò allegro:— 5 Ma io essere tedesco buono: capito?

Il contadino andò a prendersi la zuppiera con la minestra avanzata e si mise a mangiare anche lui. Mangiava adagio, perché non aveva quasi più denti. Si vide mettere sotto il naso il pacchetto delle sigarette: ne prese una. Il tedesco 10 gli porse anche il cerino acceso, ma l'uomo fece segno di no: aveva preso la sigaretta per serbarla al suo ragazzo, su al campo infatti avevano tutto, meno che da fumare.

—Io essere tedesco buono,—ricominciò quello,—sai perché essere qui? Perché scappato. Non volere più tornare 15 con camerati. Io tedesco buono, gli altri tutti cattivi. Gli altri dire: *Heil Hitler!*,[5] io dire... porco Hitler, all'inferno Hitler!—e scoppiò in una grande risata.—Io essere stato tre anni in Italia, prima di guerra. Io avere molti amici italiani. Io a Roma cercare amici, ma non trovare. Io essere scappato, 20 io volere nascondere: capito? Io non volere più fare guerra. Io comunista: capito? Io per Russia. Tu comunista?—Il contadino non rispondeva nulla.—Non avere paura, io comunista. Io per Russia. Sí, tu per Russia. Tutti italiani per Russia, Tutti italiani comunisti. Tutti italiani cantare... 25 —e con una voce inaspettatamente calda e gradevole accennò le note dell'*Internazionale*.[6] Ma il contadino non capí nemmeno in questo modo. Capí solo quando il tedesco gli domandò a bruciapelo: —Tu conoscere partigiani?—Lo aveva afferrato per un braccio e lo guardava con gli occhi 30 supplichevoli:—Tu conoscere partigiani, sí? Io volere andare con partigiani. Tu portare me da partigiani...

[5] *Heil Hitler!:* (German) Long live Hitler!
[6] *l'Internazionale:* The anthem of the Communists.

Poi per un po' rimase zitto, ma continuava a stringere il braccio al contadino. Questi non pensava a nulla, e anzi si sentiva venir sonno. Senza il dolore del braccio, si sarebbe addormentato. L'improvviso abbaiare del cane gli fece fare
5 uno scossone. Si spaventò al pensiero che fosse la moglie, o peggio ancora, che fosse il figliolo. Ma fortunatamente non era nessuno.

—Tu non avere famiglia?—gli chiese il tedesco. Sembrava che gli avesse letto nel pensiero. Il contadino fece
10 cenno di sí.—Moglie?—Il contadino accennò ancora di sí.—Figli?—Il contadino non rispose nulla.—Io avere moglie, due figli.—Da qualche tasca tirò fuori un voluminoso portafoglio, e ne trasse una dozzina di fotografie. Prima le guardava lui, poi le passava al contadino. Questi le rigirava tra le
15 dita, imbarazzato. Una donna grassa, bionda, era ritratta sempre in pose sorridenti; due bambini, anche loro grassi, biondi, giocavano in un giardino o sulla spiaggia.—*Liebchen, liebchen, liebchen!*[7]—gridò il tedesco come fuori di sé, e baciò l'ultima fotografia, in cui la donna era ritratta in
20 costume da bagno.

Poi il tedesco ricominciò a parlare e a bere. Il contadino non ci capiva nulla, e anzi, non si sforzava nemmeno di capire. Ma quando il tedesco tornò a parlare dei partigiani, si fece attento. Il tedesco era scappato; se quegli altri lo
25 riacchiappavano, *kaputt,*[8] lo ammazzavano. Il tedesco voleva nascondersi, voleva andare coi partigiani...

Improvvisamente il contadino si ricordò che tra i partigiani ce n'erano due vestiti da tedeschi: il figliolo gli aveva spiegato che erano austriaci.

30 —Sei austriaco?—gli chiese.

Il tedesco lo guardò:

---

[7] *Liebchen, liebchen, liebchen!*: (German) Darling, darling, darling!
[8] *kaputt*: (German adj. used predicatively) done for.

—Austriaco?—ripeté.—Sí, sí, austriaco,—e si mise a ridere.—Tu portare me da partigiani, dire che io scappato, io austriaco... Essere vicini partigiani?

—Sí,—rispose il contadino.

—Quanto tempo volere? Quanto tempo volere per andare da partigiani?

—Un'ora,—rispose il contadino.

—Allora andare subito,—disse il tedesco, alzandosi. Anche il contadino si alzò. Ora che finalmente aveva capito le intenzioni del tedesco, non solo non aveva piú timore, ma si sentiva pronto a far qualsiasi cosa per lui.

Il tedesco ricadde a sedere.—No, ora troppo notte,—disse.—Domani mattina.

—Vuoi che ci vada io a dirgli che sei qui? Gli dico che ti vengano a prendere loro?—insisteva il contadino. Anche questa idea gli era stata suggerita dai discorsi del figlio. I due austriaci avevano passato la notte in un podere giú all'imboccatura della valle. Il contadino era andato ad avvertire i partigiani, e questi erano scesi a prenderli.—Io vado dai partigiani e tu aspetti qui?

Il tedesco faceva segno di sí. Incrociò le braccia sul tavolo, reclinò il capo e cominciò subito a russare.

Il contadino era già stato altre volte dai partigiani, e d'altronde era pratico dei luoghi; ma la notte era buia, e lui, nella foga di andare, non aveva pensato a munirsi della lanterna. Cosí gli ci vollero almeno due ore per arrivare al campo. La sentinella che gl'intimò l'alt era Baffo, un compagno del figlio. Il figlio era fuori per un'azione; anche il comandante era fuori; cosí svegliarono il commissario politico. Questi lo stette a sentire assonnato e per due volte domandò:—Ma sei sicuro che sia austriaco?

—Me l'ha detto lui,—rispose il contadino.

—Potrei andarci io,—disse Baffo,—quando smonto di sentinella.

—Sí, ma non andarci solo,—disse il commissario.—Andateci in tre o quattro...

Baffo non diede retta al commissario. Quando vennero a rilevarlo per il cambio, disse al contadino:—Andiamo.

5 Il tedesco doveva essere rimasto un pezzo in quella posizione. A un certo momento si svegliò; macchinalmente si alzò, staccò da un chiodo un vecchio cappotto e lo stese sull'impiantito di mattoni. Vi si sdraiò sopra e riprese a russare.

Il chiarore dell'alba, penetrando dalla finestrella, affievo-
10 liva la luce della lampadina da poche candele che era rimasta accesa tutta la notte. Ma fu l'abbaiare del cane a risvegliarlo.

Sentí una voce, poi un'altra. Balzò in piedi. Le voci si avvicinavano. Il tedesco estrasse la rivoltella e si mise contro la parete, puntando l'arma in direzione della porta.

15 Se il primo a entrare fosse stato il contadino, forse le cose sarebbero andate diversamente. Disgraziatamente fu Baffo. Il tedesco vide il berretto con la visiera, il fazzoletto rosso, lo Sten a tracolla. Sparò: lo vide afflosciarsi e stramazzare. Allora corse alla finestrella, la spalancò, scavalcò il davan-
20 zale, saltò di sotto.

Sul tavolo era rimasto il portafoglio, con le fotografie sparpagliate intorno. Cosí potemmo sapere che il povero Baffo era stato ucciso dal caporale Rudolf Müller, della classe 1914,[9] nato ad Amburgo.

(From *La visita,* Einaudi, Torino, 1962. Reproduced here with the permission of the publisher.)

9 *della classe 1914:* of the military class of 1914 (a draftee born in the year 1914).

9. DOMENICO REA
(Napoli 1921)

DOMENICO REA'S literary production is rooted in Naples where he was born and in its province where he has spent many years. Coming from humble parents (his mother was a midwife), living among underprivileged people, he has become the voice of the unsung slums of Naples where tourists never venture, where even at noontime there is no "sole mio" and at night no "astro d'argento" that shines down softly because no ray of sun or moonlight ever penetrates those old, cramped, fetid streets where whole families live crowded together in ill-ventilated one-room cellars above which rise the apartment houses of an unheeding, parasitic middle class.

Rea had to take a variety of odd jobs early in life and eventually made his way from clerk, textile worker, travelling salesman in Brazil, and government employee, to museum administrator in Naples. During whatever spare time he could find he began at the age of fourteen to study the classics by himself and to write stories and novellas for which he could find no publisher. It was not until 1944 that the literary critic Francesco Flora happened upon some of Rea's manuscripts and discovered his rich, original vein. Since then Rea has published seven volumes of long and short stories: *Spaccanapoli; Le formicole rosse; Gesù, fate luce* (which was awarded the 1951 Viareggio Prize); *Ritratto di maggio; Quel che vide Cummeo; Il re e il lustrascarpe;* a novel, *Una vampata di rossore,* which received the 1959 Napoli Prize, and *L'altra faccia.* His *Poesie e racconti* appeared in 1966.

Rea is a restless, ambitious, silent, solitary man who rarely laughs. He loves the masses and writes about them out of a sense of duty. Except for one short-lived excursion into surrealism (*Le formicole rosse*), he belongs to the Southern branch of the neorealistic school. His stories paint a wry kaleidoscopic picture of the count-less types, aspects and episodes of Neapolitan and provincial life, teeming with beggars, jailbirds, hack-drivers, black marketeers, workers and bureaucrats. In short, he is mainly concerned with the underdogs who have to live by their wits and are forced to defend themselves against injustice, poverty, hunger and illness by resort-ing to subterfuges and expedients as they keep hoping against hope for a better morrow.

Rea dispels once and for all the age-old myth that although the Neapolitans are ignorant and miserable, they revel in their misery and are ever-ready to break into song because they have at hand the panaceas of sunny skies, blue seas, guitars and mandolins. Instead, Rea knows how to convey the poignant undercurrents that constitute the bases of the complex, pre-alphabetic world of his people, and the tragic sense of life with which they are imbued.

La signora scende a Pompei is taken from *Quel che vide Cummeo* which received the 1955 Salento Prize. It is a simple, almost elementary episode in which Rea reveals with shattering finality how unbreachable is the wall that shuts off two social classes one from the other. On the one side are the poor—the student and the ticket col-lector—who identify with the penniless old woman and her war-orphaned grandchild, and on the other, the wilfully blind, indifferent, well-to-do "gentlemen" who sin against humanity through omission.

La signora scende a Pompei

L'autobus delle dodici e trenta che porta a Salerno[1] attraverso la Napoli-Pompei[2] quel giorno non era affollato. I passeggeri avevano trovato insolitamente posto e alcune coppie di sedili della parte posteriore della vettura erano vuoti. 5

Anche la giornata che nelle prime ore era apparsa umida e nuvolosa, si era aperta e liberata, fino ad apparire stabilmente sgombra di nubi, nuova, fresca, come un fiore dalla corolla abbondante e armoniosa, appena nato. In questa purezza di aria è molto piacevole percorrere quei ventitré 10 chilometri d'autostrada a pagamento. Sembra di andare in un paesaggio dipinto da un fanciullo, sotto il sigillo di un sole di cui si vedono distintamente i raggi, quale più lungo, quale più corto e tremolante. Le ininterrotte campagne, dai terreni così fertili e neri che sembrano fangosi, sono piene di 15 contadini. Ogni contadino o gruppo di contadini è un fotogramma che si completa nel fotogramma del prossimo contadino o gruppo di contadini, e la corsa dell'auto li sorprende nel momento che alzano la vanga, nel momento che la ficcano nel terreno, nel momento che il primo contadino 20 chiama a gran voce un altro colono lontano che gli risponde.

---

[1] *Salèrno:* City SE of Naples on the Gulf of Salerno where American units of the V Army landed on June 30, 1945.
[2] *la Nàpoli-Pompèi:* The turnpike connecting the two cities.

Dinanzi a un siffatto paesaggio dolce e quasi languido, nell'autobus invaso di luce, i viaggiatori non riescono a leggere, né a pensare, né a distrarsi in un modo qualsiasi. Si abbandonano. Ma proprio quel giorno all'imbocco dell'auto-
5 strada, al posto della cabina di vetro delle guardie, fu picchiato a due mani e ripetutamente sulla lamiera dello sportello posteriore della vettura. Si vide salire una vecchia dall'aspetto plebeo. Dalle sue vesti nere lunghe, schizzate di semi di pomodori e coperte d'altre chiazze, si sparse, a ven-
10 tate, un tanfo profondo. Sosteneva sulle braccia una bambina con la frangetta, biondicella, di forse sei sette anni, intimidita del nuovo luogo, con gli occhi sbarrati e attenti. Lei invece diede in un profondo sospiro di sollievo e, spalancando due occhi neri e vittoriosi, chiese a gran voce:
15 « Va a Salerno questo coso? » Al "sí" del fattorino, che era ritornato a controllare i biglietti dei signori passeggeri dei posti anteriori, la vecchia esplose sul capo della bambina:
« Lo dicevo io che andava a Salerno. » Rivolgendosi poi al passeggero dell'angolo destro della fila di posti davanti,
20 un uomo sui cinquant'anni, magro e ossuto, con due orecchie grosse che gli sfioravano le falde del cappello a fungo, con un naso poroso e uno sguardo schifato del prossimo, disse: « Ho indovinato! Dove poteva andare se va da questa parte? ».
25 La vecchia era felice d'aver trovato una fila di posti vuoti per lei e per la bambina. Depose la bambina sul posto in fondo a sinistra, vicino al finestrino.
« Guarda i treni » le disse subito « guarda come corre quello lí, quello bianco e rosso » dirigendo con le mani la
30 testa della bambina « non è come il nostro nero e lento di stamattina. »
Poi sedette comodamente, da gustarsi la poltroncina, incrociò lo scialle sul petto e soddisfatta cominciò a predicare:

« Si va meglio del treno qua. » Guardò in giro favorevol-
mente meravigliata e aggiunse: « Qua fa caldo, nel treno
faceva freddo. Qua ci sono le poltroncine, nel treno i sedili
non li fanno neanche di paglia. Non c'è proprio da confrontare. A proposito » si disse, come colpita a tradimento al   5
centro dei suoi pensieri, tuffando una mano nel petto ed
estraendone una carta: « C'era il controllore! ».

Ristette soprappensiero, quasi raccolta, con gli occhi
socchiusi, deliziata da un sorriso per[3] i giuochi che la bambina compiva con la sua mano intorno alla quale era anno-   10
data una grezza e spinosa corona. Poi riprese a dire:

« Questa mattina nel treno quel soldato mi ha fatto
andare avanti e indietro. Lui era proprio un soldato, perché
anche questa qui » sarebbe stata la bambina « è militare. Ad
Angri[4] siamo discesi in fretta e furia. Portava lui la bambina   15
in braccio. Era un bravo giovane. E cosí siamo saliti all'ultima carrozza dove già era passato il controllo. Quanto era
brutto, un mustaccione! Ma al ritorno ho detto tra me e me:
"un'altra volta lo sbando del treno?[5] Son vecchia e a scendere
e a salire la salute se ne va. Io ho da lavorare. Non lo pren-   20
derò". Ho fatto bene? Me ne sono andata sulla strada che
porta a Salerno e mi son messa ad aspettare. La ragazzina
s'è messa a giocare sull'erba e io mi dicevo: deve passare
qualche salernitano carrettiere o qualche frattese—li conosco tutti da ragazzini—col camion della fabbrica di   25
cotone. Poi è venuto questo ed ora mi trovo qua dentro. Sia
lodato Gesú e Maria! »

Parlava ad alta voce con la testa china a destra, verso
l'uomo dal cappello. I passeggeri ascoltavano e qualcuno se

---

[3] *deliziata da un sorriso per . . . :* suffused by a smile of delight over . . .
[4] The towns of *Angri, Faiano, Fratte* and *Pàstena* mentioned in this story
are all in the province of Salerno.
[5] *un'altra vòlta lo sbando del trèno?:* do I have to hop on and off the train
again?

la rideva in silenzio. Ella aveva un vocione di vecchia che ha due o tre denti coi quali però sa sorridere, mangiare e soprattutto pregare a grande velocità. Un signore molto distinto dei primi posti, fornito ancora di panciotto con uno 5 scherzo ornamentale in catena d'oro, si voltò indietro, guardandola con due occhi incuriositi al di sopra dei cerchi degli occhiali di tartaruga. La vecchia stava dicendo alla bambina:

« Stai comoda, ti piace? Hai provato il treno e l'auto- 10 mobile in un solo giorno alla tua età. È l'automobile piú grande che esiste. » La ragazzina era visibilmente soddisfatta. Anche la vecchia. Stette a godersi la corsa dei colori del paesaggio, che non dovette interessarla. E rivolgendosi di nuovo all'uomo dal cappello, bussandogli con una mano 15 una spalla gli disse:

« Voi non siete di Salerno? »

L'uomo capí con chi aveva da fare e rispose, come per concludere non per cominciare:

« Sono di Faiano. »
20 « Di Faiano? Vi è nata mia madre. Mi fa piacere » rispose la vecchia. « Io nemmeno sono di Salerno, sono di Fratte. Per me, Fratte o Salerno, Pàstena o Faiano sono sempre Salerno. » Ma parlava al cappello dell'uomo dal cappello. « Che bella giornata! » Ma non guardò fuori. L'aveva in 25 testa la bella giornata.

La ragazzina mise una mano nella tasca sinistra della vecchia che, sorprendendola, rivolgendosi all'uomo dal cappello, bussandogli alla spalla, disse felice:

« Vedetela, ha vergogna di dirlo, vuole il biscottino. »
30 Estrasse da una tasca un biscottino, lo spezzò a metà, una metà la nascose in tasca e l'altra la diede alla bambina. E di nuovo all'uomo dal cappello: « Avete fatto merenda? Noi no. Che ore sono? » guardò fuori e disse: « Non saranno piú dell'una... e non abbiamo fatto ancora merenda » continuò

senza sfiducia o lamento, quasi avesse detto una cosa che non la riguardasse. Ma, ripensandoci e sospirando, aggiunse: «Dobbiamo ringraziare anche Dio. Sono uscita con cinquecento lire, e che mi resta? Quanto mi costi» disse rivolgendosi alla bambina, che succhiava il mezzo biscottino, ben 5 sdraiata sul suo posto.

Questa volta fu l'uomo dal cappello a dirle:
« Li avete i soldi per pagare? »
« Non ce l'ho? » rispose ingrifata. « Ce l'ho sí. » Tuffò in fretta e furia la mano nel petto ed estrasse due biglietti 10 uno da cento e uno da cinquanta lire. « Son centocinquanta lire, bastano. Mica è il treno questo. Questo coso ha una sola carrozza. Uno non si può neanche muovere » disse senza timore.

« Ma quanto avete pagato nel treno? » domandò l'uomo 15 dal cappello, con una voce e una faccia invulnerabile. Quell'uomo parlava come da dietro la sua faccia, da dietro i suoi occhi, da dietro la sua voce.

« Quanto ho pagato? Ve l'ho detto, niente. Questa qui » riprese con voce sillabata, per ripetere per l'ultima volta 20 quanto credeva di aver detto cento volte « è militare. Questa qui è senza madre, è senza padre, è senza nessuno. È come me, perché se fossero stati vivi il padre e la madre di lei, ch'erano i miei figli, anche io sarei stata come una figlia al sicuro di tutto. Ora no... Qualcuno la doveva accompagnare 25 dal capitano medico... Sapete che non ha tutte e dieci le dita del piede? La madre e il padre morirono e io, vecchia, mi salvai. E Mariuzzella perdette tutte e dieci le dita, perché la scavarono subito altrimenti s'infradiciavano anche proprio i pezzi di piede. Avete capito?... Dopo cinque anni è venuta 30 finalmente la carta. Questa qui » e la sventolò « l'ospedale militare di Napoli. La ragazza non deve pagare. Sta scritto. Leggete voi. Ma la ragazza ha dieci anni e non sa nemmeno dove si trova Salerno e non potrebbe proprio sapere che

Napoli si trova da questa parte. Non lo sapevo io. E io nemmeno devo pagare. »

L'uomo da un pezzo non l'ascoltava se non con la cima del cappello a fungo.

5 « Io sono l'accompagnatora. Fosse stato per me, me ne sarei stata a casa. Ho i panni da lavare della moglie dell'avvocato di Fratte. Lo conoscete l'avvocato » e toccando la spalla dell'uomo dal cappello « non l'avete mai sentito nominare? »

10 L'uomo dal cappello fece un terribile gesto di fastidio. La vecchia predicava piena delle sue ragioni, che le passavano volando per la testa. Accarezzò la bambina, che aveva messo di nuovo la mano nella sua tasca in cerca di biscotti. E lei gridò:

15 « Ora basta! Ho comprato quindici lire di biscottini e te li sei mangiati tutti. Ha fame di biscottini, la viziosa! Devi vedere, ancora devi vedere che è la vita! » La ragazzina si mise in broncio e a lei il pensiero "devi vedere", dovette suggerirglielo non la vera ragione che glielo suggeriva sem-
20 pre, ma la fugace apparizione e sparizione sotto i suoi occhi della massiccia figura del fattorino, il crac della foratrice cromata dei biglietti, la parola: "Biglietti, biglietti".

All'improvviso accarezzò la bambina e disse ad alta voce, per scongiurare l'immaginario pericolo, che prendeva corpo
25 e violenza dentro di lei:

« Non ti preoccupare. Questo controllo qua è di Salerno; sono sicura perché il coso è di Salerno. » Ma non se ne dovette convincere. Le dava fastidio il cappello del faianese con quella punta alzata contro i suoi occhi. « Che faccia da
30 sagrestano » disse, strizzando un occhio al controllo, nella speranza di farselo amico. Costui evitò lo sguardo d'intesa per quanto aveva sentito, parola per parola, fino a quel momento e chiese il biglietto a un passeggero. Anche lei guardò altrove, poi di sottecchi osservò il controllo. Non

lo aveva mai visto. Eppure doveva essere di Salerno. Il
controllo la guardò con gli occhi castani e a lei sembrò che
dicesse: "Ora vengo, e se non hai il biglietto!...". Ella si
spostò a sinistra, addosso alla bambina, e guardò fuori dal
finestrino con le spalle all'interno della vettura.   5
« Stiamo zitte zitte. Fa che[6] proprio ora dovessi pian-
gere? » Guardò l'abbagliante e fresco paesaggio di estese
campagne, diverso dal suo nativo, piú piccolo, piú casalingo,
non dominato da vampe violente, che facevano gli occhi;[7] e
non riconoscendolo, smise di guardare. Lentamente si voltò   10
e si restrinse. Come una lumaca che ha avuto sentore del
pericolo e indecisa lascia fuori solo le estremità delle corna,
lei lasciò i furiosi capelli bianchi le cui cime tenere si muovevano. Si avvitò meglio lo scialle intorno alle spalle e al collo,
per confortarsi con qualcosa di veramente suo, che stava   15
sempre con sé e che conosceva per prova. Il controllo chiese
ancora il biglietto a un signore che, come molti usano, non
lo aveva fatto all'agenzia. La vecchia vide diversi biglietti
da cento passare dalle mani del signore in quelle del fatto-
rino.   20
"Non andrà a Salerno. E dove va?" pensò, disperata di
non trovare una ragione reale dentro di sé. Con un principio
di paura chiese all'uomo dal cappello:
« Siete sicuro che va a Salerno? »
« Sí » fece costui con una rapidissima strisciata d'occhi.   25
Andava a Salerno per una lunga sterminata via nera, qua e
là segnata da enormi cartelloni colorati. Mai vista una strada
senza carrettieri, senza una vecchia come lei, senza un compare col palo dietro a una mucca, senza una sola confidente
immagine della sua memoria. Passavano solo automobili...   30
fuuu... viste e non viste. Qui il fattorino le toccò una spalla,
chiedendole:

[6] *Fa che . . . ?:* Can it be that . . . ?
[7] *che facévano gli òcchi:* which hurt the eyes.

« Dove vai? » La vecchia gli tese le centocinquanta lire aspettando. « Ce ne vogliono quattrocento venti. Io lo dicevo che oggi andava troppo bene. Ma andate col treno, andatevene coi piedi, voialtri... Quando siete nati, c'era il pullman? »

« Ma questa qui è militare » rispose la vecchia, offrendo la carta dell'Ospedale Militare di Napoli.

« Che me ne faccio? Io debbo avere quattrocento venti lire. Questo è un pullman privato.»[8]

« E non me l'hanno detto. Me lo poteva dire » disse la vecchia indicando il faianese, che sospirò:

« Vedi un poco, vedi un poco... E uno se ne sta per i fatti suoi » senza spostare la testa dal finestrino.

La vecchia si cercava nelle tasche senza osare levar gli occhi al fattorino, che scrutava le due mani di settant'anni con le macchioline rosse lavorare a uscire e a entrare dalle tasche, strapiene di tutto fuor che di una lira.

« Bella mia » le disse, « tu hai ragione. Ma qui ci vogliono altre duecentosettanta lire, e io non ce le posso rimettere.»[9]

« Aspettate » rispose la vecchia con poca voce. E quasi che le sue vesti e sottovesti, tutte nere piú nere e meno nere, fossero dei mobili, cacciava le mani nell'altra veste, nell'altra veste ancora, mormorando: « Madonna, fa' il miracolo! ». Si frugò nel petto che la mano le discese fin sulla pancia e cominciò a togliersi le scarpe dicendo: « Qua li nascondo sempre » e alla bambina, mangiandosela: « Hai visto che passo per te! » e la bambina si sentiva mangiata.

Molti passeggeri, divertiti, si erano voltati e il faianese aveva una faccia d'animale ben disposto a godersi la scena.

---

[8] *pullman privato:* War orphans are entitled to travel free of charge on Italian State and City owned means of transportation. The bus service mentioned in this story is privately owned.

[9] *e io non ce le pòsso rimettére:* and I can't kick them in for you.

Il fattorino la guardava fare. Poi guardò e scrutò le facce dei passeggeri voltati e disse tra sé: "Non lo fanno il miracolo!". Qui un giovanotto, uno studente con la testa lucida di brillantina, due baffettini, ma rosso come un peperone, che aveva dovuto combattere seco medesimo una dura 5 battaglia, con un filo di voce disse:

« Ecco cinquanta lire » e risedette subito, che la cinquanta lire cadde nel corridoio. La vecchia si alzò sorpresa e gloriosa gridando:

« Grazie, grazie. » Il giovanotto rosso di vergogna non 10 sapeva dove guardare.

« Non bastano ancora? » chiese la vecchia. Il fattorino non le rispose. Guardava il tetto della vettura e disse:

« Ce ne vogliono altre duecentoventi... Io ne offro cinquanta » e quest'offerta espresse a bassa voce per non 15 offendere da fattorino i signori viaggiatori. Si attese. La vecchia alzata guardava con le mani poggiate sulla spalliera della fila di posti anteriore, e lei e il fattorino videro una bella degradante scalinata di spalle. Il faianese mostrava fieramente la cima del suo cappello, da una parte ammac- 20 cato. Il fattorino disse:

« Tu hai ragione, ma piú di cinquanta lire non ti posso dare, e il biglietto lo debbo staccare. Il biglietto per la creatura c'è. Ti restano anche quaranta lire. Fa cosí, vattene a piedi, sono una trentina di chilometri. La ragazza la 25 trattengo io al capolinea. È proprio vicino all'incrocio per Fratte... Autista » gridò con una voce da far venire la coscienza ai lupi, « fermata a Pompei, la signora scende, la bambina prosegue. »

Il ventitreesimo chilometro, Pompei, era prossimo e 30 la vecchia rassegnata stava accordando la ragazzina.

« Vado a comprare i biscottini e tu mi aspetti là, io subito vengo. » La bambina cól viso triste fece di sí col capo. L'auto si fermò. La vecchia si avvicinò allo sportello che il fattorino le aprí. Discese. La bambina si mise a piangere dirottamente. Il fattorino tirò lo sportello e guardò la vecchia di là dal vetro, con la faccia seminata di rughe, misera, spenta e istupidita.

(From *Quel che vide Cummeo,* Mondadori, Milano, 1955. Reproduced here with the permission of the publisher.)

10. MARIO SOLDATI

(Torino 1905)

MARIO SOLDATI is a man of highly diversified talents and interests who has distinguished himself as art critic, journalist, novelist, short-story writer, scenarist, film director, radio lecturer, TV producer and gourmet. Born and brought up in Turin, he was educated in a Jesuit school and, upon receiving his degree in Letters from the University of that city, studied history of art at the University of Rome and from 1929 to 1931 was at Columbia University on a fellowship. Upon his return to Italy, Soldati wrote *America, primo amore* (1935), which paints a sardonic and not altogether flattering picture of the United States. Since then he has been dividing his literary activities between the cinema, radio, television and visits to Paris and London. A sophisticated, exuberant, eccentric, restless wit, he is also a great soccer fan and a heavy smoker of strong Italian cigars. He belongs to none of the contemporary literary schools or factions.

Soldati has to his credit more than a dozen volumes which include short stories and novellas as well as three full-length novels whose characters reflect the many facets of the author's mercurial personality. Soldati considers himself a "repressed Catholic" because the early education he received from the Jesuits left deep scars on his psyche causing an imbalance between the rigors of his faith and the urge of the senses. This theme will recur frequently in his works.

Soldati's characters generally belong to the sophisticated upper classes. Too weak to resist their impulses toward sin, they are forced to live a double life. Out of sheer human perversity they delight in stooping to temptation if only to enjoy afterwards the corrosive torments of guilt and the contradictory lure of repentance.

To be happy they must first be unhappy; to enjoy freedom they must first feel inhibited, repressed. They succumb to people and to passions that they cannot help scorning by upbringing, education and tradition. In their degradation they sense the negation of their inner selves, of their individuality. Some of them (*L'amico gesuita*) sincerely try to resolve their dilemma and face up to their crises between faith and life, but they fail because the flesh is weak. Or they go through traumatic tortures as does the pious adolescent of *La confessione* (*The Confession*) in whom an obsessive fear of women has been instilled by his teacher-confessor.

Soldati achieved international recognition with the publication of *A cena dal commendatore* (*Dinner with the Commendatore*), three exciting novellas set in the glittering, international world of music and the arts. It was consolidated in 1954 with *Le lettere da Capri* (*The Capri Letters*), a frank novel based on the age-old but still unresolved conflict between Puritan morals and pagan sensuality portrayed through an entanglement *à quatre* which involves a mismated expatriate American couple, an Italian playboy and a prostitute. Set in Rome, Capri, Paris and Philadelphia, the novel received the 1954 Strega Prize and became an international bestseller. In 1957, it was followed by *Il vero Silvestri* (*The Real Silvestri*), a skillful psychological autopsy on a dead man performed by the woman he had loved and his best friend. Through their revelations the reader gauges the relativity of truth, the depths of man's solitude and his fundamental inability to communicate with any other human being. Soldati's latest work, *Le due città,* published in 1964, is a long novel about the Italian bourgeoisie. It is set both in Turin, where the dream of an undefiled, stoic existence is still possible, and in Rome, symbol of a dissolute reality.

Soldati is a great stylist and craftsman whose works combine fluidity of style, dramatic suspense, urbanity of approach and worldly wit and humor.

L'uomo nero is taken from *I racconti*. The story deals with the problem of incommunicability between men. Here it is created by the vague, ill-defined fears aroused in a traveller by a police agent in mufti and by the embarassment of the agent face to face with an upper-class citizen in the compartment of a train. Once the wall between them falls, both men reveal their humanity and common sense.

L'uomo nero

Il treno era partito da Roma poco prima di mezzanotte, semivuoto. M'ero seduto, a caso, in uno scompartimento di terza classe dov'era un solo viaggiatore, un uomo di mezza età: un operaio o un piccolo commerciante, lì per lì non badai. Avevo la *Gazzetta dello Sport*[1] e m'ero gettato avida- 5
mente nella lettura, col segreto calcolo di far passare senza accorgermene almeno la prima ora di viaggio. Difatti, quando rialzai gli occhi stanchi dal foglio rosa, il treno rallentava entrando sotto la tettoia di Civitavecchia.[2] Guardai allora il mio compagno, e per la prima volta vidi davvero 10
il suo viso: duro, chiuso, ostile. Per immediato istinto, cercai di propiziarmelo. Ben sapendo che la stazione era Civitavecchia, domandai con finta sorpresa:
   « Già Civitavecchia? »
   L'uomo guardò un momento fuori, e annuì sottovoce: 15
   « Civitavecchia. »

---

[1] *Gazzétta déllo Sport:* Italian daily Sport Gazette printed on pink paper.
[2] *Civitavècchia:* City on the Tyrrhenian Sea and seaport of Rome.

Di solito, se il viso di un compagno di viaggio mi è simpatico, io sono restio ad attaccar discorso: perchè so che poi non si può fare a meno di chiacchierare tutto il tempo. Ma se il viso di un compagno di viaggio mi è antipatico o 5 misterioso, provo una strana preoccupazione, un'ansia di parlare, di amicarmi, di sapere con chi ho da fare. E tanto più se, come questa volta, l'individuo ha l'aria di preferire l'incognito e il silenzio.

Il treno era ripartito da Civitavecchia, e da qualche 10 momento osservavo il mio compagno con crescente curiosità. Già avevo scartato l'ipotesi che si trattase di un operaio o di un piccolo commerciante. Aveva qualcosa di austero, di severo: non soltanto nel contegno, ma anche nell'espressione, e nell'abito. Fuori d'Italia, incontrandolo 15 in Germania, in Inghilterra, in qualunque paese di religione protestante, una faccia come quella mi avrebbe stupito meno. Ma, intanto, i capelli e gli occhi neri, le guance nere di una fitta barba della vigilia, la carnagione bruna dicevano chiaramente la sua razza: mediterranea, meridionale. Poteva 20 essere albanese o greco. Più probabilmente, era calabrese o siciliano.

Alto, grosso, certamente fortissimo; spalle ampie e rotonde, polsi enormi, mandibola e mascella larghe come quelle di un negro; ma labbra sottili e diritte, la bocca 25 quasi una fessura. E il naso, benchè grosso, seguiva diritto la linea della fronte.

L'abito era un completo grigio scurissimo, quasi nero. Le scarpe alte, nere, accuratamente pulite ma non lucide. E anche le mani (le mani sono sempre il più facile indizio 30 della professione di un ignoto) erano pulite ma non curate: forti, tozze, con ciuffi di peli fra le dita.

Chi era quell'uomo? Provavo, a guardarlo, a riflettere che ero chiuso con lui in uno scompartimento ferroviario, un senso strano di disagio: e un'ansia di parlare, amicarmi, sapere di lui. Chi era, con quell'abito severo, e, vorrei dire, astratto?

Un momento, pensai a un becchino. Ma ricordai un becchino col quale, recentemente, solevo trincare e giocare a marianna,[3] la sera, in una cittadina lombarda: un tipo 5 sinistro, certo, ma insieme allegro e soprattutto cordiale, familiare: come se l'abituale contatto coi cadaveri lo affratellasse senz'altro a tutti gli uomini. No, il mio compagno di viaggio non era un becchino, non aveva nulla di cordiale e neppure, a ben considerare, di sinistro. Aveva piuttosto, con 10 quell'abito cupo e pulito, qualcosa di inconsciamente e paurosamente *destro*: qualcosa di ottuso e di giusto, di brutale e di austero. Mi ricordava, ecco, i fratelli conversi, i facchini in tonaca nera della Compagnia di Gesù.

Mentre l'osservavo, si alzò, si sciolse la cravatta, si tolse 15 il colletto: e li mise in una valigetta nera, che era il suo solo bagaglio. Una valigetta nera con la serratura nichelata, identica a quelle dei preti.

Rimase col listino della camicia abbottonato, stretto intorno al collo taurino. Finalmente, appoggiò il capo al 20 finestrino e chiuse gli occhi come per dormire. Mi venne un'idea. Un modo gentile per attaccar discorso:

« Se vuole girare la luce blu, faccia pure... »

« Oh, grazie, non importa. Dormo lo stesso. È la seconda notte che passo in treno. » 25

« Ah, » mi feci coraggio, « va a Genova? »

« No. A Torino. »

Non pareva seccato per le mie domande. Continuai: « La mia città. Io sono di Torino. Ora vengo da Roma. Lei però non è di Torino, neh? » 30

« No, sono siciliano, provincia di Trapani. Ma da venti anni sto a Torino. »

---

[3] *giocare a marianna:* to play "marianna". A game at cards whose name originates from the combination of a king and a queen of the same suit.

« Si trova bene? »

« Sì, benissimo. E poi... il lavoro ce l'ho a Torino. »

Rispondeva alle mie domande con imprevista docilità; ma manteneva, verso di me, uno strano atteggiamento, 5 misto di ossequio e di riserva. Come se avesse capito che io ero una persona rispettabile e per levatura sociale superiore a lui; ma come se lui, intanto, avesse qualche segreta e onerosa autorità, che lo metteva al disopra di me e gli proibiva di darmi troppa confidenza.

10 « Ma lei... viaggia spesso, » gli domandai, «fra Torino e Roma? »

« Eh qualche volta, quando mi mandano... »

« Capisco: il suo lavoro... impiego... perchè lei lavora in... »

15 Arrossì. Mormorò, abbassando la voce:

« Sono una guardia della Questura. »[4]

Il primo senso, che mi fece questa risposta, fu di repulsione e, sùbito, di pena: appunto perchè avevo provato repulsione. Cercai di dissimulare il mio piccolo turbamento, 20 parlando del nuovo edificio dove, proprio in quel tempo, la Questura di Torino avrebbe dovuto essere trasportata. E, intanto, guardavo il mio compagno e pensavo che tutto ora si spiegava: il volto, l'abito, il contegno, il ritegno. Avevo preso a parlare molto in fretta, concitatamente, rumorosa-25 mente. Ad un tratto, mi accorsi che, dall'istante della rivelazione, la mia cordialità s'era fatta esagerata. E mi scoprii tormentato da questo dilemma: se ora taccio, egli può pensare che io lo disprezzi; d'altra parte, se parlo troppo, egli può pensare che io abbia paura di lui e cerchi di ingraziar-30 melo.

Intendiamoci: non avevo nulla di preciso da temere da un agente della forza pubblica. Ma qual è l'uomo che,

---

[4] *Questura:* National Police Force.

se si mette una mano sul cuore, può dirsi al sicuro? Se
non oggi, domani. Nessuno morrà innocente. Il timore della
guardia ha qualcosa di trascendentale. È dunque impossibile
provare per una guardia un moto spontaneo di simpatia? La
guardia non sarà, in nessun caso, un uomo qualunque?   5
    A Pisa, durante la fermata, io lo invitai a scendere e gli
offrii un caffé. Ringraziò, era contento. Ma in me e, sono
certo, in lui era lo stesso duro senso d'incomunicabilità,
come un groppo alla gola che c'impedisse di parlare se non
parole sforzate e calcolate. Pensai che le guardie devono   10
sentirsi questo groppo in gola tutta la vita. E certo si abi-
tuano, non ci fanno più caso, si dimenticano di quello che
vuol dire essere guardie. Se no, non potrebbero vivere.
    Quando gli offrii, posandogliela sulla mano, la tazzina
del caffé, mi sorrise: un sorriso ambiguo, confuso e sorpreso,   15
umiliato e lusingato: un sorriso abbietto che ancora, nel
ricordo, mi fa male.
    Ripartiti da Pisa, si addormentò. Intorno alla sua fronte
bassa, dai capelli tagliati cortissimi, la tenda del finestrino
svollazzava: e le prime luci dell'alba rischiaravano lo squal-   20
lido scompartimento, rivelando cartacce sporche per terra,
un bicchiere di cartone che rotolava avanti e indietro con
le scosse del treno.
    Guardai fuori: le pinete della Versilia[5] erano una striscia
compatta, ma fosca ancora e senza colore. Più in là, a   25
quando a quando, il mare grigio e sconfinato: e a quella
vista il mio cuore si allargava, come se anch'io mi fossi
dimenticato della libertà.
    Dormiva, il mio compagno. S'era abbandonato, di fronte
a me, al suo sonno pesante. Le palpebre abbassate, la bocca   30
semiaperta, le tozze mani rilasciate sulle ginocchia, appariva

---

[5] *Versìlia:* The Tyrrhenian coast between Pisa and La Spezia.

ormai, senza rimedio, una creatura inconscia e bestiale. Lo
considerai a lungo, con assurda pietà.

E venne Sarzana, venne La Spezia. Vennero le rupi e
gli oliveti e le candide frange del mare ligure. A Santa
5 Margherita⁶ io dovevo scendere.

Quando fu l'ora, destai la guardia. Lo salutai dandogli
la mano. Ma egli si alzò in piedi, e come se il sonno avesse
lì per lì cancellato tutta la sua vita, si inchinò: si inchinò
davanti a me proprio come un vecchio contadino siciliano,
10 e commosso, confuso, cogli occhi che finalmente, per quel-
l'attimo, gli splendevano, mormorò:

« Buon giorno. Buon viaggio. E grazie tante, signurinu. »⁷

(From *I racconti,* Garzanti, Milano, 1957. Reproduced here
with the permission of Mondadori, Milano.)

⁶ *Santa Margherita Lìgure:* Summer resort on the Ligurian coast S of
Genoa.
⁷ *signurinu:* Sicilian dialect for *signorino,* Young Master.

11. CESARE PAVESE

(Santo Stefano Belbo 1908—Torino 1950)

THERE IS LITTLE DOUBT that Cesare Pavese—novelist, poet, essayist and translator-extraordinary—can be considered one of the
most hauntingly complex and influential writers of his generation.
Born in a farmhouse at Santo Stefano Belbo, a small rural community in Piedmont, he was stalked from early childhood by tragedy. His father, a Turin attorney, died of cerebral cancer when
Pavese was six years old; two brothers and a sister died in infancy.
He and an older sister were brought up by their mother, a devout,
austere, uncommunicative woman who felt no love for her son.
Educated in Turin, first in a public and later in a Jesuit school, he
concealed his intelligence behind a screen of stubborn listlessness
and idle daydreaming. Afflicted with asthma, and forced to wear
thick glasses, he grew into a tall, lean, shy, withdrawn and taciturn
youth. Alienated and lost in the city, Pavese felt happy only during
his holidays which he spent in the hill town where he was born, in
the company of the peasant boys who had been his childhood
friends. He finally came into his own intellectually at the Liceo
d'Azeglio under the sympathetic guidance of Professor Augusto
Monti and the friendship of a group of brilliant antifascist students
that included his future publisher Giulio Einaudi, Carlo Levi and
Leone Ginzburg who drew him out of his anguished isolation and
gave him an incentive in life. In 1930, he received his doctorate in
Letters from the University of Turin with a thesis on Walt Whitman.

For the next few years Pavese earned his living by teaching
Italian, Latin and philosophy as a substitute in various schools, and
as a translator. It was during this period that he published his masterful translation of Herman Melville's *Moby Dick* and started writing the critical essays on American literature which were eventually

to be collected in *La letteratura americana e altri saggi*. There followed, in quick succession, other translations of the works of Melville, Sinclair Lewis, Sherwood Anderson, John Dos Passos, Gertrude Stein and William Faulkner which were to rank him, with Elio Vittorini, as a prime contributor to the enormous popularity and influence of American literature in Italy during the Thirties.

In 1935, Pavese was arrested together with Monti and Einaudi and sentenced to three years of confinement in a lonely Calabrian town. Out of this experience he later wrote *Paesi tuoi* (*The Harvesters*) and *Il carcere* (*The Political Prisoner*). Set free, Pavese became consulting editor in the publishing house of Einaudi where he had as his close associates Vittorini, Leone and Natalia Ginzburg, Italo Calvino and others. Although he began writing fiction in 1936, he reached a peak of creative intensity between 1946 and 1950, the year of his death. Within this brief span of time he published two volumes of verse, two collections of short stories, and eight novels: (*Paesi tuoi, Il compagno, Prima che il gallo canti, Il carcere, La casa in collina* (*The House on the Hill*), *La bella estate, Tra donne sole* (*Among Women Alone*) and *Il diavolo sulle colline* (*The Devil in the Hills*). *Fuoco grande*, an unfinished novel written in collaboration with Bianca Garufi, and *Il mestiere di vivere* (*The Burning Brand: Diaries* 1935-1950) were published posthumously. The complete collection of his short stories, *I racconti*, appeared in 1960 and that of his poems, *Poesie edite e inedite*, edited by Italo Calvino, in 1962.

The themes which recur in his writings are love, loneliness and death; the myth of childhood and adolescence seen as paradise lost; the despairing search for the truth about himself and the harrowing world in which he lived; pastoral Piedmont with its hauntingly beautiful rivers and hills and the boyhood friends who crowd in on his memories. Characters and events, spun out of his own searing experiences, but seen through the shifting mists of time, assume the dimensions of symbolic reality.

Pavese was a tormented soul: proud yet humble, self-assured yet insecure and helpless. Having lost his religious faith early in life, he embraced Communism as a substitute. For him, as for Silone, it turned out to be a "god that failed". Denied parental love, he yearned in his loneliness for a wife, children and a home of his own. Unfortunately for him, his love affairs were all destined to end in bitterness and grief. He invariably fell desperately in love with women who could not love him and was completely indifferent toward those who loved him tenderly. His last love affair with an American actress during the winter of 1950 gave him a new lease on life. But it did not last. She left him for one of his friends, then went back to the United States never to return.

Late in June of that same year Pavese was called to Rome where he was awarded the Strega Prize for *La bella estate*. On August 27th, at the height of his success, in a Turin hotel room, he put an end to his life. A group of poems—two of them in English —addressed to the American girl, were found beside him. The last one, entitled *Last Blues to be Read Some Day,* says elliptically:

> 'T was only a flirt
> you sure did know—
> some one was hurt
> long time ago.
>
> All is the same
> time has gone by—
> some day you came
> some day you will die.
>
> Some one has died
> long time ago—
> some one who tried
> but didn't know.

Misoginia is reprinted here from *Racconti.* It is an open-end story. The motives behind the actions of the characters, while subtly and skillfully intimated, are left in the last analysis to the reader's imagination. It is obvious that Pavese wrote this story after one of his disappointing love affairs and that it expresses, for the time being at least, his bewildered hatred of all women.

Misoginia

Sotto le montagne, a una svolta scura della strada, c'era questo alberghetto. Giusto odiava le comitive in gita e serviva in questi casi soltanto per equità verso la sorella. Perciò, inoltrandosi l'estate, si faceva sempre più scontroso.

5 Una sera deserta di ottobre, il giovanotto si versò un bicchiere da una bottiglia ammezzata, abbassò la lampada e sedette, coi piedi sul tavolo, a scorrere un vecchio giornale. Gli mancava qualcuno dei suoi clienti consueti, per dar sugo a un'oretta.—Chiudi bene la porta,—disse la sorella,—se
10 resti.—Poi s'incamminò senza voglia su per la scala, sospirando.

Giusto rimase solo col vino e, fissando il giornale, pensò ai fatti suoi. Dietro il banco, lo scaffale dei liquori, in penombra, cigolava: forse era troppo vecchio o ci correva
15 un topo. Da fuori non veniva che l'alito del buio[1] per la finestra socchiusa, e nemmeno si sentiva sciaguattare il torrente, perché l'estate era finita e in fondo ai prati doveva ormai stagnarci la nebbia. Pure, tant'era la pace, si sarebbe detto di sentir rabbrividire l'erba o rotolare qualche pietra.
20 Quando alla fine un grillo si mise a trillare, Giusto si riscosse sulla sedia e prese il bicchiere.

« Stanca lei e stanco io. Lavora troppo? Si sposi e cosí lavorerà con ragione. Ma non la vuole nemmeno un carrettiere ».

---

[1] *l'álito del búio:* the night breeze.

Giusto si bagnava un'altra volta le labbra, quando uno scarpiccío nel cortile, e voci soffocate, lo fermarono. Si ricordò di aver trasentito poco prima vibrare in distanza una macchina e alzò gli occhi. Balenò un viso umano alla finestra, qualcuno disse « sí, sí » in fretta, e la porta si 5 schiuse.

Tenendosi per mano, sgusciarono dentro un giovanotto scarno e guardingo, tutto spalle, e una brunetta dai grossi occhi, stretta in un chiaro impermeabile. Tutti e due si arrestarono sulla soglia, fissando Giusto, in silenzio. La 10 donna strascicava una valigia, e il giovanotto scarmigliato si toccava e ritoccava la fronte.

—Buona sera,—fece Giusto.

Il giovanotto diede un guizzo e, senza venire avanti, chiese aggressivo se c'era benzina. 15

—E dov'è l'automobile?—disse Giusto.

L'automobile aspettava sullo stradale. S'era fermata da sé. Bisognava far presto.

—Non ho benzina,—rispose Giusto pacato, sbirciando la donna. 20

Il giovanotto allibí: Giusto lo vide serrare un attimo gli occhi. Apparve un viso esangue sotto la fronte ossuta. Quanto alla donna, s'accasciò sulla valigia, fissando il compagno come appesa a quel viso.—Non dir nulla, non diciamoci nulla, Renato,—sibilò precipitosa, a denti chiusi.— 25 Di chi la colpa? Non fa nulla, non dir nulla. Dove andremo ora, Renato?

Giusto rivolse gli occhi all'uomo e lo trovò che boccheggiava. Gli scappò da ghignare e chiese perché non passavano la notte nell'albergo. 30

—Non possiamo,—precipitò la donna,—e la macchina? Non possiamo star qui—.Giusto risentito borbottò che non erano poi i primi.—Ma la macchina?—La macchina andiamo a spingerla, io e il signore. È lontano? Di dove

vengono?—Dopo molto confondersi e ribattere,[2] ammisero tutti e due di esser diretti in Francia.—Benissimo. Domani mandiamo il primo che passa in bicicletta, a caricarsi un bidone in paese, e loro sono a posto e vanno dove vogliono,
5 ma se nelle montagne restano a secco un'altra volta, piú nessuno li cava.[3]—Non si può proprio andare adesso in paese?—Se ho detto no, perdio, dormono via quei del negozio.[4]—Non ascoltarlo, Renato, non credergli, vuole soltanto farci fermare; andiamo via.

10 Il giovane intanto s'era un po' ripreso. Chiuse la porta e venne nel mezzo della stanza. Offrí il doppio della retta per la notte, se gli si diceva la verità vera. Si poteva trovar subito la benzina? Giusto fu per sputargli sui piedi, ma s'accorse che il poveretto avvampava; e anche la donna
15 accovacciata, non gli staccava ora gli occhi di dosso,[5] febbrilmente. Scosse il capo e chiamò Tosca. Poi si alzò in piedi e disse forte:—Fino a domani, niente benzina. Vogliamo andare a prender l'auto?

Allora la donna, balzando, respinse col piede la valigia
20 al muro e afferrò il braccio al compagno, supplicando di non lasciarla là, sola.—Qui c'è mia sorella,—disse Giusto. —Ora scende,—e finí il suo bicchiere.

Per tutta la gita, tra il nero dei prati, Giusto non aprí bocca. Incontrata la macchina, accesero i fari e lentamente,
25 pesantemente cominciarono a spingere. A qualche osservazione, che azzardò l'altro, Giusto non rispose, ma borbottò ch'era meglio essersi dimenticata, delle due, la ragazza.[6]

[2] *Dópo mólto confóndersi e ribàttere:* After many contradictions and confutations.

[3] *più nessuno li cava:* no one will ever get you out of that fix.

[4] *dòrmono via quei del negòzio:* the owners of the store sleep elsewhere.

[5] *non gli staccava óra gli òcchi di dòsso:* now she did not take her eyes off him.

[6] *ch'èra mèglio èssersi dimenticata, delle due, la ragàzza:* that it would have been better, of the two things to forget—gas or the girl—, to forget the girl.

Di ritorno, palpitanti e accaldati, trovaron vuota la saletta. Il caschetto della donna giaceva in terra, presso la valigia, e Giusto lo raccolse. Si fece sotto la scala e sentí le due donne armeggiare di sopra.—Siamo noi,—vociò.

—Non rispondono,—disse un istante dopo, il giovane. 5 Giusto lo rassicurò e gli chiese se adesso volevano andare a dormire.

—Dormire?

—Immagino,—fece Giusto spazientito.—Naturalmente, se la signorina permette. 10

—Poveretta,—disse l'altro, con una smorfia scarna.— Poveretta. No, non vado a dormire,—e si cacciò una mano nei capelli.

Giusto venne a piccoli passi fino al banco e prese una bottiglia. Ne versò due bicchierini e invitò il giovane.— 15 Cognac,—disse schioccando la lingua. L'altro bevve d'un fiato, ad occhi chiusi. Poi corse su per la scala.

Giusto tornò a sedersi al tavolo, dove aveva gettato il giornale. Per un istante gli ronzarono le orecchie; poi tutto 20 fu silenzio, rotto appena da qualche tonfo e scricchiolio di passi sul soffitto. « Un cane, ci vorrebbe in questo albergo,— pensava.—La gente va e viene, e nessuno ne sa nulla ». In quel momento apparve Tosca, malgraziosa e preoccupata.

—Si è buttata sul letto,—disse. 25

—Lui no?

—Lui è in piedi, che le liscia la mano e guarda per terra.

—Sposati non sono, non ha la fede. Pure non sembrano ragazzi via da casa.[7]

—Lei ha almeno trent'anni; sarà sua sorella. 30

Giusto fece un sorriso di scherno.—Se hanno paura l'uno dell'altra. Lui non osava nemmeno salire. E non si gira

---

[7] *ragazzi via da casa:* juveniles who have run away from home.

di notte, dimenticandosi la benzina, con una sorella cosí nervosa.

—Non hanno cenato,—disse Tosca.

—Lo immaginavo. E non hanno nemmeno coperte per
5 passare la montagna.

—Zitto.

Comparve il giovane. Con quella faccia pallida nell'andito della scala, pareva un malato su dal letto.

—Occorre qualcosa?

10 Quello venne avanti esitando:—La valigia, dov'è la valigia?

Giusto si alzò.—Nessuno l'ha presa.—Andò alla porta, piegandosi. Il giovane corse innanzi:—Faccio io. Faccio io.

—Ma no,—disse Giusto.—Tocca a me. Lei piuttosto
15 deve riempire il registro. Tosca, il registro.

S'incamminò per la scala. L'altro gli venne alle spalle e gli tolse di mano il carico.—Sentite. La signora sta male. Potete darci del latte?

Tosca portò su il latte, agitata.—Non si dorme stanotte,
20 —passò a dire scendendo.—La ragazza ha la febbre.

—Che siano venuti qui per partorire?[8]—canterellò Giusto.

—Villano,—scattò la sorella.—Va' a letto, va' a letto.

A quel rimbrotto, Giusto arricciò il naso, divertito, e si
25 dispose a salirsene.—Domani avremo un bambino,—rise, davanti alla camera dei due.—Purché non ce lo lascino qui, —concluse, entrando nella sua.

Lo svegliò a notte alta uno strattone di Tosca. Era stanca, non stava piú in piedi: pensasse lui se chiamavano.
30 La donna aveva straparlato, s'era buttata giú dal letto, voleva prender l'automobile.—E il bambino?—Ma che bambino:

---

8 *Che sìano venuti qui per partorire?:* Is it possible that they have come here to have a baby?

quei due avevano la tremarella, ne avevan fatto qualcuna, a parlargli improvviso trasaltavano come conigli.

Giusto barbugliando nel buio, rassicurò Tosca e cominciò a vestirsi. Faceva freddo. Si prese il mantello e uscí sul pianerottolo, fermandosi in punta di piedi alla fessura di luce dell'altra camera. Sentí un lungo sospiro e bisbigli. Crollò il capo e discese.

Una volta sotto, andò alla porta, nel barlume della lampada, e la spalancò. Era buio pesto; non si vedeva il cielo. Infreddolito, richiuse e venne a sedersi al tavolo, dov'era ancora la bottiglia.

Passò cosí piú di un'ora, sognacchiando, trasalendo, bagnandosi le labbra qualche volta. Aveva innanzi quel vecchio giornale, ma non riusciva a leggere. A tratto a tratto lo stoppino fumigava.

Intese un passo malsicuro per la scala e apparve nell'ombra la punta rossa di una sigaretta.

—Chi è?

Venne avanti il giovanotto, ancor piú pallido, occhi pesti. Cercava da bere. Giusto andò a prendere il cognac.— Dorme la ragazza?—chiese piano.

Si sedettero a fronte e si guardarono in silenzio. Sulle guance del giovane c'era un pelo di due giorni, che gli dava un aspetto ancor piú sbattuto. Bevve d'un fiato, senza dir nulla.

—Questo riscalda,—fece Giusto.—Toglie il batticuore. Le donne non lo capiscono.

L'altro piegato su di sé, pareva in ascolto.—Non passa nessuno qui, di notte?—chiese a un tratto, rauco.

—Raramente,—disse Giusto.—Se mai, d'estate, verso il mattino. Carrettieri. Qualche volta, la finanza.

—La finanza? Dove vanno?

—Bevono un bicchiere e ripartono in perlustrazione. Ma non ci sono malviventi da queste parti.

Il giovanotto si alzò in piedi e cominciò a passeggiare. Giusto lo seguí con l'occhio.

—È lontano il confine?

—In macchina, sei ore. Chi ha il passaporto in regola, 5 gli conviene meglio il treno.

—Noi l'abbiamo il passaporto,—s'agitò l'altro.—Preferiamo...

—...dimenticarci la benzina,—finí Giusto.

—Non mi crede?

10 —Caro signore, il mio mestiere è di credere a tutti. Se arriva in macchina un vecchione con la pelliccia, in compagnia di una monella mal dipinta, e mi dice che son padre e figlia: io gli debbo credere. E se arrivano due senza carte e con l'insonnia, e lui dallo spavento mi vuol pagare per 15 andarsene: io non debbo ficcarci il naso. Ma, da uomo a uomo, posso però osservargli che toccare il confine è niente: passarlo, e con una donna che strilla, è la questione.

Il giovanotto s'era fermato, con le mani nelle tasche. Si portò la destra al capo, mordendosela. Disse piano:—Se le 20 ho dato qualche noia, mi scusi. Non posso rispondere, non posso difendermi. Vorrei soltanto dormire.

Poi si sedette, accasciato.—Mi capisca. Lei non avrà noie, lei non ci conosceva. All'alba partiremo.

Giusto, stizzito, si guardò intorno. Nell'andito della scala 25 gli parve di travedere un lampo d'occhi. Si contenne.—Tutto questo per una donna?—chiese tonto.—Ma che cos'avete fatto?

La testa pallida del giovane si rialzò. Febbrilmente le pupille smorte palpitavano sui tratti ossuti.

30 —Che cos'avete fatto?

—È sicuro che la ragazza dorma?—continuò Giusto.—Quell'agitazione, quell'ansia di andarsene; e la paura che vi leva il fiato, è possibile che la lascino dormire?

—No,—disse il giovane,—non dorme. È come assopita, e non sogna, ma vede. Vede sempre. Da due notti dormiamo cosí.

—Vede che cosa?

—Quello per cui fuggiamo.   5

—La prigione?

—Oh,—bisbigliò il giovane,—se io fossi innocente, entrerei subito in prigione e ci starei degli anni, tutta la vita, pur di sapere che mi han fatto un'ingiustizia. Ma anche lei dovrà entrarci: lei che ci fu costretta; e là dentro nessuno   10 ha pietà: non c'è piú giusto e ingiusto. Lo stesso rimorso ci leverà il sonno. Non se lo merita lei: ci fu costretta. E ora deve soffrire ingiustizia e spavento.

Dalla cima della scala venne uno strillo incontenibile:

—Renato, son sola.   15

Il disgraziato balzò in picdi e fissò Giusto smarrito.—Mi ascoltava?—gli chiese.—Ho la testa che spacca, non so piú quel che dico.

—Vada su,—disse Giusto,—ha la febbre piú lei che quell'altra. Beva prima.—E gli versò il cognac. L'altro   20 disse qualcosa e si lanciò per la scala.

Tacque presto ogni voce. Giusto volle sedersi e pensare. La lampada stanca lottava esasperata nell'ombra.—E quello vuol andare in Francia,—le disse Giusto.[9]—Come fanno, come fanno?   25

Allungò la mano per regolare la fiammella, e la vide pallida. Dalle finestre scendeva un chiarore sporco, si scorgevan le sedie e il calendario sulla porta: le fessure sibilavano. Con la bocca impastata Giusto prese il bicchiere, e lo posò svogliato.   30

Lo svegliò Tosca strepitando con le pianelle. Usciva

---

[9] *le disse Giusto:* Giusto, alone, here is addressing the words of his interior monologue to the flickering lamp.

grigia e spettinata, dalla cucina. Era spenta la lampada e si vedeva ormai chiaro.[10]

—Hanno chiamato questa notte?—Aveva anche lei la voce rauca e intontita. Giusto si scatarrò e si mise in piedi.—

5 Dormivo. Fa un bel freddo.

Andò alla porta e la spalancò. Nell'aria umida e grigia, vide vicino l'automobile bassa dai vetri appannati.—Se si svegliano, falli mangiare. Vado alla Grangia, che mandino a prendere un bidone.

10 —Chi paga?—disse rapida Tosca.

Ritornò che piovigginava. Trovò la coppia al tavolo, e Tosca che versava il caffè. Al giovane che si voltò in angoscia, strizzò l'occhio. Poi fissò la ragazza.

—Tra poco ci sarà la benzina,—osservò.—Come avete 15 dormito?

Le guance tese si mossero a un sorriso di sfida.—Bene, —disse poi, levando gli occhi.

—Ho sentito che ha avuto febbre. Ci vuole cognac, come fa suo marito.

20 A questa parola, gli occhi enormi sul piccolo volto s'intorbidarono. Il giovane posò la tazza inquieto. E Giusto continuava che sua sorella quella notte aveva sentito delirare. Stessero attenti, una volta in Francia: cacciarsi in bocca un fazzoletto piuttosto. Tosca stupita si fermò. Rasparono alla porta.

25 parono alla porta.

Nel gran silenzio entrò un vecchiotto malvestito, fatto su in un mantelletto militare,[11] strisciando le suole. Con la vocetta catarrosa salutò in giro, portando la mano al berretto e inchinandosi. Tutti lo guardarono incantati: aveva un viso 30 impicciolito dalle rughe, come un bimbo.

—Non è niente,—ruppe Giusto.—Pedrotto vuole il latte.

---

[10] *si vedéva ormai chiaro:* by now it was light.
[11] *fatto su in un mantellétto militare:* decked out in a short army cape.

Mentre il vecchio, scrollandosi l'umido come i cani, veniva al banco, accorse Tosca e gli mescé qualcosa.

—Pedrotto, c'è ancora un passaggio al confine?—chiese Giusto pacato.

Quello gorgogliò nel bicchierino, sbirciandoli.   5

—Un omo pratico, a piedi, passa sempre,—arrangolò adagio.

—E una donna?

—Secondo.

Giusto chinò il capo tra i due.—Lo volete?—disse piano. 10
—Non gli darete piú di cento,[12] e solamente a cosa fatta.[13] Andrà ad attendervi per strada oltre il paese. Ma badate, è piú furbo di voi.

Tosca s'era ritirata.—Mia sorella vi preparerà un cesto, —aggiunse Giusto.—Vi dimenticavate anche quest'altra 15 benzina.[14] Avrete tempo di morir di fame. Pensateci bene, una volta nelle sue mani non si torna più indietro.[15]

Il giovanotto girava gli occhi imbarazzato. Allora la donna fissò Giusto e disse forte:—D'accordo.

Il vecchietto uscí fuori. S'alzarono tutti.—E che non vi 20 venga in mente di mostrare il passaporto.—Non l'abbiamo, —disse quella.

L'alba s'era ormai distesa in tanta nebbia, che vaporava stillando alla porta socchiusa. Mentre Tosca e la donna facevano i conti, Giusto uscí col giovanotto che si mordeva 25 le labbra scolorite. Giunse un ragazzo in bicicletta col bidone e tutti insieme lo versarono nel serbatoio.—Sia in gamba al rifornimento,—disse Giusto.—Non rifaccia il disperato.—L'altro sommesso chinò il capo e pagò.

[12] *cènto* (colloq.): a hundred, used for one hundred or a hundred thousand 30
   liras.
[13] *a còsa fatta:* when the job is done.
[14] *quest'altra benzina:* i.e. fuel for the stomach.
[15] *una vòlta nelle sue mani . . . più indiétro:* once you fall prey to hunger
   in the Alps there is no turning back.

Chetamente Giusto salí a prendere una coperta da letto e la gettò nell'automobile.—Se ci tiene a conservarsela,[16] non la lasci morire di freddo.

Poi lo prese in disparte e gli disse:—Io non c'entro e
5 non so quel che abbiate fatto. Ma ho trent'anni, e ho sempre veduto le donne cavarsela e restarci l'uomo. Non c'è proprio rimedio?—L'altro sorrise torvo:—Quanto ci costa la coperta?—Nulla,—sbottò Giusto e rientrarono.

La ragazza attendeva seduta contro il tavolo. S'era messo
10 il cappello e rifatte le labbra: non pareva piú il viso di prima, affilato e segnato. Solo un grave pallore le sprofondava gli occhi, e le sfuggivano riccioli alle tempie. Disse al compagno di pagare Tosca e venne alla porta con la valigia. Giusto scostandosi, la lasciò passare, e poi corse ad aprirle lo
15 sportello. La donna salí.

Giunsero il giovane e Tosca col cesto.—Quando sarete tra la neve, non fate bere Pedrotto,—raccomandò Giusto, piegandosi nella macchina.—È già porco anche troppo.

Salí il giovane e si mise al volante. La macchina in-
20 dietreggiò, poi si volse alla strada.

—Addio,—gridò la ragazza.

—Ci ricorderemo sempre di voi,—disse sporgendosi il giovane.

—Farebbero meglio a dimenticarsene,—borbottò Giu-
25 sto a Tosca che rabbrividiva nella nebbia.

(From *Racconti,* Einaudi, Torino, 1960. Reproduced here with the permission of the publisher.)

30 [16] *Se ci tiène a conservarsela:* If you want to hang on to the girl.

12. DINO BUZZATI

(Belluno 1906)

DINO BUZZATI received a degree in Law from the University of
Milan in which city he still resides. A reporter, special correspon-
dent, short-story writer, novelist and dramatist, he has also been a
regular contributor to the daily *Corriere della Sera* since 1928, and
has to his credit more than fifteen volumes of short-stories and
novels.

The nightmares and obscure sensations to which he was subject
as a child, the solitude of the Alpine peaks that hemmed in his native town and the mechanized life of the teeming commercial metropolis where his profession compels him to live, have deeply influ-
enced his style which weaves a vague Kafkaesque spell over the
reader. His art is a felicitous blend of realism and surrealism, of
symbolism and allegory, of satire and humor. He has the magic virtue of making a dream, a vision and hallucinations appear more real
than tangible reality, and of making reality appear evanescent and
legendary.

His characters live under a brooding, imminent threat or cata-
clysms, revolutions or atomic warfare. The cities they inhabit are
like windowless fortresses, their dwellings like beehives, and their
modern scientific inventions are death-dealing instruments.

Buzzati achieved literary success in 1940 with *Il deserto dei
Tartari* (*The Tartar Steppe*), which tells the story of a military unit
manning a remote fortress on the border of an endless steppe from
whence is expected an imminent invasion which the troops hope to
repulse with glory. Instead of this, the days and years go by, the
invasion never takes place, the soldiers grow old and die of boredom, lost in idle dreams of victorious battles and heroic deeds.

In 1960, Buzzati published *Il grande ritratto,* a taut, chilling science-fiction novel about a girl robot who assumes the personality of the faithless, beloved, departed wife of a physicist. Three years later, Buzzati wrote his first love story, *Un amore* (*A Love Story*), a tormented stream-of-consciousness novel dealing with the hopeless and unrequited infatuation of an affluent, effete, intellectual bachelor for a ballerina of La Scala who symbolizes for him the gay, wicked, earthy, plebeian night-life of today's Milan. The novel was an international best seller and marked the author's passage from surrealism to neo-realism.

Buzzati won one of Italy's foremost literary awards, the Strega Prize, for his *Sessanta racconti* in 1958. *Il colombre e altri racconti,* published in 1966, contains 51 additional short stories.

In *Il fratello cambiato,* taken from *Il crollo della Baliverna,* we may discern elements of Buzzati's familiar leit-motifs: the real if ill-defined fears of claustration—this time of boarding school envisioned as a prison—which haunts two brothers; the vague but pervasive terror that the narrator feels at the thought that his younger brother Carlo has been changed; and, lastly, the mysterious, unconfessable secret which Carlo conceals for the rest of his life. We never find out what happened. The story has an open end. But we are certain that something obscure, serious and decisive did transpire and that it will remain a mystery.

Il fratello cambiato

Al tempo che si era ragazzi, mio fratello minore, Dio lo benedica, dava molti pensieri per l'irrequietezza, l'indisciplina e la nessuna voglia di studiare. Dopo vari castighi riusciti inefficaci, avendo egli fatto esplodere un grosso pe-
5 tardo in piena classe col pretesto ch'era carnevale, venne espulso dalla scuola e nostro padre si vide costretto a metterlo in collegio.

Nessuna cosa al mondo ci faceva piú paura del collegio. Quando si passava sotto il grande e tetro edificio, entrambi cercavamo di scorgere, attraverso le finestre qualcuno di quegli sciagurati; che fossero infelici non si aveva il minimo dubbio; ci sembravano addirittura personaggi di un altro mondo, inesplicabili. La stessa parola collegio dava un brivido: molto piú che "bocciatura, galera, ergastolo, forca e capestro", sostantivi per noi della medesima famiglia.

Alla notizia capii subito che Carlo—cosí si chiama mio fratello—era rimasto costernato. Il suo orgoglio gli vietava però di confessarlo. Con spavalderia anzi ne rise e in confidenza mi rivelò che al piú tardi dopo una settimana sarebbe riuscito a evadere. « Crepo, ti dico, piuttosto che rimanere là dentro. »

In ipotesi subordinata, qualora la fuga non fosse stata realizzabile nei primi giorni, mio fratello si accordò per mantenere delle comunicazioni clandestine. Prima di tutto avrei dovuto trovarmi, dalle 3 alle 4 del pomeriggio, sotto il muro perimetrale che chiudeva il cortile del collegio; a quell'ora infatti c'era la quotidiana ricreazione all'aria aperta. Per segnalarmi la sua presenza Carlo avrebbe fischiettato le prime note di una canzoncina; io gli avrei risposto col medesimo motivo. A questo punto mi sarei dovuto avvicinare al cancello d'ingresso il quale era sí ermeticamente chiuso e rivestito di una lamiera che impediva di guardar dentro, forse però era possibile scambiarsi di là qualche parola.

E se Carlo non fosse riuscito a raggiungere il cancello? In questo caso avrebbe cercato di gettarmi, di sopra il muro, una pallottola di carta col messaggio. Oppure, estrema risorsa, mi avrebbe comunicato la situazione con dei fischi convenuti. Per semplificare, ci accordammo su sei diverse ariette che significavano rispettivamente "Scapperò questa sera, difficoltà impreviste, mi hanno scoperto, tutto bene, di male in peggio, tirami una sigaretta".

Ma bisognava anche prevedere che nulla di questo potesse essere realizzato; e che Carlo fosse costretto, per 5 comunicare con me, a usare la posta normale, sottoposta naturalmente alla censura. Si stabilí perciò un codice segreto di frasi convenzionali. Per esempio: "Qui si mangia molto bene" voleva dire "Si patisce una fame del diavolo". "Gli insegnanti sono tutti molto bravi" voleva dire "sono delle 10 carogne"[1] e cosí via. Frasi per esprimere condizioni favorevoli non ce n'erano tanto sembrava assurdo che in collegio ci potesse essere qualcosa di buono.

Non basta. La nostra fantasia attribuendo ai direttori del convitto astuzia e severità demoniache, ci si accordò 15 su una premessa importantissima: a parte il repertorio, ben definito, delle frasi a doppio senso, non avrei dovuto credere a una parola di tutto il resto che Carlo, per convenienza o altro, mi avesse scritto. Eventuali notizie extra, non previste dal codice, sarebbero state precedute dall'espressione "Fra- 20 tello caro" (invece che "caro fratello") e seguite dalla parola "dunque". Infine: se lui avesse, con scritti o discorsi, smentito o annullato questi accordi segreti, voleva dire che era stato costretto a scrivere o dire cosí, suo malgrado; e non avrei dovuto credergli.

25 Se ne andò di casa un lunedí mattina che io ancora dormivo e perciò non lo vidi. Ma il giorno dopo alle quattro del pomeriggio ero già di fazione sotto la cinta: avevo preparato tre piccoli cartocci, ciascuno con dentro una sigaretta, da lanciare di là del muro. Aspettai inutilmente. Quel 30 pomeriggio pioveva e al convitto non ci fu la ricreazione all'aperto.

Anche il giorno dopo pioveva. Ma ebbi fortuna. Mentre ero fermo sul marciapiedi con l'ombrello aperto aspettando

[1] *sóno delle carógne:* they are a bunch of scoundrels.

se mai i collegiali, nonostante il maltempo, venissero per
caso condotti in cortile, sentii che qualcuno mi stava fissando. Guardando intorno, dapprima non scorsi nessuno.
Poi, alzati gli occhi, lo vidi: da una finestra del primo piano,
aperta chissà come, Carlo mi guardava. Aveva l'uniforme 5
di tela grigia del convitto e si teneva immobile, con una
compostezza in lui insolita. Forse era là da alcuni minuti.
Perché non mi aveva chiamato subito? Un piccolo fischio
bastava.

« Carlo, Carlo! » chiamai sottovoce, col dubbio non mi 10
avesse visto. Che assurdità: altro che se mi aveva visto!²
Visto e osservato, a lungo, e non battuto ciglio. Per qual
motivo? Alle sue spalle, a me invisibile, forse un "prefetto"
lo stava controllando? Ma adesso, senza sorridere, mi
mostrò la palma della mano destra facendo un gesto che 15
voleva dire: aspetta, non agitarti, sta tranquillo. Come se
fossi io anziché lui ad aver bisogno di pazienza!

Restò alla finestra pochi secondi ancora e poi disparve.
I vetri smerigliati fino a metà altezza furono richiusi. Molto
perplesso me ne andai. Del resto, la progettata fuga dal 20
convitto non mi impensieriva. Una cosa era certa, per me:
entro pochi giorni Carlo sarebbe stato espulso, lo conoscevo
troppo bene; da escludere che quei professori potessero
sopportarlo a lungo.

Per tener fede alla promessa tornai tuttavia ogni giorno 25
al convitto, verso le tre del pomeriggio. Di là del muro udivo
le voci dei ragazzi, qualche litigio presto spento, qualche
rara risata. Non riuscivo però a distinguere l'accento di
Carlo. Aspettai che lui si rivelasse con la fischiatina stabilita,
ma non si fece vivo. Allora provai a fischiettare io. Niente. 30
Cosí per quattro giorni. Che fosse ammalato?

Il quinto giorno finalmente, dopo parecchi appelli per

---

² *altro che se mi avéva visto!:* he saw me, and how!

richiamare la sua attenzione, una pallottola di carta mi cadde davanti, lanciata dal cortile. Aprii il foglietto. C'era scritto: "Tutto bene. Tua venuta inutile". Era poco, ma respirai: al piú presto, forse la sera stessa, Carlo avrebbe tentato
5 l'evasione.

Ma passò un giorno, due, tre e dal collegio non giunse alcun allarme. Carlo non era fuggito. Poi ricevetti una lettera. "Caro fratello" diceva "desidero farti sapere che io qui mi trovo molto bene e tutti sono buoni con me. Molte
10 cose che io prima vedevo sotto una falsa luce mi si sono chiarite e perciò vedo il mio avvenire in modo assai diverso. Non preoccuparti per me. Mi hanno riferito che ogni giorno tu vieni al collegio, nella speranza di vedermi o parlarmi. Siccome conosco il tuo affetto, promettimi di non farlo piú.
15 Un abbraccio dal tuo fratello Carlo."

Sbalordii. Sembrava un atroce scherzo. Questa una lettera di Carlo? A parte ch'egli non aveva mai scritto cosí correttamente, non una di quelle parole poteva essere sua. E il tono era tanto piú sorprendente perché non vi scorgevo
20 sottintesi. Del nostro codice segreto non c'era neanche una frase. Ma piú sconcertante ancora il *post scriptum*: "Forse ti ricorderai che prima di venire in collegio, io ti avevo accennato a un linguaggio convenzionale per farti avere mie notizie. Non tenere assolutamente conto di quelle scioc-
25 chezze. Oltre al resto, sarebbero inutili perché qui si gode della piú grande libertà".

Una lettera falsa? No, perché la calligrafia era fuori sospetto. E allora? Come aveva potuto Carlo, con la sua spavalderia indomabile, cambiare di idea cosí presto? Non
30 che di idee, pareva si fosse radicalmente trasformato anche nel carattere, che fosse diventato un altro essere umano, diametralmente opposto.

Non so neanch'io bene perché quel mutamento incon-cepibile mi destò un misterioso orrore, quasi avessi avuto notizia che Carlo fosse morto e un estraneo pretendesse di prendere il suo posto. Senza chiedermi se fosse bene o male, non potei fare a meno di raccontare tutto a mio padre, il quale rise sí delle mie paure ma rimase pur lui—me ne accorsi—profondamente impressionato.   5

Che giorni tormentosi nell'attesa di rivederlo. Ci volle quasi un mese prima che gli fosse concesso di passare una domenica in famiglia. Mai dimenticherò quella mattina. All'ora prevista suonò il campanello e io corsi ad aprire. Mi bastò un'occhiata. La faccia, il corpo, il tono di voce, 10 erano di Carlo, ma dentro c'era un altro; educato, quieto, ragionevole; perfino i movimenti si erano fatti, per un oscuro incantesimo, calmi e composti. Lui che prima non faceva un passo senza fracassar qualcosa.

« E allora? » gli domandai. « Allora cosa? » fece lui. 15 « Ma non avevi giurato che saresti scappato di collegio? » « Che significa? » disse. « Io non sapevo allora come ci si stava! » « Ma ti trattano bene? » « Bene, certo. » « E non ti hanno mai castigato? » « Castigato? perché? Che idee. » E faceva un lieve sorriso di compatimento. E mi guardava. E 20 mi parve che in fondo agli occhi ci fosse un'ombra ambigua, come un segreto inconfessabile, la vera spiegazione, qualcosa ch'egli non mi poteva rivelare.

Né cambiò da allora. Dopo tre mesi lasciò il collegio, passò a un'altra scuola, andammo poi in vacanza insieme; 25 mai piú tornò ad essere il ragazzo di prima.[3] Crebbe quieto e remissivo, dedito agli studi, pieno di garbo nel parlare, disciplinato in modo quasi abbietto. Crebbe, divenne uomo, e quando gli domandavo che cosa gli avessero fatto nei primi giorni di collegio, dava risposte vaghe o addirittura 30 mostrava di non capire. Sempre però con un'ombra di inquietudine nel profondo degli sguardi, come se in quel

---

[3] *il ragazzo di prima:* the boy he had been.

lontano giorno la vera vita sua fosse stata stroncata ed ora egli fosse costretto a recitare una parte non sua e non potesse assolutamente spiegarmene il perché.

Ha quasi quarant'anni. È oggi un padre di famiglia, si
5 è fatta una buona posizione, cittadino modello, stimato da colleghi e superiori. Ci vogliamo bene. Eppure ogni volta che lo incontro, risorge in me la folle speranza di vederlo, pur grande e grosso come è adesso, fare una capriola, dir parolacce, tirare sassi a una vetrina. Spero insomma che
10 ritorni lui, il mio vero fratello, perduto da quell'ormai remoto lunedí mattina. No. Lui non fa smorfie o parolacce, siede con dignità sulla poltrona, apre il giornale, legge l'articolo di fondo. « Senti » gli dico talora, sembrandomi che riaffiori la nostra antica confidenza « ma là, al collegio, ti
15 ricordi, stavi proprio bene?[4] » « Certo » risponde « benissimo. » E mi guarda, con quella pena indefinibile.

Perché? io mi domando ancora, certe notti, senza trovare pace. Che cosa gli hanno fatto, in quel collegio maledetto? In che modo lo hanno spento, mutandolo in una
20 larva? Perché non si ribella? Perché non ha il coraggio di parlare?

(From *Il crollo della Baliverna*, Mondadori, 1954. Reproduced here with the permission of Buzzati's British publisher, John Calder of London.)

[4] *stavi pròprio bène? . . . benìssimo:* were you really happy? . . . Very.

13. ANNA MARIA ORTESE

(Roma 1914)

ITALIAN WOMEN WRITERS began making a significant appearance
on the literary scene during the first half of the present century.
Their number has recently increased impressively. According to a
census taken in 1958, there were in Italy at that time more than two
thousand professional women writers, including some five hundred
devoted to the muse of poetry. Many have distinguished themselves.
Grazia Deledda, a Sardinian novelist, is one of the very few
women of any nation to be awarded the Nobel Prize for Literature.
Among the dozen or so outstanding novelists with international
reputations in Italy today one can include Alba de Céspedes, Anna
Banti, Gianna Manzini, Elsa Morante, Natalia Ginzburg, Livia de
Stefani and Anna Maria Ortese.

Anna Maria Ortese was born in Rome but lived for many years
in Naples. She made her literary debut when very young with a
book of poems which was followed by a collection of lyrical stories,
Angelici dolori, written in a style that blends realism with magical
charm, and by *L'infanta sepolta*. Since the end of the war she has
contributed stories and special features to dailies and magazines. It
was Elio Vittorini who brought her into the limelight in 1953 by
publishing *Il mare non bagna Napoli* (*The Bay is Not Naples*) in
a series which he was directing for the publisher Einaudi. Composed of five arresting canvasses, the work depicts the subhuman
physical and social conditions amid which the boisterous plebeians
of Naples vegetate and proliferate. Many Italian and foreign writers
have written about "la bella Napoli", but few have expressed their
compassion and controlled indignation at the humiliating depriva-
tions of poverty as has Anna Maria Ortese in her penetratingly realistic yet poetical vision of Neapolitan slum life. The book won the
second Viareggio Literary Prize in 1953.

Signora Ortese has never felt it necessary to exploit her literary success by turning out a succession of new books as fast as she could. Her works appear after long intervals which last from three to seven years. In 1958 she transferred her field of observation from backward, under-developed Naples to Milan, the enterprising commercial and industrial capital and nerve-center of Italy, and wrote *Silenzio a Milano*. The modern metropolis seems to the writer a jungle of armed concrete and stone where people live and work together as total strangers—a mass-city where depersonalized and dehumanized man loses touch with nature, reality and the world around him. However, with *L'iguana,* Anna Maria Ortese's first full-length novel published in 1965, she returned to the "magic-realism" which so strongly marked *Angelici dolori*. It tells the story of a Milanese architect who, during a cruise, lands on an imaginary island in the Atlantic, falls in love with a mysterious iguana-girl who is the slave of the island's lord, and dies while trying to save her life. The exotic "human beast" is the symbol of man kept in a perpetual state of enslavement by his fellowman who can thus better oppress and exploit him. The novel reveals again Anna Maria Ortese's rich imagination and her remarkable skill in evoking fantastic and ethereal atmospheres.

Un paio di occhiali, presented here in abridged form, is taken from *Il mare non bagna Napoli*. The story, in traditional neo-realistic style, tells of a very poor and almost blind little girl who puts on a pair of glasses and discovers for the first time the frightening reality of the slum dwelling where she actually lives and which is so different from the world she had imagined until then.

Un paio di occhiali

C'e sta 'o... 'o sole!—[1] canticchiò, quasi sulla soglia del basso,[2] la voce di don Peppino Quaglia.—Lascia fa' a[3] Dio,—rispose dall'interno, umile e vagamente allegra, quella di sua moglie Rosa, che gemeva a letto con i dolori artritici, complicati da una malattia di cuore; e soggiunse, rivolta a 5 sua cognata che si trovava nel gabinetto:—Sapete che faccio, Nunziata? Piú tardi mi alzo e levo i panni dall'acqua.

.   .   .

Dal lettino in fondo alla stanza, una vera grotta, con la volta di ragnatele penzolanti, si levò, fragile e tranquilla, 10 la voce di Eugenia:

—Mammà, oggi mi metto gli occhiali.[4]

C'era una specie di giubilo segreto nella voce modesta della bambina, terzogenita di don Peppino (le prime due, Carmela e Luisella, stavano con le monache, e presto avreb- 15 bero preso il velo, tanto s'erano persuase che questa vita è un gastigo; e i due piccoli, Pasqualino e Teresella, ronfavano ancora, capovolti, nel letto della mamma).

—Sí, e scàssali subito, mi raccomando!—insisté, dietro la porta dello stanzino, la voce sempre irritata della 20

---

[1] *Ce sta 'o sóle . . . 'o sóle!*. Neapolitan dialect for *Ci sta (c'è) il sóle . . . il sóle:* The sun, the sun has come out!

[2] *basso:* slum dwelling opening directly on the street.

[3] *Làscia fa' a . . . :* Leave it to . . .

[4] *mi métto gli occhiali:* I start wearing glasses.

zia. Essa faceva scontare a tutti i dispiaceri della sua vita, primo fra gli altri quello di non essersi maritata e di dover andare soggetta, come raccontava, alla carità della cognata, benché non mancasse di aggiungere che offriva questa umi-
5 liazione a Dio. Di suo, però, aveva qualche cosa da parte, e non era cattiva, tanto che si era offerta lei di fare gli occhiali ad Eugenia, quando in casa si erano accorti che la bambina non ci vedeva.—Con quello che costano! Otto-mila lire vive vive!⁵—soggiunse. Poi si sentí correre l'acqua
10 nel catino. Si stava lavando la faccia, stringendo gli occhi pieni di sapone, ed Eugenia rinunciò a risponderle.

Del resto, era troppo, troppo contenta.

Era stata una settimana prima, con la zia, da un occhia-laio di Via Roma.⁶ Là, in quel negozio elegante, pieno di
15 tavoli lucidi e con un riflesso verde, meraviglioso, che pio-veva da una tenda, il dottore le aveva misurato la vista, facendole leggere piú volte, attraverso certe lenti che poi cambiava, intere colonne di lettere dell'alfabeto, stampate su un cartello, alcune grosse come scatole, altre piccolissime
20 come spilli.—Questa povera figlia è quasi cecata,—aveva detto poi, con una specie di commiserazione, alla zia,—non si deve piú togliere le lenti.—E subito, mentre Eugenia, seduta su uno sgabello, e tutta trepidante, aspettava, le aveva applicato sugli occhi un altro paio di lenti col filo di
25 metallo bianco, e le aveva detto:—Ora guarda nella strada.—Eugenia si era alzata in piedi, con le gambe che le tremavano per l'emozione, e non aveva potuto reprimere un piccolo grido di gioia. Sul marciapiede passavano, nitidis-sime, appena piú piccole del normale, tante persone ben
30 vestite: signore con abiti di seta e visi incipriati, giovanotti coi capelli lunghi e il *pullover* colorato, vecchietti con la barba bianca e le mani rosa appoggiate sul bastone dal

---

⁵ *vive vive!:* in hard, hard cash!
⁶ *Via Róma:* One of the busiest streets of Naples, also called Via Toledo.

pomo d'argento; e, in mezzo alla strada, certe belle automobili che sembravano giocattoli, con la carrozzeria dipinta
in rosso o in verde petrolio, tutta luccicante; filobus grandi
come case, verdi, coi vetri abbassati, e dietro i vetri tanta
gente vestita elegantemente; al di là della strada, sul marcia- 5
piede opposto, c'erano negozi bellissimi, con le vetrine come
specchi, piene di roba fina, da dare una specie di struggi-
mento; alcuni commessi col grembiule nero, le lustravano
dall'esterno. C'era un caffè coi tavolini rossi e gialli e delle
ragazze sedute fuori, con le gambe una sull'altra e i capelli 10
d'oro. Ridevano e bevevano in bicchieri grandi, colorati. Al
disopra del caffè, balconi aperti, perché era già primavera,
con tende ricamate che si muovevano, e, dietro le tende,
pezzi di pittura azzurra e dorata, e lampadari pesanti d'oro
e cristalli, come cesti di frutta artificiale, che scintillavano. 15
Una meraviglia. Rapita da tutto quello splendore, non aveva
seguito il dialogo tra il dottore e la zia. La zia, col vestito
marrò della messa, e tenendosi distante dal banco di vetro,
con una timidezza poco naturale in lei, abbordava ora la
questione del prezzo:—Dottò, mi raccomando, fateci rispar- 20
miare... povera gente siamo...—e, quando aveva sentito
« ottomila lire », per poco non si era sentita mancare.
　　—Due vetri! Che dite! Gesú Maria!
　　—Ecco quando si è ignoranti...—rispondeva il dottore,
riponendo le altre lenti dopo averle lustrate col guanto, 25
—non si calcola nulla. E metteteci due vetri, alla creatura,
mi saprete dire se ci vede meglio. Tiene nove diottríe da
una parte, e dieci dall'altra, se lo volete sapere... è quasi
cecata.
　　Mentre il dottore scriveva nome e cognome della bam- 30
bina: « Eugenia Quaglia, vicolo della Cupa a Santa Maria
in Portico »,[7] Nunziata si era accostata ad Eugenia, che sulla
soglia del negozio, reggendosi gli occhiali con le manine su-

[7] *Santa Marìa in Pòrtico:* A poor Neapolitan district.

dice, non si stancava di guardare:—Guarda, guarda, bella mia! Vedi che cosa ci costa questa tua consolazione! Ottomila lire, hai sentito? Ottomila lire, vive vive!—Quasi soffocava. Eugenia era diventata tutta rossa, non tanto per il
5 rimprovero, quanto perché la signorina della cassa la guardava, mentre la zia le faceva quell'osservazione che denunziava la miseria della famiglia. Si tolse gli occhiali.

—Ma come va, cosí giovane e già tanto miope?—aveva chiesto la signorina a Nunziata, mentre firmava la ricevuta
10 dell'anticipo;—e anche sciupata!—soggiunse.

—Signorina bella, in casa nostra tutti occhi buoni teniamo, questa è una sventura che ci è capitata... insieme alle altre. Dio sopra la piaga mette il sale...

—Tornate fra otto giorni,—aveva detto il dottore,—ve
15 li farò trovare.

Uscendo, Eugenia aveva inciampato nello scalino.

—Vi ringrazio, zi' Nunzia,—aveva detto dopo un poco;—io sono sempre scostumata con voi, vi rispondo, e voi cosí buona mi comprate gli occhiali...
20 La voce le tremava.

—Figlia mia, il mondo è meglio non vederlo che vederlo,—aveva risposto con improvvisa malinconia Nunziata.

Neppure questa volta Eugenia le aveva risposto. Zi'
25 Nunzia era spesso cosí strana, piangeva e gridava per niente, diceva tante brutte parole e, d'altra parte, andava a messa con compunzione, era una buona cristiana, e quando si trattava di soccorrere un disgraziato, si offriva sempre, piena di cuore. Non bisognava badarle.
30 Da quel giorno, Eugenia aveva vissuto in una specie di rapimento, in attesa di quei benedetti occhiali che le avrebbero permesso di vedere tutte le persone e le cose nei loro minuti particolari. Fino allora, era stata avvolta in una nebbia: la stanza dove viveva, il cortile sempre pieno di

panni stesi, il vicolo traboccante di colori e di grida, tutto era coperto per lei da un velo sottile: solo il viso dei familiari, la mamma specialmente e i fratelli, conosceva bene, perché spesso ci dormiva insieme, e qualche volta si svegliava di notte, e al lume della lampada a olio, li guardava. La [5] mamma dormiva con la bocca aperta, si vedevano i denti rotti e gialli; i fratelli, Pasqualino e Teresella, erano sempre sporchi e coperti di foruncoli, col naso pieno di catarro: quando dormivano, facevano un rumore strano, come se avessero delle bestie dentro. Eugenia, qualche volta, si sor- [10] prendeva a fissarli, senza capire, però, che stesse pensando. Sentiva confusamente che al di là di quella stanza, sempre piena di panni bagnati, con le sedie rotte e il gabinetto che puzzava, c'era della luce, dei suoni, delle cose belle; e, in quel momento che si era messa gli occhiali, aveva avuto una [15] vera rivelazione: il mondo, fuori, era bello, bello assai.

.   .   .

Fu mentre Eugenia scendeva l'ultimo gradino, e usciva nel cortile, che la sua bocca s'aperse a un riso di gioia, perché aveva visto arrivare sua madre. Non era difficile [20] riconoscere la sua logora, familiare figura...., e le corse incontro.

—Mammà! Gli occhiali!

—Piano, figlia mia, mi buttavi a terra!

Subito, si fece una piccola folla intorno.[8] Donna Mariuc- [25] cia,[9] don Peppino, una delle Greborio, che si era fermata a riposarsi su una sedia prima di cominciare le scale, la serva di Amodio che rientrava in quel momento, e, inutile dirlo, Pasqualino e Teresella, che volevano vedere anche loro, e strillavano allungando le mani.... [30]

[8] *si féce una pìccola fòlla intórno:* a small crowd gathered around.
[9] *Dònna Mariùccia:* She is the doorkeeper of the building whose upper storeys are occupied by upper-class families such as the Greborios and the Amodios.

...In quel momento, donna Rosa si toglieva dal collo del vestito l'astuccio degli occhiali, e con cura infinita lo apriva. Una specie d'insetto lucentissimo, con due occhi grandi grandi e due antenne ricurve, scintillò in un raggio smorto
5 di sole, nella mano lunga e rossa di donna Rosa, in mezzo a quella povera gente ammirata.

—Ottomila lire... una cosa cosí!—fece donna Rosa guardando religiosamente, eppure con una specie di rimprovero, gli occhiali.

10 Poi, in silenzio, li posò sul viso di Eugenia, che estatica tendeva le mani, e le sistemò con cura quelle due antenne dietro le orecchie.—Mo[10] ci vedi?—domandò accorata.

Eugenia, reggendoli con le mani, come per paura che glieli portassero via, con gli occhi mezzo chiusi e la bocca
15 semiaperta in un sorriso rapito, fece due passi indietro, cosí che andò a intoppare in una sedia.

—Auguri!—disse la serva di Amodio.

—Auguri!—disse la Greborio.

—Sembra una maestra, non è vero?—osservò compia-
20 ciuto don Peppino.

—Neppure ringrazia!—fece zi' Nunzia,.....—Con tutto questo,[11] auguri!

—Tiene paura, figlia mia!—mormorò donna Rosa, avviandosi verso la porta del *basso.*—Si è messi gli occhiali per
25 la prima volta!—disse alzando la testa al balcone del primo piano, dove si era affacciata l'altra sorella Greborio.

—Vedo tutto piccolo piccolo,—disse con una voce strana, come se venisse di sotto una sedia, Eugenia.—Nero nero.

30 —Si capisce; la lente è doppia. Ma vedi bene?—chiese don Peppino.—Questo è l'importante. Si è messi gli occhiali

---

10 *Mo:* (Arch.) Now.
11 *con tutto quésto:* in spite of it all.

per la prima volta,—disse anche lui, rivolto al cavaliere[12] Amodio che passava con un giornale aperto in mano.

· · · ·

Eugenia, sempre tenendosi gli occhiali con le mani, andò fino al portone, per guardare fuori, nel vicolo della Cupa. Le gambe le tremavano, le girava la testa, e non provava piú nessuna gioia. Con le labbra bianche voleva sorridere, ma quel sorriso si mutava in una smorfia èbete. Improvvisamente i balconi cominciarono a diventare tanti, duemila, centomila; i carretti con la verdura le precipitavano addosso; le voci che riempivano l'aria, i richiami, le frustate, le colpivano la testa come se fosse malata; si volse barcollando verso il cortile, e quella terribile impressione aumentò. Come un imbuto viscido il cortile, con la punta verso il cielo e i muri lebbrosi fitti di miserabili balconi; gli archi dei terranei, neri, coi lumi brillanti a cerchio intorno all'Addolorata; il selciato bianco di acqua saponata, le foglie di cavolo, i pezzi di carta, i rifiuti, e, in mezzo al cortile, quel gruppo di cristiani cenciosi e deformi, coi visi butterati dalla miseria e dalla rassegnazione, che la guardavano amorosamente. Cominciarono a torcersi, a confondersi, a ingigantire. Le venivano tutti addosso, gridando, nei due cerchietti stregati degli occhiali. Fu Mariuccia per prima ad accorgersi che la bambina stava male, e a strapparle in fretta gli occhiali, perché Eugenia si era piegata in due e, lamentandosi, vomitava.

—Le hanno toccato lo stomaco!—gridava Mariuccia reggendole la fronte.—Portate un acino di caffè, Nunziata!

—Ottomila lire, vive vive!—gridava con gli occhi fuor della testa zi' Nunzia, correndo nel *basso* a pescare un chicco di caffè in un barattolo sulla credenza; e levava in

---

[12] *cavalière:* One of the honorary titles bestowed for special merit by the Italian Government on both Italians and foreigners.

alto gli occhiali nuovi, come per chiedere una spiegazione a Dio.—E ora sono anche sbagliati![13]

—Fa sempre cosí, la prima volta,—diceva tranquillamente la serva di Amodio a donna Rosa.—Non vi dovete impressionare; poi a poco a poco si abitua.

—È niente, figlia, è niente, non ti spaventare!—Ma donna Rosa si sentiva il cuore stretto al pensiero di quanto erano sfortunati.

Tornò zi' Nunzia col caffè, gridando ancora:—Ottomila lire, vive vive!—intanto che Eugenia, pallida come una morta, si sforzava inutilmente di rovesciare, perchè non aveva piú niente. I suoi occhi sporgenti erano quasi torti dalla sofferenza, e il suo viso di vecchia inondato di lacrime, come istupidito. Si appoggiava a sua madre e tremava.

—Mammà, dove stiamo?

—Nel cortile stiamo, figlia mia,—disse donna Rosa pazientemente; e il sorriso finissimo, tra compassionevole e meravigliato, che illuminò i suoi occhi, improvvisamente rischiarò le facce di tutta quella povera gente.

—È mezza cecata!

—È mezza scema, è!

—Lasciatela stare, povera creatura, è meravigliata,—fece donna Mariuccia, e il suo viso era torvo di compassione, mentre rientrava nel *basso* che le pareva piú scuro del solito.

Solo zi' Nunzia si torceva le mani:

—Ottomila lire, vive vive!

(From *Il mare non bagna Napoli*, Einaudi, Torino, 1953. Reproduced here with the permission of the publisher.)

---

[13] *sóno anche sbagliati!:* on top of it all, they are the wrong ones.

14. GIUSEPPE MAROTTA
(Napoli 1902—Napoli 1963)

GIUSEPPE MAROTTA, one of Italy's most popular humorists, was also a magazine editor, a short-story writer, journalist, movie critic and winner of four literary prizes.

Born in sunny Naples, he was destined to spend most of his life in foggy Milan. His father, a lawyer, died when Marotta was nine years old. The resulting straitened circumstances of his family forced the boy to abandon his studies at the age of fifteen and to take whatever odd jobs he could find, including one as a gasbill collector. Meanwhile, impelled by an irresistible compulsion to learn and to write, he studied on his own at night and wrote poems and stories which appeared in a local periodical. When he was twenty-three he went to Milan to try his fortune there. For several months he lived from hand to mouth and slept in public parks until through a stroke of luck he managed to get a secretarial job with the publisher Mondadori. Two years later he passed to the Rizzoli press, married and, in order to make ends meet, turned out love stories on the side for slick magazines. From 1927 to 1933 he edited pulp weeklies.

Marotta's literary career began in earnest in 1932 with the publication of his first volume of humorous short stories, *Tutto a me,* which was soon followed by two sparkling, witty novels which met with wide popular success. Though ignored by critics and given the cold shoulder by literary pundits, Marotta persisted in his chosen path and became a regular contributor to the literary page of the two leading Italian dailies, *La Stampa* of Turin and *Il Corriere della Sera* of Milan.

He finally achieved a permanent niche in the history of contemporary Italian fiction with two volumes of hilarious, picaresque stories: in 1946, with the enchanting *L'oro di Napoli* (*Treasure of Naples*), which Vittorio de Sica made into an award-winning smash-hit, *The Gold of Naples,* with a galaxy of stars that included Sophia Loren, Totò and de Sica himself; and in 1948, with *San Gennaro non dice mai no* (*San Gennaro Never Says No*), drawn from childhood memories or from post-war experiences in his native city.

Memory and fantasy were Marotta's slaves and mistresses. Naples was for him an inexhaustible storehouse from which he drew the most unexpectedly original and captivating plots and characters. In 1952 he published *Gli alunni del sole,* a swift, rollicking series of tales celebrating the deeds and misdeeds of ancient Greek gods as visualized through the fertile and unbridled imagination of a retired Neapolitan classical high-school janitor who unreels them with gusto and conviction to his spellbound neighbors and friends. The extraordinary success of these very droll stories induced Marotta to write *Gli alunni del tempo,* an excruciatingly funny chronicle of contemporary daily world events—running a gamut from the atom bomb to artificial insemination—seen and interpreted in terms of a new modern mythology by the imaginative and gullible populace of Naples.

Marotta's thought and pen were not constantly turned toward Naples but oscillated between it and Milan, his adopted city. In three volumes of short stories—*A Milano non fa freddo, Mal di Galleria* and *Le Milanesi*—he portrays with mordant irony the life and mores, the "guys and dolls" of that cold, fog-ridden, wealthy and ultra-modern Italian metropolis.

Beneath Marotta's effervescent, whimsical humour there lies a strain of sadness. He was a neurotic who for years was haunted by a morbid fear of incurable disease and of imminent death. Living was a burden to him, writing his only relief. His fluid, sparkling, joyous fiction was a sort of safety valve, an escape from the anguish, anxieties and ordeal of life. He was painfully shy, made few but lasting friends, loved peace and solitude and spent endless hours at his desk in a rented room. He died in his beloved Naples in 1963.

Stanza in famiglia is taken from *Mal di Galleria*. The story stems out of the unreasoned antipathy and resentment felt by Northern Italians toward the mass emigration of unskilled Southern workers who flocked to the highly industrialized North during the post-war boom. In this diptych, Marotta brilliantly contrasts a withdrawn, self-contained, hundred-per-cent Milanese industrial worker who has to live under his own roof in daily contact with an exuberant, chatty, gesticulating unskilled Southerner. When introvert and extrovert eventually get to know one another, their defenses crumble, they recognize each other's worth and become fast friends.

Stanza in famiglia

C he proprio io, Livio Ermes Tugo, milanese da cinque generazioni (accertate), dovessi a poco a poco affezionarmi a un terrone![1] Espongo i fatti con l'ordine che mi è naturale, io sto nelle cose di ogni genere come un centimetro sta nel metro,[2] chiunque nel rione Venezia[3] lo sa. 5
Nominare, in questa zona, il capotecnico Livio Ermes Tugo, equivale a nominare in corso Ticinese[4] le Colonne di San

---

[1] *terróne* m.: A neologism probably meaning "earth eater". Name given in jest or contempt by Northern to Southern Italians, loosely corresponding to our "landlubber". Southern Italians reciprocate by calling Northerners "*mangiapolènta*" (cornmeal-mush eaters).

[2] *io sto nelle còse di ógni gènere cóme un centìmetro sta nel mètro:* I am with relation to all things as a centimeter is to the meter; i.e., I am very systematic.

[3] *rióne Venèzia:* Venice district. A section of Milan which takes its name from Porta Venezia, a city gate leading toward Venice.

[4] *córso Ticinése:* An avenue in Milan which runs from Porta Ticinese South toward the Ticino river.

Lorenzo.[5] Da vent'anni lavoro in una grande officina alla Città degli Studi,[6] che attualmente fabbrica motorette; la mia casa, in viale Piave, fu di mio nonno e di mio padre, i quali erano anch'essi ottimi operai metallurgici. Vado per
5 i quaranta, sono largo, mite e solido come un bue. Reggo un quintale, se occorre; una mia risata (ma non rido quasi mai) screpola i muri. Nel '48 sposai Carla, di otto anni più giovane di me. Ci conoscemmo in un tram della Circonvallazione, sull'imbrunire; la folla ci aveva talmente pre-
10 muti l'uno all'altra che quando lei smontò a Porta Vittoria, e la seguii, e la fermai, ci sentivamo già marito e moglie. È così, Milano: pare complicata e invece semplifica tutto. Non abbiamo avuto figli, peccato; ma l'ultima parola non è detta. Carla, non per vantarmene, sinceramente, è una
15 bellezza: alta, bionda, formosa: a Brera,[7] in un quadro, si vede una figura identica alla sua... ma zitti, non facciamo pettegolezzi. Siccome da ragazza era sàrta finita, adesso piglia ancora qualche lavoretto in casa, ha nei dintorni un po' di clientela. Io non mi oppongo, sarebbe da scemi rinun-
20 ziare a un facile guadagno. Inoltre, donna occupata donna salvata. D'accordo? Non sono geloso, è un calcolo matematico. L'ozio aggiunge, la fatica sottrae; moglie stanca, moglie bianca; eccetera.

Ma veniamo ai terroni. Che gente, noi operai milanesi
25 non li abbiamo in simpatia. Ma quanti sono, laggiú, miliardi? Ne piomba qui uno, arraffa un impiego, o una speranza d'impiego, manda una cartolina postale a Napoli e immediatamente gli arrivano due fratelli o sei cugini. Dormono alla stazione, all'Albergo Popolare, sui fili del
30 telegrafo; mangiano pane asciutto ogni ventiquattro ore;

---

5 *Colónne di San Lorènzo:* The sixteen Roman columns which stand in front of the ancient church of San Lorenzo Maggiore on Corso Ticinese.
6 *Città degli Studi:* University City.
7 *Brèra:* One of Milan's leading museums.

maledicono il freddo e la nebbia, Milano e chi l'ha inventata; hanno un grammofono e un diavolo in corpo, minacciano e supplicano, ridono e piangono alla C.G.L.,[8] in Municipio, nelle sagrestie, nelle anticamere delle aziende, nelle sezioni dei Partiti, finché, dài e dài, la spuntano. E 5 la mano d'opera locale sta a guardare. La nazione è la nazione, certo, ma come andremo a finire, di questo passo? In Galleria, non sentite che accenti meridionali. E come gesticolano: in quella ressa, magari senza malizia, vi cavano gli occhi. La Prefettura è napoletana, il Fisco è napoletano, 10 il Palazzo di Giustizia è napoletano, la Questura è napoletana, il Verziere[9] è napoletano. Oggi i soli forestieri di Milano, purtroppo, sono gli autentici milanesi. Non abbiamo l'Italia una, abbiamo Napoli una. Sfido che il re Borbone,[10] quando lo invitarono a fare ciò che poi fecero 15 Vittorio Emanuele e Garibaldi, non si mosse: vedeva lontano, Sua Maestà....

Insomma: defunto mio padre nel giugno del '56, e resasi libera una stanza, Carla mi suggerí di accogliervi un pensionante. Ricorremmo al solito annunzio economico. La 20 mia vivissima raccomandazione fu:

« Tutti, ma non un terrone ».

Due giorni dopo, Carla mi disse, un po' afflitta:

« Ne sono venuti quindici. Ho scelto il piú settentrionale, bada. Si chiama Vincenzo Giaquinto, è di Gaeta ».[11] 25

Lo sbirciai appena. Trent'anni, esile, piccolo, nero. A tavola, subito cominciò a ridere e a ciarlare:

---

[8] *C. G. L.: Confederazióne Generale del Lavóro*, the largest Italian Confederation of Labor Unions.

[9] *Verzière* m.: Vegetable market of Milan.

[10] *re Borbóne:* Bourbon King. Reference to Francesco II (1836-1894), a member of the French family of Bourbon. He was King of Naples from 1859 to 1860 when he lost all Southern Italy to Garibaldi.

[11] *Gaèta:* City and seaport on the Tyrrhenian Sea N of Naples.

« Signor Tugo, avete,[12] senza offesa, una bella terrazza e una bella signora. L'uomo si giudica dalla casa e dalla moglie. Io vi ho giudicato. E bravo il signor Tugo, complimenti ».

5 Deposi la forchetta e lo guardai freddamente. Scosse il capo.

« Disturba la mia franchezza? Gesú Gesú. Noi perché diciamo una stanza in famiglia? C'è la stanza e ci deve essere pure la famiglia, quella non può mancare. Se sbaglio correg-10 getemi, signor Tugo. Ci dovremmo onorare, dato che abitiamo insieme, di una reciproca stima e confidenza. Io, per me, sono ben contento di aprirmi con voi. Signora Carla, avanti, che cosa volete sapere di me? »

Carla ebbe un mezzo sorriso imbarazzato; io risposi 15 chiaro e tondo:

« Nulla, signor Giaquinto, non si preoccupi. Lei ci ha favorito un mese di anticipo ed è, mi auguro, un galantuomo. Non desideriamo altro. »

« E fate male », ribatté lui sorpreso. « Venitemi incontro, 20 signor Livio. Siete piú anziano e piú esperto di me. Ho un situato dubbio che forse mi conviene pagare stanza e vitto per cinque o sei mesi, no, tre o quattro, in maniera che da questo lato non abbiate timori. Ecco, voi non m'illuminate perché non conoscete la situazione mia. Lo vedete che se 25 non v'informo e se non m'informate non ci si capisce? Don Livio, fate un'eccezione per me. Lasciatemi sfogare ».

Impacciatissimi, io e Carla balbettammo:

« Dica ».

E lui, gettandomi un bacio sulla punta delle dita, come 30 i bambini:

« Grazie! Dovete sapere che io non sono un pezzente.

---

12 *Signór Tugo, avète . . . :* Notice that the Tugos use the "lei" form of address while Giaquinto uses the "voi". The latter form is prevalent in Naples and nearby cities.

Mi voglio sistemare qua e ci riuscirò, ma la mia povera zia Concetta, Dio l'abbia in gloria, mi ha lasciato un capitaluccio. L'essenziale è che io non lo sciupi in divertimenti e pazzie. C'intendiamo: svaghi, donne, gioco».

Alla parola "gioco", mia moglie non potè non rivolgermi un'impercettibile occhiata. È il mio solo vizio, però mi costa. A volte ci rimetto, in una sera, la paga di una settimana. È piú forte di me, non resisto. Ma non divaghiamo. Il terrone aveva preso l'avvio, niente poteva chiudergli la bocca. 10

« Don Livio, donna Carla, giacché il destino mi ha portato qui, fondiamo una vera amicizia. Avete un coltello? Se mi vedete spendere e spandere (qui la voce gli si velò di pianto) scannatemi ».

Io e Carla ci sentivamo le fiamme al viso, come se egli 15 ci apparisse nudo.

« Signor Vincenzo... egregio signor Vincenzo », cominciai a dire.

« Macché signore, Vincenzo e basta »[13] m'interruppe. « Voi per me, ed io per voi, nel comune interesse. Don Livio, 20 permettete? Nei panni vostri, ad esempio, una moglie rara come la signora Carla me la terrei molto riguardata. E quindi che facciamo? Vi tolgo ogni spina dal cuore. Uscirò con voi la mattina e rientrerò con voi la sera. Va bene? Per me la signora Carla è un altar maggiore ». 25

Santo cielo. Non c'era che da sbatterlo fuori a calci o da sorridere. Mia moglie fu garbata, si limitò ad osservare:

« Lei parla come se dipendesse tutto da lei, signor Vincenzo »; ma il terrone, pronto:

« E da chi volete che dipenda, signora mia? L'uomo è 30 cacciatore, ha l'iniziativa, l'insistenza, la cocciutaggine.

---

[13] *Macché signóre, Vincènzo e basta:* What do you mean by *signore.* Call me Vincenzo, and that's enough.

Quello ha imparato che un sí femminile è una scalinata di mille no, quello con pazienza sale. Ma io e voi siamo fuori discussione. Mamma mia bella!... nel mio caso (e qui accennò un rapido segno di croce) sarebbe un tradimento.
5 Abbiate fiducia in me... Vedrete in pochi giorni, don Livio, chi è Vincenzo Giaquinto ».
Che tipo, che ragionamenti, che usanze. Noi ci vergognavamo per lui.

10 Ma non erano discorsi a vanvera. Se rientrava mentre io ero assente, rivolgeva un buffo cenno d'intesa a Carla e si rintanava, chiudendo l'uscio a chiave dall'interno. Una volta, con le mani tese come a respingere uno spettro, le mormorò:
15 « Che splendore, che meraviglia! E proprio voi dovevate essere la gentile consorte di un mio caro amico! »
Quando, la notte, Carla mi riferí queste parole di Giaquinto, aveva gli occhi un po' umidi.
« In fondo è un ragazzino », disse, con una tenerezza
20 della quale non mi allarmai perché sembrava quella di una mamma.
« Sí, è un debole », confermai. « Ha paura di Milano e dell'avvenire, perciò si addossa a noi. Cerchiamo di non cadere nella sua morbida rete, altrimenti quando non avrà
25 piú un soldo ci toccherà mantenerlo ».
Chi, lui? Qualche settimana dopo, in viale Premuda, mi sento chiamare. È Vincenzo, ritto nel vano di una bottega. Ammicca, felice, e mi indica l'insegna. Leggo: "Agenzia Giaquinto". Perplesso, entro. Un divano, due
30 poltrone, un tavolo, uno schedario, le pareti cosparse di avvisetti dattilografati con strisce in caratteri piú grossi che dicono: "Appartamenti, negozi, locali", "Domande e offerte d'impiego", "Oggetti vari". Ci guardammo. Io feci:
« Ma non ci sono i giornali, per questo? »
35 E lui: « Come no. Guai se non ci fossero... la maggior

parte dei nominativi che do ai clienti, dove li piglierei? Diffondo annunzi per loro, che non hanno esperienza, e vi aggiungo la parola viva, il congegno mio... le quarte pagine riassumono, invece io completo e sviluppo, ci metto un po' di grazia, di cornice, di umanità. Vanto l'offerta al richie- 5 dente e il richiedente all'offerta... cosí nasce fra loro una convenienza, un sentimento. Don Livio, non è bello il bello, ma ciò che piace: l'Agenzia Giaquinto farà piacere le cose alle cose, il mondo al mondo, ve l'assicuro io. Datemi un anno di tempo e ci arricchiamo. In quattro giorni dall'aper- 10 tura ho sistemato venti persone. Tanto per cominciare, il bilancio è in attivo ».

Incredibile. Gli augurai buona fortuna e gli domandai perché avesse agito con eccezionale segretezza.

« Avete ragione, don Livio », rispose. « Ma temevo un 15 insuccesso. E poi c'era la faccia vostra che, lasciatemelo dire, non mi persuadeva e non mi persuade. Avete chiaramente un impiccio. Si vede ».

Trasalii, cercando invano di padroneggiarmi. Vincenzo mi strizzò l'occhio e mi obbligò a sedermi accanto a lui sul 20 divanetto.

« Forza », mi esortò, « liberatevi. È piú amaro il silenzio che il dolore ».

Un erpice non mi avrebbe dissodato meglio. Rabbrivi-divo, pensando: un terrone, mi sto abbandonando a un 25 terrone, anzi peggio, mi comporto io stesso come un ter-rone... gesticolo e piagnucolo, sono una femminuccia, che schifo, non ho piú dignità.

Ero in un guaio e come. Truffato ignobilmente al gioco in una taverna di via Bixio. Un furfante, chiamato Gia- 30 cinto L., e due suoi compari, Luigi e Silvio, mi avevano irretito e spogliato. Dovevo a Giacinto L., insieme con Luigi (si giocava in quattro e Luigi aiutava gli avversari fingendosi inetto, nei momenti cruciali, a danno mio e suo)

trecentomila lire. Non avevo osato parlarne a Carla, mi avrebbe certamente consigliato una denunzia alla polizia. Contro un individuo simile, arrogante, vendicativo, già processato altre volte per violenza? La sera prima egli mi
5 aveva affrontato dicendomi:

« O paghi entro domani, o ti mando all'ospedale ».

A questo punto del mio racconto a Vincenzo, strinsi i pugni e tacqui. Lui sorrideva, calmo.

« Acqua in bocca, don Livio », esclamò allegramente.
10 « Ora chiudo l'agenzia e andiamo a cena. Zitto con la signora, vi prego, non c'è motivo. Dopo mangiato, invitatemi ad uscire con voi... darò un'occhiata a questo Giacinto, mi avete incuriosito ».

Verso mezzanotte ci affacciammo nella taverna. Gia-
15 cinto L. era in attesa: balzò in piedi, scorgendomi, e ci venne incontro. Vincenzo mi sussurrò:

« Ditegli che è meglio discorrere qua fuori. Non dategli, per favore, la soddisfazione di impallidire ».

Obbedii. Svoltammo nella via Melzo, deserta e caligi-
20 nosa a quell'ora. Giacinto L. sogguardava il mio compagno.

« Sbirro? », mi chiese a un tratto, indicandomelo col pollice.

Vincenzo mi scostò, ribattendo:

« No, don Coso.[14] Uomo ».
25 E Giacinto a me:

« Che significa, Tugo? Se mi proponi una cambiale avallata, rispondo no. Esigo contanti ».

E Vincenzo a lui:

« Certo. Contantissimi ».
30 Gli si era avvicinato fino a sfiorarlo; e cosí risultava maggiormente la sproporzione, Giacinto era alto e grosso il doppio, un macigno.

---

[14] *don Còso:* Mr. What's-your-name.

« Lei che c'entra? », disse L., con un vago tremito nella voce.

In quel momento Vincenzo si era trasformato; continuava ad apparire lento e gracile, ma incuteva una bizzarra sensazione di energia, come, fu questo il pensiero che ebbi, come una "spina"[15] quando l'avete inserita nella presa di corrente. Disse:

« C'entro, bello mio, c'entro. Io conosco dal principio alla fine il meccanismo. Tu sei un ladro e Silvio e Luigi sono tuoi complici. Ora succede che don Livio ed io siamo fratelli carnali. Quello che è mio è suo e quello che è suo è mio. Le ho io le centocinquantamila lire che ti deve il signor Tugo. Mi chiamo Giaquinto, Agenzia Giaquinto in viale Premuda. Vieni a prenderle quando ti pare ».

Ho dimenticato di farvi notare che Vincenzo, ogni volta che quella notte pronunziò il mio nome, abbozzò un saluto rispettoso, come per dire: "Sto parlando, ahimè, di un barone a un fetente". Basta. Io pregavo mentalmente Iddio che legasse i polsi a Giacinto L. Invece egli, sia pure dopo qualche esitazione, dichiarò:

« Voglio essere pagato subito ».

E accadde l'imprevedibile.

« Con piacere. Ecco qua », scandí Vincenzo, mentre colpiva Giacinto con un formidabile schiaffo. Impietrito, mi addossai al muro. Ci siamo, ora Giacinto estrae la pistola e ci fulmina tutti e due. Invece niente. Ricordate Golia e Davide? Anche in via Melzo andò male, malissimo per il piú forte. Si accasciò sul marciapiede, gemendo; allora Vincenzo mi afferrò per un braccio e mi disse:

« Tutto è in ordine. Sgombriamo, don Livio ».

Rincasammo. C'era buio, Carla già dormiva. Buonanotte, don Livio; buonanotte Vincenzo. Né un commento,

---

[15] *"spina":* electric plug.

né un grazie. Sono volati un paio di mesi, a tutt'oggi; e sull'accaduto, fra Vincenzo e me, silenzio. Giacinto non si è fatto piú vivo. Ho smesso, naturalmente, di frequentare la bettola di via Nino Bixio. Gioco spesso con Vincenzo, la
5 sera... a chi perde il vino o la birra, o i dolci per la domenica successiva. Egli ingiuria e vezzeggia le carte; per lui sono persone, amici o nemici. Oppure, coi dischi, balliamo. Vincenzo balla tenendo Carla a un palmo da sé e guardandomi ogni tanto negli occhi.
10 « Non è una donna, beato voi », sospira, «è un mazzo di rose tea! »

L'Agenzia Giaquinto va a gonfie vele. Ieri Vincenzo è apparso nel tinello con la serietà di un vescovo. Mette sul tavolo un cartoncino, la fotografia di una ragazza, ed
15 esclama:

« Don Livio, donna Carla, un parere. Mi sono fidanzato, modestamente. Delle femmine come voi, donna Carla, si è perduto lo stampo. Ho dovuto contentarmi di Flavia. Ci sposiamo in dicembre ».
20 Ebbi, lo ammetto, uno strano e tagliente dolore. Vincenzo se ne andrà, Vincenzo ci lascerà in dicembre, in dicembre. Almeno sapessi dirgli quanto mi dispiace. Ma l'invincibile ritegno lombardo me lo vieta. Proprio a me, doveva capitare di affezionarmi a un terrone.

(From *Mal di Galleria*, Bompiani, Milano, 1958. Reproduced here with the permission of the publisher.)

15. NATALIA GINZBURG
(Palermo 1916)

NATALIA GINZBURG is a distinguished novelist, short-story writer, essayist, and translator of Marcel Proust and other French writers. Born in Palermo, she grew up in Turin where her father, Giuseppe Levi, was professor of anatomy. She was closely associated with Elio Vittorini and Cesare Pavese whose influence is discernible in her writings. While still very young, she began to write short stories for the Florentine magazine *Solaria*. In 1938 she married Leone Ginzburg, a promising young literary critic who, in 1934, had been imprisoned as one of the leaders of the underground movement *Giustizia e Libertà*. They had four children. In 1944 Leone Ginzburg was again arrested by the Fascists and after being tortured by the Gestapo died in a Roman prison. Mother and children went into hiding for the duration of the war. When Italy was liberated, Signora Ginzburg returned to Turin and went to work for the publisher Giulio Einaudi.

In 1942, during the Fascist anti-Semitic campaign, Natalia Ginzburg published her first novel, *La strada che va in città* (*The Road to the City*), under the name of Alessandra Torninparte. It deals with the short flight and rapid fall of a teenager who runs away from the stagnant life of her home town to try her wings in the bustling life of the neighboring city. The novel, republished with the addition of three short stories in 1945, was widely acclaimed by critics for its deceptively limpid style and its crisp, faultless precision.

Natalia Ginzburg loathes writing articles, essays, book reviews or anything remotely connected with "culture". On the other hand, she thoroughly enjoys writing stories which she can weave from her memories or her imagination. Not a prolific writer, she usually publishes a book every four or five years. Her characters generally seem affected by physical or moral erosion. They are for the most part non-conformist middle-class women who long for love and companionship but are enmeshed in unbreakable family ties or embroiled in events they cannot dominate. They live lives that alternate between hope and regret, longing and nostalgia for an irretrievable past. Almost always they end by sacrificing themselves for others.

Her style is highly personal. She favors short, pithy, staccato sentences which convey with masterful restraint the complexities which underlie the feminine mind, its convolutions, aspirations and disquietudes.

È stato così (*The Dry Heart*) is a well-realized novel about a young wife who, finding herself unable to cope any longer with a life of corrosive doubt, kills her faithless husband before putting an end to her own tormented existence. *Tutti i nostri ieri* (*A Light for Fools*) is a vigorous, fast-paced story of two families that epitomize, in their experiences with Fascism, war and liberation, the virtues and shortcomings of an entire generation. In *Valentino* are etched three vibrant full-sized portraits of three tense women who rebel against the monotony of their dull lives only to be defeated by the very things they crave. *Le voci della sera* (*Voices of the Evening*), set in a claustrophobic Piedmontese town, relates the dramatic end of a love affair, of a family and of a little world, the whole accepted with pained resignation. The intimate and outer world in which the author grew up and matured is described with a refreshing combination of offhand wit and clinical detachment in *Lessico famigliare* (*Family Scenes*), a book of memories which reads like a true novel and purportedly tells about her family, her friends and the politico-literary life in Turin under Fascism.

Natalia Ginzburg is the recipient of four literary prizes. She now lives in Rome, has remarried but still writes under the name of her first husband to honor his memory.

Lui e io is taken from *Le piccole virtù,* a collection of bitingly breezy articles published in various magazines between 1944 and 1962. The disarming, urbane yet ironical analysis of a happy and companionable marriage emerges from a candid contrast between husband and wife, pointing up the idiosyncrasies, petty defects and small virtues of each. *"Io"* is Natalia Ginzburg herself and *"Lui"* is her second husband, Gabriele Baldini, literary critic and professor of English literature at the University of Rome.

Lui e io

Lui ha sempre caldo; io sempre freddo. D'estate, quando è veramente caldo, non fa che lamentarsi del gran caldo che ha. Si sdegna se vede che m'infilo, la sera, un golf.

Lui sa parlare bene alcune lingue; io non ne parlo bene nessuna. Lui riesce a parlare, in qualche suo modo, anche le 5 lingue che non sa.

Lui ha un grande senso dell'orientamento; io nessuno. Nelle città straniere, dopo un giorno, lui si muove leggero come una farfalla. Io mi sperdo nella mia propria città; devo chiedere indicazioni per ritornare alla mia propria casa. Lui 10 odia chiedere indicazioni; quando andiamo per città sconosciute, in automobile, non vuole che chiediamo indicazioni e mi ordina di guardare la pianta topografica. Io non so guardare le piante topografiche, m'imbroglio su quei cerchiolini rossi, e si arrabbia. 15

Lui ama il teatro, la pittura, e la musica: soprattutto la musica. Io non capisco niente di musica, m'importa molto poco della pittura, e m'annoio a teatro. Amo e capisco una cosa sola al mondo, ed è la poesia.

Lui ama i musei, e io ci vado con sforzo, con uno spiace-
vole senso di dovere e fatica. Lui ama le biblioteche, e io
le odio.

Lui ama i viaggi, le città straniere e sconosciute, i risto-
5 ranti. Io resterei sempre a casa, non mi muoverei mai.

Lo seguo, tuttavia, in molti viaggi. Lo seguo nei musei,
nelle chiese, all'opera. Lo seguo anche ai concerti, e mi
addormento.

Siccome conosce dei direttori d'orchestra, dei cantanti,
10 gli piace andare, dopo lo spettacolo, a congratularsi con
loro. Lo seguo per i lunghi corridoi che portano ai camerini
dei cantanti, lo ascolto parlare con persone vestite da car-
dinali e da re.

Non è timido; e io sono timida. Qualche volta, però, l'ho
15 visto timido. Coi poliziotti, quando s'avvicinano alla nostra
macchina armati di taccuino e matita. Con quelli diventa
timido, sentendosi in torto.

E anche non sentendosi in torto. Credo che nutra rispetto per l'autorità costituita.

20 Io, l'autorità costituita, la temo, e lui no. Lui ne ha rispetto. È diverso. Io, se vedo un poliziotto avvicinarsi per
darci la multa, penso subito che vorrà portarmi in prigione.
Lui, alla prigione, non pensa; ma diventa, per rispetto,
timido e gentile.

25 Per questo, per il suo rispetto verso l'autorità costituita,
ci siamo, al tempo del processo Montesi,[1] litigati fino al
delirio.

A lui piacciono le tagliatelle, l'abbacchio, le ciliege, il
vino rosso. A me piace il minestrone, il pancotto, la frittata,
30 gli erbaggi.

---

[1] *procèsso Montési:* Montesi trial. Reference to the clamorous trial in the
late '50's of highly-placed personalities of the Roman *dolce vita* allegedly
involved in the unsolved death of Wilma Montesi, a Roman girl.

Suole dirmi che non capisco niente, nelle cose da mangiare; e che sono come certi robusti fratacchioni, che divorano zuppe di erbe nell'ombra dei loro conventi; e lui, lui è un raffinato, dal palato sensibile. Al ristorante, s'informa a lungo sui vini; se ne fa portare due o tre bottiglie, 5 le osserva e riflette, carezzandosi la barba pian piano.

In Inghilterra, vi sono certi ristoranti dove il cameriere usa questo piccolo cerimoniale: versare al cliente qualche dito di vino nel bicchiere, perché senta se è di suo gusto. Lui odiava questo piccolo cerimoniale; e ogni volta impediva al 10 cameriere di compierlo, togliendogli di mano la bottiglia. Io lo rimproveravo, facendogli osservare che a ognuno dev'essere consentito di assolvere alle proprie incombenze.

Cosí, al cinematografo, non vuol mai che la maschera lo accompagni al posto. Gli dà subito la mancia, ma fugge in 15 posti sempre diversi da quelli che la maschera, col lume, gli viene indicando.

Al cinematografo, vuole stare vicinissimo allo schermo. Se andiamo con amici, e questi cercano, come la maggior parte della gente, un posto lontano dallo schermo, lui si 20 rifugia, solo, in una delle prime file. Io ci vedo bene, indifferentemente, da vicino e da lontano; ma essendo con amici, resto insieme a loro, per gentilezza; e tuttavia soffro, perché può essere che lui, nel suo posto a due palmi dallo schermo, siccome non mi son seduta al suo fianco sia offeso con me. 25

Tutt'e due amiamo il cinematografo; e siamo disposti a vedere, in qualsiasi momento della giornata, qualsiasi specie di film. Ma lui conosce la storia del cinematografo in ogni minimo particolare; ricorda registi e attori, anche i piú antichi, da gran tempo dimenticati e scomparsi; ed è pronto a 30 fare chilometri per andare, a cercare, nelle piú lontane periferie, vecchissimi film del tempo del muto, dove comparirà magari per pochi secondi un attore caro alle sue piú remote memorie d'infanzia. Ricordo, a Londra, il pomeriggio d'una

domenica; davano in un lontano sobborgo sui limiti della campagna un film sulla Rivoluzione francese, un film del '30, che lui aveva visto da bambino, e dove appariva per qualche attimo un'attrice famosa a quel tempo. Siamo andati in mac-
5 china alla ricerca di quella lontanissima strada; pioveva, c'era nebbia, abbiamo vagato ore e ore per sobborghi tutti uguali, tra schiere grige di piccole case, grondaie, lampioni e cancelli; avevo sulle ginocchia la pianta topografica, non riuscivo a leggerla e lui s'arrabbiava; infine, abbiamo trovato
10 il cinematografo, ci siamo seduti in una sala del tutto deserta. Ma dopo un quarto d'ora, lui già voleva andar via, subito dopo la breve comparsa dell'attrice che gli stava a cuore; io invece volevo, dopo tanta strada, vedere come finiva il film. Non ricordo se sia prevalsa la sua o la mia volontà; forse, la
15 sua, e ce ne siamo andati dopo un quarto d'ora; anche perché era tardi, e benché fossimo usciti nel primo pome-riggio, ormai era venuta l'ora di cena. Ma pregandolo io di raccontarmi come si concludeva la storia, non ottenevo nessuna risposta che m'appagasse; perché, lui diceva, la
20 storia non aveva nessuna importanza, e la sola cosa che contava erano quei pochi istanti, il profilo, il gesto, i riccioli di quell'attrice.

Io non mi ricordo mai i nomi degli attori; e siccome sono poco fisionomista, riconosco a volte con difficoltà anche i
25 piú famosi. Questo lo irrita moltissimo; gli chiedo chi sia quello o quell'altro,[2] suscitando il suo sdegno; « non mi dirai—dice—non mi dirai che non hai riconosciuto William Holden! »[3]

Effettivamente, non ho riconosciuto William Holden. E
30 tuttavia, amo anch'io il cinematografo; ma pur andandoci da tanti anni, non ho saputo farmene una cultura. Lui se ne è

---

[2] *gli chièdo chi sia quéllo o quéll'altro:* I ask him who is this actor or that star.
[3] *William Holden* (1918-): American motion picture star.

fatto, invece, una cultura: si è fatto una cultura di tutto quello che ha attratto la sua curiosità; e io non ho saputo farmi una cultura di nulla, nemmeno delle cose che ho piú amato nella mia vita: esse sono rimaste in me come immagini sparse, alimentando sí la mia vita di memorie e di commozione ma senza colmare il vuoto, il deserto della mia cultura.

Mi dice che manco di curiosità: ma non è vero. Provo curiosità di poche, pochissime cose; e quando le ho conosciute, ne conservo qualche sparsa immagine, la cadenza d'una frase o d'una parola. Ma il mio universo, dove affiorano tali cadenze ed immagini, isolate l'una dall'altra e non legate da alcuna trama se non segreta, a me stessa ignota e invisibile, è arido e malinconico. Il suo universo invece è riccamente verde, riccamente popolato e coltivato, una fertile e irrigua campagna dove sorgono boschi, pascoli, orti e villaggi.

Per me, ogni attività è sommamente difficile, faticosa, incerta. Sono molto pigra, e ho un'assoluta necessità di oziare, se voglio concludere qualcosa, lunghe ore sdraiata sui divani. Lui non sta mai in ozio, fa sempre qualcosa; scrive a macchina velocissimo, con la radio accesa; quando va a riposare il pomeriggio, ha con sé delle bozze da correggere o un libro pieno di note; vuole, nella stessa giornata, che andiamo al cinematografo, poi a un ricevimento, poi a teatro. Riesce a fare, e anche a farmi fare, nella stessa giornata, un mondo di cose diverse; a incontrarsi con le persone piú disparate; e se io son sola, e tento di fare come lui, non approdo a nulla, perché là dove intendevo trattenermi mezz'ora resto bloccata tutto il pomeriggio, o perché mi sperdo e non trovo le strade, o perché la persona piú noiosa e che meno desideravo vedere mi trascina con sé nel luogo dove meno desideravo di andare.

Se gli racconto come si è svolto un mio pomeriggio, lo

trova un pomeriggio tutto sbagliato, e si diverte, mi canzona
e s'arrabbia; e dice che io, senza di lui, non son buona a
niente.

Io non so amministrare il tempo. Lui sa.

5   Gli piacciono i ricevimenti. Ci va vestito di chiaro,
quando tutti son vestiti di scuro; l'idea di cambiarsi di vestito,
per andare a un ricevimento, non gli passa per la testa. Ci va
magari col suo vecchio impermeabile e col suo cappello
sbertucciato: un cappello di lana che ha comprato a Londra,
10   e che porta calato sugli occhi. Sta là solo mezz'ora, gli piace,
per una mezz'ora, chiacchierare con un bicchiere in mano;
mangia molti pasticcini, io quasi nessuno, perché vedendo
lui mangiare tanto penso che io almeno, per educazione
e riserbo, devo astenermi dal mangiare; dopo mezz'ora,
15   quando comincio un poco ad ambientarmi e a star bene, si
fa impaziente e mi trascina via.

Io non so ballare e lui sa.

Non so scrivere a macchina; e lui sa.

Non so guidare l'automobile. Se gli propongo di pren-
20   dere anch'io la patente, non vuole. Dice che tanto non ci
riuscirei mai. Credo che gli piaccia che io dipenda, per
tanti aspetti, da lui.

Io non so cantare, e lui sa. È un baritono. Se avesse studiato il canto, sarebbe forse un cantante famoso.

25   Se avesse studiato musica, sarebbe forse diventato un di-
rettore d'orchestra. Quando ascolta i dischi, dirige l'orchestra con una matita. Intanto scrive a macchina, e risponde
al telefono. È un uomo che riesce a fare, nello stesso momento, molte cose.

30   Fa il professore e credo che lo faccia bene.

Avrebbe potuto fare molti mestieri. Ma non rimpiange
nessuno dei mestieri che non ha fatto. Io non avrei potuto
fare che un mestiere, un mestiere solo: il mestiere che ho
scelto, e che faccio, quasi dall'infanzia. Neanch'io non rim-

piango nessuno dei mestieri che non ho fatto: ma io tanto, non avrei saputo farne nessuno.

Io scrivo dei racconti, e ho lavorato molti anni in una casa editrice.

Non lavoravo male, ma neanche bene. Tuttavia mi rendevo conto che forse non avrei saputo lavorare in nessun altro luogo. Avevo, con i miei compagni di lavoro e col mio padrone, rapporti d'amicizia. Sentivo che, se non avessi avuto intorno a me questi rapporti d'amicizia, mi sarei spenta e non avrei saputo lavorare piú. [10]

Ho coltivato a lungo in me l'idea di poter lavorare, un giorno, a sceneggiature per il cinema. Tuttavia non ne ho mai avuta l'occasione, o non ho saputo cercarla. Ora ho perso la speranza di lavorare mai a sceneggiature. Lui ha lavorato a sceneggiature, un tempo, quand'era piú giovane. [15] Ha lavorato lui pure in una casa editrice. Ha scritto racconti. Ha fatto tutte le cose che ho fatto io, piú molte altre.

Rifà bene il verso alla gente, e soprattutto a una vecchia contessa. Forse riusciva a fare anche l'attore.

Una volta, a Londra, ha cantato in un teatro. Era [20] Giobbe. Aveva dovuto noleggiare un frac; ed era là, in frac, davanti a una specie di leggío; e cantava. Cantava le parole di Giobbe; qualcosa tra la dizione e il canto. Io, in un palco, morivo di paura. Avevo paura che s'impappinasse, o che gli cadessero i calzoni del frac. [25]

Era circondato di uomini in frac, e di signore vestite da sera, che erano gli angeli e i diavoli e gli altri personaggi di Giobbe.

È stato un grande successo, e gli hanno detto che era molto bravo. [30]

Se io avessi amato la musica, l'avrei amata con passione. Invece non la capisco; e ai concerti, dove a volte lui mi costringe a seguirlo, mi distraggo e penso ai casi miei. Oppure cado in un profondo sonno.

Mi piace cantare. Non so cantare, e sono stonatissima; canto tuttavia, qualche volta, pianissimo, quando son sola. Che sono cosí stonata, lo so perché me l'hanno detto gli altri; dev'essere, la mia voce, come il miagolare d'un gatto. Ma io,
5 da me, non m'accorgo di nulla; e provo, nel cantare, un vivo piacere. Lui, se mi sente, mi rifà il verso; dice che il mio cantare è qualcosa fuóri della musica; qualcosa di inventato da me.

Mugolavo, da bambina, dei motivi di musica, inventati
10 da me. Era una lunga melopea lamentosa, che mi faceva venir le lagrime agli occhi.

Di non capire la pittura, le arti figurative, non me ne importa; ma soffro di non amare la musica, perché mi sembra che il mio spirito soffra per la privazione di questo
15 amore. Pure non c'è niente da fare; non capirò mai la musica, non l'amerò mai. Se a volte sento una musica che mi piace, non so ricordarla; e allora come potrei amare una cosa, che non so ricordare?

Ricordo, di una canzone, le parole. Posso ripetere all'in-
20 finito le parole che amo. Ripeto anche il motivo che le accompagna, al mio modo, nel mio miagolare; e provo, cosí miagolando, una sorta di felicità.

Mi sembra di seguire, nello scrivere, una cadenza e un metro musicale. Forse la musica era vicinissima al mio
25 universo, e il mio universo, chissà perché, non l'ha accolta.

Tutto il giorno si sente musica, in casa nostra. Lui tiene tutto il giorno la radio accesa. O fa andare dei dischi. Io protesto, ogni tanto, chiedo un po' di silenzio per poter lavorare; ma lui dice che una musica tanto bella è certo
30 salubre per ogni lavoro.

Si è comprato un numero di dischi incredibile. Possiede, dice, una delle piú belle discoteche del mondo.

Al mattino, in accappatoio, stillante dell'acqua del bagno, accende la radio, si siede alla macchina da scrivere e comincia la sua laboriosa, tempestosa e rumorosa giornata. È in tutto sovrabbondante: riempie la vasca del bagno fino a farla straripare; riempie la teiera, e la tazza del tè, fino a farle strabordare. Ha un numero stragrande di camicie e cravatte. Raramente, invece, compra scarpe. 5

Era, dice sua madre, da bambino, un modello di ordine e di precisione; e pare che una volta che doveva attraversare certi rigagnoli pieni di fango, in campagna, in un giorno di pioggia, con stivaletti bianchi e veste bianca, era alla fine della passeggiata immacolato e senza una chiazza 10 di fango sull'abito e gli stivaletti. Ora non c'è in lui traccia di quell'antico, immacolato bambino. I suoi vestiti sono sempre pieni di macchie. È diventato disordinatissimo.

Conserva però, con puntiglio, tutte le ricevute del gas. Trovo nei casseʻti remote ricevute del gas, di alloggi lasciati 15 da tempo, e che lui si rifiuta di buttar via.

Trovo, anche, dei sigari toscani, vecchissimi e incartapecoriti, e bocchini di legno di ciliegio.

Io fumo sigarette Stop, lunghe, senza filtro. Lui, a volte, quei sigari toscani. 20

Io sono disordinatissima. Sono però diventata, invecchiando, nostalgica dell'ordine e riordino, a volte, con grande zelo gli armadi. Mi ricordo, credo, di mia madre. Riordino gli armadi della biancheria, delle coperte, e ricopro ogni cassetto, nell'estate, di teli candidi. Raramente riordino le 25 mie carte, perché mia madre, non usando scrivere, non aveva carte. Il mio ordine, e il mio disordine, son pieni di rammarico, di rimorsi, di sentimenti complessi. Lui, il suo disordine è trionfante. Ha deciso che per una persona come lui, che studia, avere il tavolo in disordine è legittimo e 30 giusto.

Lui non migliora, in me, l'irresolutezza, l'incertezza in ogni azione, il senso di colpa. Usa ridere e canzonarmi per ogni mia minima azione. Se vado a fare la spesa al mercato,

lui a volte, non visto, mi segue e mi spia. Mi canzona poi
per il modo come ho fatto la spesa, per il modo come ho
soppesato gli aranci nella mano, scegliendo accuratamente,
lui dice, i peggiori di tutto il mercato, mi schernisce perché
5 ho impiegato un'ora a fare la spesa, ho comprato a un
banco le cipolle, a un banco i sedani, a un altro la frutta. A
volte, fa lui la spesa, per dimostrarmi come si può fare
velocemente: compra tutto a un unico banco, senza nessuna
incertezza; e riesce a farsi mandare il cesto a casa. Non
10 compra sedani, perché non li può soffrire.

Cosí, io piú che mai ho il dubbio di sbagliare in ogni
cosa che faccio. Ma se una volta scopro che è lui a sbagliare,
glielo ripeto fino all'esasperazione. Perché io sono a volte
noiosissima.

15 Le sue furie sono improvvise, e traboccano come spuma
di birra. Le mie furie sono anche improvvise. Ma le sue
svaporano subito; e le mie, invece, lasciano uno strascico
lamentoso e insistente, noiosissimo credo, una specie di
amaro miagolío.

20 Piango, a volte, nel turbine delle sue furie; e il mio
pianto, invece di impietosirlo e placarlo, lo fa arrabbiare
ancora di piú. Dice che il mio pianto è tutta una commedia;
e forse è vero. Perché io sono, in mezzo alle mie lagrime e
alla sua furia, pienamente tranquilla.

25 Sui miei dolori reali, non piango mai.

Usavo scagliare, un tempo, nelle mie furie, piatti e stovi-
glie per terra. Ma adesso non piú. Forse perché sono invec-
chiata, e le mie furie son meno violente; e poi non oserei ora
toccare i nostri piatti, a cui sono affezionata, e che abbiamo
30 comprato a Londra, un giorno, a Portobello road.[4]

Il prezzo di questi piatti, e di molte altre cose che abbiamo comprato, ha subìto, nella sua memoria, un forte

---

[4] *Portobèllo road:* A London street famous for its antique shops and
secondhand stalls.

ribasso. Perché gli piace pensare d'aver speso poco, e d'avere fatto un buon affare. Io so il prezzo di quel servizio di piatti, ed erano sedici sterline; ma lui dice dodici. Cosí per il quadro di re Lear, che sta nella nostra stanza da pranzo: un quadro che lui ha comprato pure a Portobello, e che ha 5 pulito con cipolle e patate; e dice ora di averlo pagato una cifra, che io ricordo molto piú grande.

Ha comprato, anni fa, allo Standard,[5] dodici scendiletti. Li ha comprati perché costavano poco, e gli sembrava di doverne fare provvista; li ha comprati per polemica, 10 trovando che io non ero buona di comprare nulla per la casa. Questi scendiletti, di stuoia color vinaccia, sono diventati, in poco tempo, repellenti: son diventati di una rigidità cadaverica; e io li odiavo, appesi al filo di ferro del balcone di cucina. Usavo rinfacciarglieli, come esempio di 15 una cattiva spesa; ma lui diceva che erano costati poco, pochissimo, quasi nulla. C'è voluto del tempo, prima che riuscissi a buttarli via: perché erano cosí tanti, e perché al momento di buttarli mi veniva il dubbio che potessero servire da stracci. Abbiamo, lui e io, una certa difficoltà a buttar via 20 le cose: in me, dev'essere una forma ebraica di conservazione, e il frutto della mia grande irresolutezza; in lui, dev'essere una difesa dalla sua mancanza di parsimonia e dalla sua impulsività.

Lui usa comprare, in grande quantità, bicarbonato e 25 aspirina.

È, qualche volta, malato, di suoi misteriosi malesseri; non sa spiegare che cosa si sente; se ne sta a letto per un giorno, tutto ravviluppato nelle lenzuola; non si vede che la sua barba, e la punta del suo naso rosso. Prende allora 30 bicarbonato e aspirina, in dosi da cavallo; e dice che io non lo posso capire, perché io, io sto sempre bene, sono come

---

[5] *Standard:* A well-known London store.

quei fratacchioni robusti, che si espongono senza pericolo al vento e alle intemperie; e lui è invece fine e delicato, sofferente di malattie misteriose. Poi la sera è guarito, e va in cucina a cuocersi le tagliatelle.

5   Era, da ragazzo, bello, magro, esile, non aveva allora la barba, ma lunghi e morbidi baffi; e rassomigliava all'attore Robert Donat.[6] Era cosí quasi vent'anni fa, quando l'ho conosciuto; e portava, ricordo, certi camiciotti scozzesi, di flanella, eleganti. Mi ha accompagnata, ricordo, una sera, alla
10 pensione dove allora abitavo; abbiamo camminato insieme per via Nazionale.[7] Io mi sentivo già molto vecchia, carica di esperienza e d'errori; e lui mi sembrava un ragazzo, lontano da me mille secoli. Cosa ci siamo detti quella sera, per via Nazionale, non lo so ricordare; niente d'importante, sup-
15 pongo; era lontana da me mille secoli l'idea che dovessimo diventare, un giorno, marito e moglie. Poi ci siamo persi di vista; e quando ci siamo di nuovo incontrati, non rassomigliava piú a Robert Donat, ma piuttosto a Balzac.[8] Quando ci siamo di nuovo incontrati, aveva sempre quei
20 camiciotti scozzesi, ma ora sembravano, addosso a lui, indumenti per una spedizione polare; aveva ora la barba, e in testa lo sbertucciato cappelluccio di lana; e tutto in lui faceva pensare a una prossima partenza per il Polo Nord. Perché, pur avendo sempre tanto caldo, sovente usa vestirsi
25 come se fosse circondato di neve, di ghiaccio e di orsi bianchi; o anche invece si veste come un piantatore di caffè nel Brasile; ma sempre si veste diverso da tutta l'altra gente.

Se gli ricordo quell'antica nostra passeggiata per via Nazionale, dice di ricordare, ma io so che mente e non

---

[6] *Robert Donat* (1905-1958): British motion picture star renowned for his good looks and his role in *The Ghost Goes West*.

[7] *via Nazionale:* One of the major thoroughfares of Rome.

[8] *Balzàc, de Honoré* (1799-1850): Famous French novelist of imposing girth in his middle years.

ricorda nulla; e io a volte mi chiedo se eravamo noi, quelle
due persone, quasi vent'anni fa per via Nazionale; due persone che hanno conversato cosí gentilmente, urbanamente,
nel sole che tramontava; che hanno parlato forse un po' di
tutto, e di nulla; due amabili conversatori, due giovani 5
intellettuali a passeggio; cosí giovani, cosí educati, cosí
distratti, cosí disposti a dare l'uno dell'altra un giudizio
distrattamente benevolo; cosí disposti a congedarsi l'uno
dall'altra per sempre, quel tramonto, a quell'angolo di
strada.   10

(From *Le piccole virtù*, Einaudi, Torino, 1962. Reproduced here
with the permission of the publisher.)

16. GIUSEPPE CASSIERI
(Rod Gargánico, Foggia, 1926)

GIUSEPPE CASSIERI was born in a picturesque small town situated on the spur of the Italian boot overlooking the Tremiti Islands. He comes from an ancient family of seafarers engaged for generations in trade along the coasts of Italy, Yugoslavia and Greece. Outgoing, resourceful and happy-go-lucky, Cassieri in his youth was a jack-of-all-trades. Soon after the end of the war, when no means of communications were available, he loaded a makeshift, "cannibalized" trawler with fruit and wood and traded his wares along the Adriatic. He would have become a sea captain had not the ambitions of his parents, war events and his own restlessness induced him to pursue his studies at the University of Florence from which he received his doctorate in Letters and Philosophy. He taught for a number of years and then began to write. In 1952 Cassieri published his first book, *Aria cupa,* an autobiographical novel which was favorably received by the critics, was awarded the Gargano Prize and involved its author in a clamorous lawsuit. His second novel, *Dove abita il prossimo,* written in a neorealistic vein, brought him the Veillon International Prize and established him among the foremost writers of his generation.

In his early works Cassieri revealed a not always felicitous tendency of mixing realism with surrealism or of allowing his vigorous, instinctive imagination to ride herd over his realistic intentions. But he soon succeeded in establishing a harmonious balance between realism and imagination which he skillfully blends with hilarious comic invention and biting satire.

Cassieri stages his stories in Rome where he lives or near the sea where he was born. His characters are drawn from the bourgeoisie: pseudo-intellectuals, quacks, hotel managers, speculators, politicians, beauticians, advertising agents and public relations men caught up in the absurdities of modern life.

Among his best works are *I delfini sulle tombe* (1958 Salento Prize) which portrays the dramatic revolt against nature, government bureaucracy and fake archeologists on the part of a small community living in the god-and-man-forgotten Tremiti Islands; *La cocuzza* (*So It Goes*), a sophisticated spoof on the tragi-comic plight of a handsome, débonair Roman bureaucrat and lady-killer who is threatened with premature baldness; *Il calcinaccio,* a scorching indictment of the corruption existing in the private school system, penned with the brio and swift pacing of an opera buffa; and *Le trombe* (1965 Castellamare Prize), the well-limned portrait of an Italian hidalgo personified in a self-sufficient, self-complacent retired admiral whose mind is buried in the immutable and infallible past. Cassieri's latest collection of short stories, *Un letto per dormire,* appeared in 1966.

Cassieri does not belong to any literary school. His works have been translated into several European languages. He is a regular contributor to periodicals, magazines and cultural radio programs.

Le "pertose" is taken from *La siesta,* a collection of short stories published in 1959. As he reports the experiences of Natalina, a peasant girl working in Rome as a housemaid, Cassieri gives us an insight into the old prejudices and false sense of honor which still prevail in remote Italian districts.

Le "pertose"

S otto certi aspetti Natalina non è da rimpiangere.
Si aggirava taciturna per la casa, spesso nostalgica
del paese, delle sue colline, incapace di orizzontarsi tra le
suppellettili più comuni. Scambiava la tovaglia con l'asciugamani, le scodelle con vecchie ciotole per la pappa della 5
cucciolata, nè c'era verso di correggerle un vocabolo im-
proprio. Il suo cervello al minimo tocco di una novità si
ritraeva suscettibile come le corna di una lumaca. Covava
un animalesco terrore degli ospiti, di chiunque non rientrasse
nella sfera delle sue conoscenze bloccate a un certo argine. 10
Quando si annunciavano visite, inventava la febbre e si
ficcava a letto. In compenso dimenava braccia volenterose
in fontana, mai soddisfatta del candore raggiunto dai panni,
era paziente con i bambini e, nel vitto, di una parsimonia
che avrebbe sconcertato la più tirchia massaia. Il caffellatte 15
a colazione le pareva bevanda da malati, lei preferiva larghe
fette di pane con un pomodoro schiacciato nel mezzo, e così
avrebbe preferito, ma si rassegnava al diverso andazzo per
non dispiacere alla signora, a pranzo e a cena, sempre.
I pavimenti passati a cera erano il suo cruccio maggiore, le 20
fomentavano quell'odio misto di ammirazione che. provo-
cano le cose che non si lasciano conquistare malgrado la
nostra passione. Vi si avventurava con la prudenza di uno

---

[1] (Title) *Le "pertòse"*: Southern Italian dialect for *àsole*, buttonholes.

sminatore, si puntellava agli stipiti, a volte scivolava clamorosamente. I suoi piedi, un po' gonfi nelle scarpe di qualunque misura le compresse, adusati ai ciottoli della sua Serranova[2] ..., non riuscivano ad aderire alla superficie levigata. Si produceva una specie di refrattarietà di corpi, slittavano.

Dopo il bucato, l'occupazione preferita era spolverare il cristallo dello scrittoio. Passava lo straccio appena inumidito, come le era stato insegnato, e scopriva (ogni giorno rinasceva il senso della scoperta) che era nientemeno quel velo etereo di polvere a offuscare le immagini, quell'assurda inezia che assorbita dallo straccio, permetteva agli occhi di ritrovarsi, al sorriso di moltiplicarsi nella bocca stupefatta.

Come rimproverarle la lungaggine, farle capire che esisteva lo specchio dell'armadio nella sua cameretta apposta perché vi si contemplasse? Non era la stessa sorpresa. Nella cameretta la figura rimbalzava tutt'insieme, scolpita in un modo che la turbava, la respingeva vergognosa. Arrossiva di ritrovarsi ripetuta dall'altra parte dello specchio come se tradisse una regola fondamentale del pudore. Soprattutto non riusciva a capire come quella lastra luminosa che le rimandava fin le punte forcute dei capelli, si rifiutasse di rivelare gli abiti, le stampelle, le cento carabattole che dietro di sè custodiva.[3] Nè comprendeva perchè allungando la mano destra contro lo specchio, quella riflessa dovesse risultare sinistra.

Il cristallo dello scrittoio invece, pur presentando i medesimi echi arbitrari, come vedere il lampadario sorgere da terra anzichè discendere dal cielo, aveva il vantaggio di addolcirle i contorni, le smaltava le guancie troppo ruvide al naturale, le inghiottiva le macchie versicolori della pelle.

In segreto cominciava a interessarsi di sè, pian piano si

---

2 *Serranòva:* Fictitious name for a town in the Province of Fòggia (Apulia).
3 *le cènto carabàttole che diètro di sè custodiva:* the innumerable knick-knacks which were stored behind her.

sbindolava un filo di ribellione sotto la scorza dei doveri pattuiti, e il desiderio di trovarsi anch'ella un fidanzato come tutte le domestiche della palazzina.

Ma Natalina non era una comune domestica, non doveva esserlo. Il padre, nel consegnarmela, era stato perentorio, fin troppo ligio ai suoi principî. « Viene con voi a Roma e sta bene. Vi ringrazio. È una bocca che mi levate di torno[4] e spero che Natalina aprirà la strada alle cinque sorelle che aspettano il mio salario per mangiare. Però non deve uscire mai sola, conosco anch'io la città. Ho venduto fichidindia a Trieste, a Fiume. E poi... ».

« Dite » lo incoraggio.

« Nessuno dovrà sapere a Serranova che mia figlia viene a Roma a fare la serva ».

« Ma non dovete neppure pronunziarla questa orribile parola! protesto—Donna di servizio non è più serva, oggi. Una che collabora con i suoi precisi diritti al buon andamento di una famiglia: tutto qui ».

« Sì, dottore—risponde, guardando di sottecchi la figlia —ma al nostro paese non l'intendono così. Una donna che di punto in bianco si prepara il fagottino e parte per Roma o è donnaccia o è serva... Vedete, da noi una sola cosa conta: l'onore. Io ci tengo! Se qualcuno, fosse pure mio fratello, mi domandasse: è vero che tua figlia va a servire? bè, io gli direi: non lo pensare più, se no ti faccio vedere questo! ». E mostrò, terribile, il serramanico. « Perciò—riprese—vi prego di fare un'eccezione, vi prego di lasciarci tranquilli in casa ».

« Cioè » feci un po' infastidito dalla serie di condizioni che andava ammucchiando.

« Ecco,—proseguì, tormentando la falda del cappelluccio—se vi interrogano, qui a Serranova o a Roma, non

---

[4] *È una bócca che mi levate di tórno:* It means a mouth less for me to feed.

LE "PERTOSE"

so, qualche paesano di transito, rispondete per piacere che Natalina lavora con voi da sarta. Non una sarta rifinita, intendiamoci, ma una che fa le *pertose* » e mi indicò le asole della sua giacca per farmi capire. « Così ci siamo permessi
5 di dire ai parenti, agli amici, ai vicini. A voi che importa, in fondo. Siete un forestiero. Acconsentite, dottore? ».
« Il sottoscritto sarto e vostra figlia asolaia—riepilogo dubbioso—E va bene. E sia ».
L'uomo parve liberato, quasi felice. Non altrettanto po-
10 tevo dirmi io, avvilito più che dalla contraffazione in sè, da quel dover impegnarmi a sorreggere una finzione, a badare a non smentirla, e accettarne le eventuali conseguenze. Mi confortai subito però. Una volta a Roma, il veto di Serra-nova cadeva, e Natalina si sarebbe pure lei spiccicata di
15 dosso false etichette e imboniture. Liberandosi, mi avrebbe liberato.
« Va bene—riaffermai—è inteso che venga a fare le *pertose* ».
Quasi a giustificare la pronta condiscendenza e darle un
20 pretesto di plausibilità, mi rammentai che di fronte a casa mia si ergeva l'insegna di un sarto lucano. Natalina avrebbe potuto pian piano interessare il proprietario, ottenere l'impiego della sorella Maria che a Serranova si arrangiava da sartina, e forse ella stessa un giorno avrebbe fatto il salto
25 da domestica ad asolaia, secondo il desiderio del padre.
Le stesse origini della vicina sartoria incoraggiavano a pensare che vi sarebbe stata comprensione per una ragazza che premeva dal Sud in cerca di lavoro meglio retribuito. Avevo seguito l'evoluzione della famigliola nel giro di
30 quattro cinque anni, da quando avevano occupato un garage adibendolo metà a laboratorio, metà ad abitazione, e in quest'ultima parte nemmeno uno spioncino; di quando la sera abbassavano la saracinesca e loro dentro come sorci volontari nell'acchiappatopi, diffondendo intorno l'angoscia

che potessero morire asfissiati. E poi il batticuore di venir denunziati all'Ufficio d'Igiene, le pulizie frettolose prima che spuntasse giorno, la costante preoccupazione di non lasciar trapelare la loro esistenza. Col tempo, il garage si era trasformato in comodo negozio, avevano affittato l'appartamento soprastante, si erano formati una discreta clientela, un po' bulla, di quartiere, ma di borsa pronta, grazie a Silvietta, la figlia minore di circa sedici anni soffusa di quel pallore intenso, sidereo delle donne meridionali che fa pensare a un'alba di bosco.

Natalina la guardava come a una mèta straordinaria, ne era innamorata, s'incantava alla finestra col piumino sotto il mento, le diceva « ciao » senza un'ombra di invidia per la coetanea più fortunata.

Un pomeriggio la ragazza bussa al mio studio con una lettera in mano. È restia a parlare, abbassa la testa. « Che c'è? » chiedo. Mi mostra la lettera con un gesto sconsolato. È suo cugino Vituccio, un sergente in congedo che deve sposarsi e prega la parente d'informarsi presso il principale su certe particolarità dell'abito per il viaggio di nozze. Giacometti, il sarto del paese, è all'antica, gli ha già storpiato un doppiopetto. « Ma possibile!—insorgo, dimenticando per un attimo la promessa fatta al padre—Che c'entro io? ».

La ragazza si era addossata alla parete e i suoi occhi dicevano che la paura che si sapesse la verità era più forte del disturbo che mi provocava.

« Bè—mi risolsi—inutile sofisticare. Bisogna provvedere ». Staccai il ricevitore, feci il numero della sartoria di fronte e, lettera di Vituccio alla mano, cercai di mettere insieme una risposta esauriente. Sì, i pantaloni tornavano di moda col risvolto, la giacca a tre bottoni, vita piuttosto larga. « Puoi spedire—le dico.—Tuo cugino viaggerà da milord ».

La settimana dopo, un venerdì, all'ora della posta, Nata-

lina si annuncia timida timida, esita ad entrare. « Scusatemi,
dottore,—balbetta—mio cugino Vituccio... ».
« Ma cos'altro vuole da me questo Vituccio! » scatto.
« Il cappotto... il modello. Che colpa è la mia, dottore,
5 che colpa? ».
Mi trattengo a fatica. Natalina piange ed è l'unica, lo
capisco, ad essere innocente.
« Tuo padre—cerco di scherzare per confortarla—ha la
capa tosta![5] Se avesse detto in paese chiaro e netto: mia
10 figlia va a servizio e basta, che c'era di male? ».
La ragazza difendeva le posizioni del genitore. « Se volete aiutarmi... » disse in preda al singhiozzo.
« E va bene ». Non c'era che da rassegnarsi e richiamare
con mille riguardi il sarto lucano perchè non mi mandasse
15 al diavolo. In termini mezzo ostrogoti l'ex sergente voleva
sapere se la linea del cappotto doveva essere lunga o corta,
di vita bassa o alta, le maniche raglan o attaccate. E se,
infine, andava « moderno » il *cachemire,* dal momento che
a Udine, prima di congedarsi, aveva avuto occasione di
20 acquistarne un taglio a prezzo d'occasione.
« Ecco, spedisci al tuo parente—dico a Natalina con-
segnandole gli elementi della risposta—e aggiungi anche che
si sbrighi a sposarsi! ».
Per due settimane non vi furono novità. Natalina si
25 abituava a camminare sui pavimenti senza slittare, spesso
la sentivamo zufolare. Occorreva appena vincere un certo
disagio allorchè qualche paesano di passaggio cercava della
signorina Cecconi e lei scandiva che stava facendo delle
bellissime *pertose,* e io, sollecitato a confermare, dovevo
30 soggiungere che, sì, la lavorante faceva progressi, si meritava
tutta la simpatia del laboratorio.
Ai primi di novembre, una di quelle giornate uggiose che

---

5 *avére la capa tòsta:* to be hardheaded. Southern Italian dialect.

tramutano i pensieri in crisantemi,[6] sento raspare alla porta dello studio. Non è il cucciolo, non è il gatto. È Natalina che piagnucola. Apro sgomento e la vedo seminascosta da un grosso pacco manomesso.

« Cos'è! » quasi grido.   5

« Mio cugino, quello stupido, ha mandato la stoffa del cappotto... ecco la lettera. Dice che vuol cucirselo qui, a Roma, nel mio laboratorio. Che posso farci io, dottore? ».

« Ah sì? » esplodo. « Ah sì?! e allora scrivi subito a tuo cugino, a tuo padre, al sindaco del paese che ti vengano a 10 ricevere alla stazione perché il laboratorio ha chiuso i battenti, il principale se l'è portato Berlicche,[7] anzi è morto, quello che vuoi, e che tu di conseguenza hai perduto il posto alle *pertose!* ».

Potevo aspettarmi di tutto nei giorni successivi alla par- 15 tenza di Natalina: ricatti, minacce, il serramanico del padre. Tutto, non il biglietto da visita che ora, contornato di scongiuri, giace sul cristallo dello scrittoio tanto amato dalla ragazza.

In esso si esprimono le più sentite condoglianze da parte 20 della famiglia Cecconi a mia moglie e, sulla busta, dopo il nome e cognome della vedova, in un bel tondo da scritturale: *Sartoria.* Un insieme calligrafico senza sbavature, secco e inodoro come un'epigrafe.

(From *La siesta,* Il sodalizio del libro, Venezia, 1959. Reproduced here with the permission of the author.)

[6] *crisantèmo:* chrysanthemum. The chrysanthemum is a late autumn flower which in Italy is commonly used to decorate graves on November 2nd, All Souls' Day. Thus the flower suggests melancholy thoughts.

[7] *Berlicche:* Colloq. for *diàvolo,* here "Old Nick".

ESERCIZI

Una donna sulla testa

A. *Rispondere in italiano alle seguenti domande.*

1. Che era diventato Luigi? 2. Che lingue sapeva parlare il signor Crostarosa? 3. Secondo Luigi, com'è il turista americano? 4. In quanti e chi erano nell'agenzia di viaggi e turismo? 5. Il giorno che Luigi capì tutto in una volta, dov'era andato il signor Crostarosa? 6. Che ossessione aveva la signora Crostarosa? 7. Che pensò Luigi entrando nell'appartamento di via Caroncini? 8. Perchè la signora credeva che nessuno fosse più disoccupato di lei? 9. Quando la signora finalmente si buttò dalla finestra, che le aveva fatto Luigi? 10. Che disse Luigi al professore?

B. *Mettere in italiano le seguenti frasi impiegando la forma appropriata dell'espressione in corsivo.*

1. a) Mr. Crostarosa had had his troubles with his wife. *passarne tante*
   b) I too have gone through a lot working in that agency.

2. a) —Please be patient. It isn't four o'clock yet. *aver pazienza*
   b) He was long-suffering every time Mrs. Crostarosa telephoned him.

3. a) —What is your name? —Mine is Louis. *chiamarsi*
   b) —What do you call those offices where one buys travel tickets? —Travel agencies.

4. a) He really loved his wife and his little girl. *voler bene a*

    b) We are not fond of Miss Peverelli.

5. a) He took the receiver, dialed the number and waited. *formare il numero*

6. a) —Please attend to the clients while I telephone my wife. *occuparsi di*

    b) —Who is going to take care of the little girl?

7. a) We were thirteen in this little room yesterday. *essere in + numeral*

    b) —Louis, how many are you in your family?

8. a) The first time that the office messenger saw her, he was dumbfounded. *rimanere a bocca aperta*

    b) When she told me that her name was Crostarosa, I remained speechless.

9. a) —Please buy the tickets now for tonight's movie. *fare il biglietto*

    b) —Would you believe it? He did not want me to get my ticket.

10. a) —Have a good time, Mary. *divertirsi*

    b) The little girl very quietly amused herself with a doll.

C. *Completare ognuna delle seguenti frasi scegliendo dalle espressioni in margine alla pagina quella corrispondente alle parole inglesi.*

1. *Just to* lavorare faceva il fattorino.

2. Una volta venne all'agenzia *a guy* che voleva andare in Persia.

3. Lui era sempre dolce, paziente, ma lei era *as stubborn as a mule.*

4. —No, no. Lei non ha capito. È *quite another matter.*

5. —Signorina, per piacere, vorrebbe *to type* questa lettera?

6. —Mi dispiace, non posso uscire, aspetto *a long distance call.*

7. —Scusi, signore, mi permette di consultare *the timetable?*

8. Presi l'ascensore e *all of a sudden* fui al secondo piano.

9. *Very quietly* ce ne andammo.

10. —Sa lei, *for instance*, cos'è la disoccupazione?

un'interurbana
tutto ad un tratto
zitti zitti
pur di
un tizio
ostinata come un mulo
per esempio
battere a macchina
tutta un'altra cosa
l'orario

Il viaggio

A. *Rispondere in italiano alle seguenti domande.*

1. Come si chiamava la casa di campagna preferita dai Lampedusa? 2. Secondo l'autore, era bella questa casa? 3. Chi erano le persone che occupavano i due *landaus* chiusi? 4. Che trasportava l'altro veicolo? 5. Com'erano allora i treni? 6. Chi comandava l'esercito dei Mille? 7. Con che facevano colazione i carabinieri? 8. Traversato il Belice e arrivati in cima al versante, perchè anche i Lampedusa scendevano dai *landaus*? 9. A che ora arrivarono i Lampedusa a Santa Margherita e da quante ore viaggiavano? 10. Che dissero i "familiari" ai Lampedusa?

B. *Mettere in italiano le seguenti frasi impiegando la forma appropriata dell'espressione in corsivo.*

1. a) My parents had an exquisite lunch prepared for everybody. *fare* + inf.
   b) My father ordered that bread, meat and dessert be sent also to the policemen.

2. a) I was always happy to see the cemetery and the cypress trees again. *essere contento di*
   b) —We shall be glad to accompany you to the station.

3. a) I forced myself to eat lunch because I had a stomachache. *sforzarsi di*
   b) —Let's make an effort to finish before five o'clock.

4. a) —At what time does it begin to dawn in June?

   cominciare a

   b) The policeman began to hum a tune.

5. a) My mother all of a sudden leaned out of the carriage window.

   sporgersi da

   b) The train conductor is looking out of the window.

6. a) The country house was exactly the same as my grand-mother had left it.

   essere tale e quale

   b) The streets, the squares, and the houses are just as they were during our first trip.

7. a) This house has been completely restored.

   rifare

   b) —Please do these exercises all over again.

8. a) I believe that this road runs into the square.

   sboccare

   b) The Belice river empties into the Mediterranean Sea near the ancient city of Selinunte.

9. a) We shall spend our vacation in Sicily.

   passare

   b) Three days have gone by and we are still at the villa.

10. a) —What are you looking for?

    cercare

    b) We are seeking a place in the shade where we may have lunch.

C. *Completare ognuna delle seguenti frasi scegliendo dalle espressioni in margine alla pagina quella corrispondente alle parole inglesi.*

1. Mi sono alzato quando cominciava ad *to dawn*.

2. La cameriera aveva fatto preparare *even* le granite di limone.

3. Smontarono tutti per *to stretch* le gambe.

4. Il treno parte alle cinque *therefore* bisogna uscire di casa alle quattro.

5. I carabinieri erano venuti *on purpose* per accompagnarci.

6. —È quasi l'una, *in a little while* faremo colazione.

7. La saluto, cara signora, anche *on behalf of* mia madre.

8. Sembrava che il viaggio non dovesse finire più, ma *nevertheless* finì.

9. Firenze è la mia città *favorite*.

10. —Andiamo *as far as* via Dante e poi torniamo a casa.

sgranchirsi
sino a
albeggiare
apposta
tuttavia
a nome di
preferita
tra poco
quindi
perfino

Lo sgombero

A. *Rispondere in italiano alle seguenti domande.*

1. Chi aveva acquistato l'appartamento in cui abitavano i Casati?
2. Che dirigeva l'ingegnere del primo piano? 3. Con che resistevano la nonna e suo nipote nel vecchio appartamento? 4. Com'era via del Corno rispetto a via de' Magazzini? 5. Perchè il più giovane dei due uscieri voleva essere ringraziato? 6. Che c'era sul barroccino? 7. Perchè passa sempre poca gente per via de' Magazzini? 8. Perchè la gente di via del Corno non poteva essere così educata come quella di via de' Magazzini? 9. Che accadde quando la ruota sinistra del barroccino andò ad incastrarsi nel monumentino? 10. Che gradiva già la nonna per rimettersi dall'emozione?

B. *Mettere in italiano le seguenti frasi impiegando la forma appropriata dell'espressione in corsivo.*

1. a) —Mary, have you already   *accendere*
   lighted the gas?
   b) —Turn on the light, please; it is
   too dark on these stairs.

2. a) —If you go now, you will get the   *fare in tempo a*
   street car in the nick of time.   + inf.
   b) That boy on the bicycle did not
   make it in time to cross the
   square.

3. a) A modest bedroom with kitchen   *bastare (a)*
   privileges is enough for us.
   b) —Give the porter one hundred
   lire and that's all.

4. a) Grandmother did not have any idea what she was saying.

   b) —You do not understand that all the apartments have already been sold one by one.

rendersi conto (di)

5. a) Her grandson hired a push cart to transport the furniture.

   b) —What do you say: shall we hire a bicycle or a car for the trip?

prendere a nolo

6. a) It seems to me that all our possessions are now on the sidewalk.

   b) —Madam, after all, via del Corno is not so far out of the way. Don't you think so?

parere (a)

7. a) —Don't you see that the old lady has already fallen asleep?

   b) Although the hotel was very noisy, I went to sleep right away.

addormentarsi

8. a) —Please, fetch me those towels.

   b) —Why do you always wear showy handkerchiefs and neckties?

portare (a)

9. a) —Did the masons succeed in convincing the old tenants?

   b) I am unable to finish this story.

riuscire a + inf.

10. a) —Let's go now, grandmother; the pull-bell is of no use any more.

   b) —Boys, don't throw away those window shades; we still need them.

servire (a)

11. a) Everybody rushed to help us.   *accorrere a* + inf.
     b) Many people ran up to see the accident.

C. *Completare ognuna delle seguenti frasi scegliendo dalle espressioni in margine alla pagina quella corrispondente alle parole inglesi.*

1. —*While waiting for* il treno, andiamo a fare una telefonata.

2. —Mario, hanno pagato la pigione gli inquilini? —Sì, due giorni *ago*.

3. *If the need arises,* i soldi li ho in tasca.

4. —*Who knows* in che strada si trova questo cinema!

5. —Ha sentito Lei l'orologio di Palazzo Vecchio *to strike* le ore?

6. —Per favore, scriva il suo nome e cognome *in block letters.*

7. —Sono *by now* trascorsi tre mesi dallo sgombero. Non ti pare?

8. —*Since* fa freddo è meglio andare in macchina.

9. —Scusi, signore, dov'è l'albergo Excelsior?—È qui *just around the corner.*

10. Dalla stazione all'università ci vuole *at the very most* una mezz'ora.

ormai
chissà
al massimo
a due passi
nell'attesa di
fa
siccome
battere
a stampatello
all'occorrenza

Il compleanno di don Benedetto

A. *Rispondere in italiano alle seguenti domande.*

1. Che facevano don Bendetto e sua sorella all'ombra del cipresso? 2. Che si coltivava nei campi traversati dalla via Valeria e dalla via provinciale? 3. Di chi era in attesa don Benedetto? 4. Perchè Marta quella mattina aveva raccontato il suo segreto al fratello? 5. Perchè le botteghe degli artigiani si chiudevano una dopo l'altra? 6. Quali erano le vere ragioni per cui monsignore aveva messo alla porta don Benedetto? 7. Che nascondeva don Benedetto sotto la sua ruvidezza contadinesca? 8. Privato di ogni altra compagnia, su chi si era riposto l'affetto di don Benedetto? 9. Come era arrivato don Benedetto all'età di settantacinque anni? 10. Che non era necessario che don Benedetto spiegasse al giovanotto in divisa di ufficiale della milizia?

B. *Mettere in italiano le seguenti frasi impiegando la forma appropriata dell'espressione in corsivo.*

1. a) Coming out of the movie, I lost sight of Martha.   *perdere di vista*
   b) —Please, Madam, keep an eye on the porter. He is a scoundrel.

2. a) —Come forward, Doctor; don't be afraid of the dog.   *farsi avanti*
   b) We could not advance because there was a flock of sheep before us.

3. a) I was twenty-three years old in June.   *compiere... anni*

b) Clarice and the mechanic will get married when she is (*use fut.*) eighteen.

4. a) —Let's stop and rest in the shade of that cypress.

   b) —My watch isn't running. Please, tell me what time it is.

fermarsi

5. a) —Now that the guests are seated let's sit down also.

   b) —Doctor Sacca, sit down here while I go get the refreshments.

sedersi

6. a) —Albert, do you shave every morning?

   b) I am going to shave before my students arrive.

farsi la barba

7. a) —Don't hurry, John; this train never arrives on time.

   b) —Let's take our time, the old priest is still reading his breviary.

affrettarsi

8. a) —Did I not tell you that custom-made shoes are out of fashion?

   b) Mary was wearing a very expensive dress, but now it is out of style.

non andare più

9. a) —After all, was it worth while to climb way up here?

   b) —My dear, it's not worth while to get angry; he is a deaf-mute.

valere la pena di + inf.

10. a) —How many days is the trip going to last?

    b) —You can be sure that this woolen cloth wears well.

durare

C. *Completare ognuna delle seguenti frasi scegliendo dalle espressioni in margine alla pagina quella corrispondente alle parole inglesi.*

1. *Every once in a while* alzava gli occhi dal libro e guardava a destra e a sinistra.

2. —Fa molto freddo, ingegnere, non esca *bare-headed.*

3. Il pastore continuava a camminare *without* fermarsi.

4. I campi di granturco e di patate si trovavano *at the foot of* la collina.

5. I suoi antichi allievi ora preferiscono bere il vino, *because* non sono più ragazzi.

6. *At least* le fragole, i funghi e le uova vengono ancora freschi dalla montagna.

7. —No, non è una ragazza scontrosa, ma è di natura *rather* taciturna.

8. —*In short* vuol venire Lei a Roma con me, o no?

9. —Non stia *standing,* per favore, si segga, prenda un rinfresco e si riposi un momento.

10. *In the twinkling of an eye* tutti rientrarono in casa e il villaggio pareva disabitato.

senza
in un batter d'occhio
piuttosto
in piedi
ché
insomma
a capo scoperto
ai piedi di
ogni tanto
almeno

Verso la Sicilia

A. *Rispondere in italiano alle seguenti domande.*

1. Quante volte e dove cambiò treno il protagonista? 2. Per andare dal continente in Sicilia con che mezzo si traversa il mare? 3. Perchè non si poteva girare per il battello? 4. Che aveva comprato il protagonista a Villa San Giovanni? 5. Che gli chiese il più piccolo di quei siciliani? 6. Perchè, secondo il piccolo siciliano, il protagonista non poteva essere anche lui siciliano? 7. Arrivati alla Stazione Marittima, che fece la folla che era scesa dal battello-traghetto? 8. Qual'era l'idea che il piccolo siciliano aveva dell'America? 9. Perchè egli credeva che il protagonista anche allora, quando era ragazzo, stava bene? 10. Perchè egli esclamava: "Maledette arance!"?

B. *Mettere in italiano le seguenti frasi impiegando la forma appropriata dell'espressione in corsivo.*

1. a) —Turn around, John, and look at those beautiful orange groves.   *voltarsi*
   b) I looked back and saw standing on the deck a man who was eating bread and cheese.

2. a) —Come here, Sandro, your mother will peel the oranges for you.   *pelare*
   b) —What did I tell you, Mary? See, the cook did not remove the skin from the potatoes.

3. a) —Do you recognize these ancient towns? —Oh, yes, I recognize them very easily.

   b) On the ferryboat I saw the old train conductor who recognized me right away.

riconoscere

4. a) —Do you know the girl who smiled at you from the streetcar?

   b) While eating, we smiled at the workers, but they looked at us without smiling.

sorridere

5. a) —Are there many unemployed in this city? —I don't think so.

   b) —Has the ferryboat arrived? —I believe that it has.

credere di sì (or *di no*)

6. a) —Do Americans eat bread and meat in the morning? —He said that they don't.

   b) Clarice asked me if I had eaten that clove of garlic which was in the salad, and I couldn't tell her that I hadn't.

dire di sì (or *di no*)

7. a) The girls left Florence at six and reached Naples toward midnight.

   b) Having arrived in Rome, we changed train again.

giungere (a)

8. a) Now that I am in Palermo, please send me a telegraphic money order for fifty thousand liras.

   b) The letter and the new overcoat you mailed yesterday reached me today toward noon.

spedire

9. a) —Please come closer, I can't   *avvicinarsi*
   hear you.

   b) —Let's hurry, the hour for lunch
   is drawing near.

10. a) —Is it raining? —No, not yet,   *piovere.*
    but it is going to rain this after-
    noon.

    b) It has rained the whole day and
    I am very cold.

C. *Completare ognuna delle seguenti frasi scegliendo dalle
espressioni in margine alla pagina quella corrispondente
alle parole inglesi.*

1. Siamo andati *back and forth* per   *di solito*
   tutta la seconda classe senza riuscire *persino*
   a trovare un posto libero.   *eppure*

2. Squilla la trombetta del capotreno, la *in tasca*
   locomotiva fischia *and yet* il treno   *davvero*
   non si muove.   *avanti e indietro*
                                           stavolta
3. —Anch'io sono affamato. Vogliamo   *qualcosa da*
   prendere *something to* mangiare?   *anzi*
                                           all'estero
4. —Dove sei stato, Marco? T'abbiamo
   cercato dappertutto *even* al caffè.

5. —Scusi, signorina, *as a rule* dove va
   Lei a fare la seconda colazione?

6. —Carlo, ti dispiace andare a piedi?
   —No, *as a matter of fact,* lo prefe-
   risco.

7. L'Italia esporta *abroad* grandi quantità di frutta, verdure e fiori.

8. Finalmente *this time* il traghetto è
   arrivato in orario.

9. —Io non ho mai mangiato arance a insalata con olio. —*Really?*

10. —Dov'è il vaglia? L'ho messo *in my pocket* e non lo trovo più.

Gli "americani" di Gagliano

A. *Rispondere in italiano alle seguenti domande.*

1. A che serve la sola stanza dove abitano i contadini di Gagliano? 2. Chi ci sta nei tre strati in cui è diviso lo spazio della stanza? 3. Chi erano i due inseparabili numi tutelari di ogni casa? 4. Che sono Roma e New York per la gente di Lucania? 5. Con che proposito i contadini tornano un giorno dall'America in Italia? 6. Com'è considerato dagli emigranti il giorno del loro ritorno in patria? 7. Oltre a cavare i denti, che altre occupazioni aveva il padrone della terza bottega di barbiere? 8. Perchè faceva il sordo Faccialorda? 9. Che fece l'emigrante di Grassano quando si fu convinto che sarebbe scoppiata la guerra d'Africa? 10. Dopo il '29, l'anno della disgrazia, che hanno fatto i contadini di Lucania?

B. *Mettere in italiano le seguenti frasi impiegando la forma appropriata dell'espressione in corsivo.*

1. a) The peasants' houses consisted of a single room which served as bedroom, dining room, kitchen and also stable.　　*servire da*

b) In many homes the images of the Madonna and President Roosevelt functioned as household gods.

2. a) —Mary, who does the cooking at your house? —My mother and, sometimes, my sister.

    b) —Martha, could you call me later? I have to cook now.

    fare da mangiare

3. a) —Is everyone here? Who is missing this afternoon?

    b) The only thing missing in this apartment is the radio.

    mancare

4. a) —John, where did you hang grandfather's picture?

    b) —Please hang your overcoat in the wardrobe of your bedroom.

    appendere

5. a) —I am afraid that they swindled you when you changed the liras into dollars.

    b) Believing that everybody had always cheated him, the poor mason now wanted to defraud the insurance company.

    truffare

6. a) —Where do you take the boat, in Naples or in Messina? —We shall take it in Naples and shall land in Palermo.

    b) —Please ask the porter whether they have already put our car on board ship.

    imbarcare (also refl.)

7. a) The doctor examined the barber this morning. He is very sick.

    b) —Let's go and call on our professor. We have not seen him for a long time.

    fare una visita a

8. a) —The train for Florence leaves at five; let's go pack our bags.
   b) The maid packed her things and left without saying a word.

fare le valigie

9. a) —Mr. Bruni, when is your permit going to expire?
   b) —Don't forget that the rent for the shop was due last Monday.

scadere

10. a) —Watch out, Madam, there is a car coming!
    b) —Gentlemen, take care not to let those scoundrels swindle you.

stare attento (a + inf.)

C. *Completare ognuna delle seguenti frasi scegliendo dalle espressioni in margine alla pagina quella corrispondente alle parole inglesi.*

1. Nella stessa camera da letto, *on one side,* c'è anche il camino, su cui si fa da mangiare.

2. La capitale dei contadini di Lucania non è Napoli e *not even* Roma, ma New York.

3. *From time to time* una contadina riceve un dollaro di carta arrivato in una lettera del marito o di un parente.

4. I contadini vanno in America, ci vivono come vivrebbero *elsewhere,* e rimangono quello che sono.

5. *Besides* fare la barba e a tagliare capelli, faceva anche il medico.

altrove
ben pochi
oltre a
volentieri
da un lato
neppure
da solo
in cima a
sull'uscio
di quando in quando

6. La casetta del barbiere americano era *at the upper end of* il paese.

7. A Faccialorda, la sera, *on the door-way* di casa sua, piaceva raccontare la sua grande avventura americana.

8. —Chi ha portato le valige in camera? —Io, *singlehanded.*

9. —Vorrebbc farmi vedere il suo por-tasigarette? —*Gladly.*

10. —Arrivano ancora molti emigranti negli Stati Uniti? —*Very few.*

Paese infido

A. *Rispondere in italiano alle seguenti domande.*

1. Perchè Tom s'era buttato a terra stanco morto? 2. Perchè i partigiani non facevano più che poche puntate di uomini, senza fer-marsi, nel paese? 3. Da chi era stato emanato il "Bando"? 4. Per-chè la vecchia e la gallina sparirono, e il vecchio disse a Tom di non saper niente? 5. Per quale motivo l'uomo grasso si rifiutava di dare un piatto di minestra a Tom? 6. Da quali caratteristiche la donnetta con la faccia di faina si sarebbe detta una maestra? 7. Che c'erano, sparsi intorno in gran disordine, nello studio del medico? 8. Per-chè suonavano le campane, mentre Tom entrava in casa dell'uomo coi calzoni alla zuava? 9. Da quali indizi Tom s'accorse che l'uomo grasso, la maestra e l'uomo coi calzoni alla zuava erano tutti fascisti e perciò infidi? 10. Chi aveva mandato la bambina a Tom per inse-gnargli la strada per scappare?

B. *Mettere in italiano le seguenti frasi impiegando la forma appropriata dell'espressione in corsivo.*

1. a) —Why are you limping? —Because my leg hurts.

   b) —Do you know, Alfred, I believe that it would do us no harm to have a bottle of wine with the noodles.

   fare male a

2. a) —I am sorry, Albert, I had not noticed that you were wounded.

   b) We fell asleep without being aware of it.

   accorgersi (di)

3. a) —Look, George, the town is on top of the mountain and it is already too dark. Can you manage it by yourself or not?

   b) The train is leaving in ten minutes and the station is too far. I am afraid that this time we won't make it.

   farcela

4. a) —Allow us to taste this vegetable soup. We have not eaten for forty-eight hours.

   b) The woods kept her from seeing the first houses and the hard-surfaced road.

   lasciare + inf.

5. a) I can hardly wait to get home.

   b) Tom longed to get out of that trap and reach his companions.

   non veder l'ora di

6. a) —Has Susanna come this morning? —No, she has not shown up yet.

   farsi vedere

b) —Yes, we waited for them in the square more than one hour, but nobody turned up.

7. a) —John, have you heard that there will be no school tomorrow? Is it true? —I think so.

   sentir dire

   b) —This morning, at her office, my wife was told that there is going to be a dance in the garden next week. —Are you sure? —Yes, that is what she heard.

8. a) The doctor was drunk and could not stand on his feet.

   reggersi in piedi

   b) —Poor girl, you are so tired that you are unable to stand up any longer. Sit down here on the sofa.

9. a) —Mr. Berti, did you buy the antibiotic pills? —No, I am very sorry. —It does not matter. I shall buy them this afternoon.

   importare (a)

   b) —Madam, what do you care now whether the Germans arrive or not? Tom is safe.

10. a) —Could you give us a room which opens out on the courtyard? —How many are you? —There are two of us.

    dare in

    b) —Mary, do you like your classroom? —Yes, I like it very much. It has three windows facing the garden and it is very quiet.

ESERCIZI

C. *Completare ognuna delle seguenti frasi scegliendo dalle espressioni in margine alla pagina quella corrispondente alle parole inglesi.*

1. —Signor Rieti, mi lasci ristorare e riposare. Sono *dead tired.*

2. —Susanna, oggi fa bel tempo, imbandisci la tavola *outdoors.*

3. —Roberto, ti piace stare al sole? —No. —Allora andiamo a buttarci un po' *in the shade* del pino.

4. Tom *in a jiffy* aprì la porta, scese la scala e si trovò in una stalla buia.

5. —Ingegnere, *if you'll excuse me,* vado a farmi la barba.

6. —Signorina, *whoever* mi telefoni, non sono in casa.

7. Il barbiere dice che *lately* molti contadini sono andati a lavorare all'estero.

8. —Non importa. Lei vedrà che ogni giorno *little by little* riuscirà ad apprendere bene l'italiano.

9. —Ma scusami, Mario, sai davvero dov'è lo studio del medico? —Sicuro, ci sono stato tante volte che lo potrei trovare *blindfolded.*

10. *The day after* la festa, alle ore 4:48 abbiamo preso il treno per Venezia.

con permesso
a poco a poco
a occhi chiusi
all'indomani (di)
stanco morto
all'ombra
all'aperto
in questi ultimi
giorni
chiunque
in quattro e
quattr'otto

Il caporale Müller

A. *Rispondere in italiano alle seguenti domande.*

1. Dov'erano la moglie e il figlio del contadino? 2. Che faceva il tedesco a ogni due passi? 3. Che tipo era il tedesco? 4. Che portava egli sotto la giubba? 5. Che gli diede da mangiare il contadino? 6. Mentre gli altri dicevano: *"Heil Hitler!"*, che diceva il tedesco? 7. Quando egli tornò a parlare dei partigiani, che capì il contadino? 8. Capite le intenzioni del tedesco, come reagì il contadino? 9. Quanto tempo ci volle perchè il contadino arrivasse dai partigiani? 10. Come riuscirono i partigiani a sapere che il povero Baffo era stato ucciso dal caporale Müller?

B. *Mettere in italiano le seguenti frasi impiegando la forma appropriata dell'espressione in corsivo.*

1. a) —Carlo, has it stopped raining?   *smettere* (*di* + inf.)
   —No, not yet.

   b) —If that dog does not stop barking, I will kill him! —Really? Let's not exaggerate!

2. a) —Young man, would you like   *da mangiare* something to eat? I could give you two eggs fried in olive oil.

   b) —Rose, we are very hungry. Give us something to eat and to drink. —What, for instance? —Bread, ham and a bottle of wine.

3. a) —Joseph, let's remove our hats; we are in a church now!

   b) —Mr. Forte, take off your overcoat, it's too hot here.

   togliersi

4. a) I wonder what in heavens you are looking for with that lantern.

   b) We were wondering what in the world Robert was doing all that time alone in his room.

   chiedersi cosa mai (+ subj.)

5. a) Every time that Louis talks and gesticulates we burst into laughter.

   b) —Did your sister see the photo in my passport? —Yes. And she roared with laughter.

   scoppiare a ridere

6. a) —I forgot to buy a package of cigarettes and a box of wax matches.

   b) —I am afraid that we forgot to take along our bathing suits. —Well, let's go back home and get them.

   dimenticarsi di

7. a) The poor old man was thinking of his wife who had not yet returned, of his sister-in-law who was a patient in the hospital, and of his son who was with the partisans.

   b) —What are you thinking about, Gaetano? —I was thinking of you. Do you realize that you snored all night long and I did not succeed in shutting an eye?

   pensare a

8. a) —Please, don't blush, Martha; I shall tell you what John said about you.

    b) That young man ate and drank so much that his face became red all over.

farsi rosso

9. a) —Please hand me the cap and the handkerchief which are on that bench.

    b) —Your father offered me his arm, we descended two steps and at once we were in the kitchen.

porgere a

10. a) —Come, the policeman has motioned to us to cross the square right away.

    b) —Please, Sir, motion to the mailbus to stop here. —Gladly, Madam.

far segno di

C. *Completare ognuna delle seguenti frasi scegliendo dalle espressioni in margine alla pagina quella corrispondente alle parole inglesi.*

1. —Scusi, signora, dov'è la sua figliuola? Non la vedo da *quite a while*.

2. —Facchino, mi avete portato i bauli in camera? —*Yessir*.

3. *At first* Rosina mi voleva bene, ma ormai mi ha dimenticato.

4. Il vecchio *groping* cercò l'interruttore, lo trovò e accese la lampadina.

dapprima
tastoni
sissignore
un bel pezzo

5. Il tedesco prese il bicchiere di scatto, lo alzò, disse: *"To your health!"* e bevve d'un fiato.

6. —Senta, lei vada a lavarsi le mani nell'acquaio, *meantime* io accendo il fuoco.

7. La signorina Rieti mi domandò *point blank* se io avessi moglie e figli.

8. Io per un bel pezzo *was silent* poi le dissi di no.

9. Il tedesco camminava avanti e indietro e gridava come se fosse *beside himself*.

10. —Non abbia paura, dottore, l'autocarro è nuovo, *I am familiar with* la strada, prima del crepuscolo raggiungeremo il podere.

a bruciapelo
rimanere zitto
Salute!
essere pratico di
nel frattempo
fuori di sé

La signora scende a Pompei

A. *Rispondere in italiano alle seguenti domande.*

1. Chi si vide salire un giorno nell'autobus all'imbocco dell'autostrada Napoli-Pompei? 2. Che sguardo aveva il passeggero dal cappello a fungo? 3. Com'erano il soldato e il controllore che la vecchia aveva incontrati in treno quella mattina? 4. Perchè la ragazzina era visibilmente soddisfatta? 5. Estratto dalla tasca il biscottino, che ne fece la vecchia? 6. Perchè Mariuzzella e la nonna non avrebbero dovuto pagare biglietto? 7. Perchè si mise in broncio la ragazzina? 8. Di che erano strapiene le tasche della vecchia? 9. Secondo la vecchia e il fattorino, chi doveva fare il miracolo? 10. Quanti chilometri e quante ore di strada a piedi doveva fare la vecchia per riprendersi la ragazzina?

B. *Mettere in italiano le seguenti frasi impiegando la forma appropriata dell'espressione in corsivo.*

1. a) The old woman turned toward the thin man with a mushroom-shaped hat and said: "Do you come from Salerno?"

   rivolgersi a

   b) —Madam, are there any empty seats in this car? —I don't know, it looks crowded, but ask the conductor.

2. a) —Please knot my tie. There is no mirror in this room.

   annodare (also refl.)

   b) The little girl tied a red kerchief around her neck.

3. a) —Anne, were you comfortable in that upholstered seat this morning? —Yes, I was very comfortable.

   b) —Please, Mrs. Gigli, don't inconvenience yourself, I am getting out at the next stop.

stare comodo

4. a) —Excuse me, sir, does my hat annoy you? —No, thank you, Madam, I can see very well.

   b) —Dearie, give me four hundred and twenty liras and I won't trouble you any more.

dare fastidio a

5. a) —Why did your father wink at you? —Because he wants me to be quiet.

   b) —Mary, go and play with the children. When it is time to go I'll give you a wink.

strizzare un occhio (*a*)

6. a) Now that the little girl was thinking about it, she remembered that her grandmother had hidden half of the cookie in her pocket.

   b) —In short, I will think it over and before noon I shall telephone you.

ripensarci

7. a) —Will you please move your suitcase? —Yessir, immediately.

   b) The conductor moved continuously back and forth, to the right and to the left.

spostare (also refl.)

8. a) The ticket collector spoke in a low voice because he did not dare offend the passengers.

   b) —Are you all afraid? Is it possible that no one dares show up?

   osare (+ inf.)

9. a) —What time is it? —It's two o'clock. —Then it will take at least another hour to get to Florence.

   b) —We need two thousand more liras to get the tickets. —Really? —Yes, I am sure of it.

   volerci

10. a) —Driver, please stop at the entrance of the turnpike, I shall get out and these gentlemen will go on.

    b) From Naples we shall proceed to Rome and, if the weather is beautiful, we shall stop there for quite a while.

    proseguire

C. *Completare ognuna delle seguenti frasi scegliendo dalle espressioni in margine alla pagina quella corrispondente alle parole inglesi.*

1. Il soldato era un bel giovane molto bravo, *instead* il signore dal cappello a fungo era molto brutto.

   quasi
   a proposito
   invece

2. —Ecco il controllore! —*By the way,* ci siamo dimenticati di fare i biglietti all'agenzia

3. —Scendi dal sedile, bambina, stavi *almost* per cadere dal finestrino.

4. —Scusi, signore, l'autostrada è *in this direction?* —Sì, vada sempre diritto.

5. —Bisogna fare *hurriedly* se no non troveremo nemmeno un solo posto vuoto sull'autopullman.

6. —Ti prego, Giorgio, non andare *at top speed.* Chi va piano, va sano e va lontano!

7. —Stiamo zitti zitti *otherwise* daremo fastidio all'autista.

8. —Sono tutti aperti i finestrini dell'autobus? —Sì, signora. —*And yet* fa tanto caldo!

9. —Viaggi, si diverta, si distragga, ma *above all* pensi alla sua salute.

10. —È' una giornata nuvolosa, *perhaps* si metterà a piovere questo pomeriggio. Non le pare?

altrimenti
in fretta e furia
soprattutto
eppure
a grande velocità
da questa parte
forse

L'uomo nero

A. *Rispondere in italiano alle seguenti domande.*

1. Come cercò Soldati di propiziarsi il suo compagno di viaggio?
2. Di solito, che fa Soldati se il viso di un compagno di viaggio gli è simpatico o antipatico? 3. Perchè egli aveva scartato l'ipotesi che si trattasse di un operaio o di un piccolo commerciante? 4. Che si sciolse, che si tolse e che fece poi "l'uomo nero"? 5. Che idea gli venne a Soldati per attaccar discorso? 6. Chi era dopotutto l'uomo misterioso? 7. Se l'autore avesse taciuto, che avrebbe potuto pensare la guardia? 8. E se avesse parlato troppo? 9. Perchè, durante la fermata a Pisa, l'autore invitò la guardia a scendere dal treno? 10. Che mormorò la guardia all'autore quando questi scese a Santa Margherita?

B. *Mettere in italiano le seguenti frasi impiegando la forma appropriata dell'espressione in corsivo.*

1. a) There was an American student in the same compartment. At once we started up a conversation and chatted for quite a while.   *attaccar discorso*

   b) —Marius, why don't you start up a conversation with that Italian girl? She is so pretty!

2. a) —Lately I can not help smoking while I work.   *non poter fare a memo di* (+ inf.)

   b) —And yet, if you went to the barber's now, you could not avoid meeting the policeman.

3. a) —It's a question of money. Tell me, isn't it true?   *trattarsi di*

    b) —No, it does not matter; it did not concern your sister.

4. a) —Well, let's take courage. It has stopped raining. Let's go.   *farsi coraggio*

    b) —Cheer up, Louis, the officer did not see you.

5. a) —I am sorry, but I feel no sympathy for that guy. He is very uncongenial.   *provare*

    b) —Please try on this three-piece gray suit. You will like it.

6. a) —Little by little I have become accustomed to having a demitasse of Italian coffee before midnight.   *abituarsi a* + inf.

    b) —At first it was difficult, but now we have gotten used to speaking Italian.

7. a) —I had not realized what it meant to be without a father and a mother.   *voler dire*

    b) —I am sorry, Sir, but I do not understand what you mean.

8. a) —If nothing prevents me from coming, I'll meet you at five at the café.   *impedire* (*di* + inf.)

    b) —Last evening Mr. Parri kept me from seeing his daughter. —That's strange. Don't you think so?

9. a) —I am always reluctant to start up a conversation with people I don't know.

   essere restio (a + inf.)

   b) The ladies were disinclined to accept his invitation.

10. a) Before getting off, I said good-bye to my travelling companion and shook hands with him. Then, he smiled and said: "Good day. Have a pleasant trip."

    dare la mano a

    b) —All right, I am wrong. Let's shake hands and continue to be friends.

C. *Completare ognuna delle seguenti frasi scegliendo dalle espressioni in margine alla pagina quella corrispondente alle parole inglesi.*

1. Giovanna ed io ci siamo conosciuti, *by chance,* in uno scompartimento di seconda classe.

   sotto voce
   lì per lì
   faccia pure
   a caso
   di mezza età

2. Il mio compagno di viaggio era un uomo *middle-aged* che portava un completo grigio.

3. La signóra mi chiese se io fossi di Genova o di Torino, ma *on the spur of the moment* non sapevo che rispondere.

4. —Tua sorella mi disse *in a whisper* che Domenico le era molto simpatico.

5. —Mi permette lei di dare un'oc-chiata alla "Gazzetta dello Sport?" — *Feel free to do so.*

6. Se taccio, lei crede che io abbia paura, *on the other hand,* se parlo lei si potrebbe offendere.

7. —*Let's make this clear:* questo pomeriggio puoi andare al cinema, ma questa sera devi studiare.

8. —Speriamo che tuo padre dica di sì, *otherwise* cosa facciamo?

9. —Scusi, signorina, dov'è l'agenzia di viaggi? —*Farther down* all'angolo. —Grazie. —Prego.

10. —Ci ho ripensato *for a long time.* Mi dispiace, ma quest'estate non posso andare con lei in Inghilterra.

più in là
a lungo
d'altra parte
intendiamoci
se no

Misoginia

A. *Rispondere in italiano alle seguenti domande.*

1. In che regione, in che stagione e in quale locale si svolge l'azione del racconto? 2. Quanti e chi sono i personaggi? 3. Una sera deserta di ottobre, che gli mancava a Giusto per dar sugo a un'oretta? 4. Secondo Giusto, perchè Tosca non si era sposata? 5. Quando la porta dell'alberghetto si schiuse, chi sgusciò dentro? 6. Quando la brunetta apprese che Giusto non aveva benzina, che sibilò al suo compagno? 7. Avevano il passaporto e riempirono il registro i due clienti? 8. Perchè il giovane e la donna temono la prigione? 9. Che chiese Giusto a Pedrotto? 10. Che aveva sempre veduto Giusto a trent'anni?

B. *Mettere in italiano le seguenti frasi impiegando la forma appropriata dell'espressione in corsivo.*

1. a) —Miss, please pour me a glass   *versare*
      of water and another cup of
      coffee.
   b) —I am very sorry, Sir, I spilled
      the milk on the floor. —What
      does it matter?

2. a) A young man and a brunette got   *incamminarsi*
      out of the car and, holding
      hands, started walking toward
      the inn.
   b) —It is late and it is starting to
      drizzle. Hurry, Robert, let's set
      out for home.

3. a) —Get behind the wheel. I will push the car and we shall be all set.

    essere a posto

  b) —Sir, I spoke to the policemen and to the customs officers. Every thing is O.K., let's cross the border.

4. a) —Could you please tell me where the nearest gas station is? I have run out of gas. —Turn to the right, there is one (of them) around the corner.

    restare a secco

  b) —My tank is almost empty. Could you kindly send your boy on his bike to get me a can of gas? —Of course. I don't want you to run dry during the night.

5. a) —Shall we spend the night in this inn or not? —I don't know. It's up to you to decide.

    toccare a

  b) —Whose turn is it to pay for the coffee? —It's mine.

6. a) —By the way, don't forget to fill out these papers.

    riempire

  b) —Would you please fill the tank with gasoline? Meantime I will go to stretch my legs.

7. a) —Listen, gentlemen, you have had your troubles; if I were you I wouldn't butt into their affairs.

    ficcarci il naso

  b) —Whose fault is it? It is their fault and I do not want you to meddle in their business.

8. a) —Have courage, boys, open your suitcases and look sharp, the customs officers are coming.

   b) —Listen to me, Mister. For a trip like this, you should hire a good car and have a driver who is on the ball.

essere in gamba

9. a) The poor thing put on her hat, her raincoat and a kerchief around her neck, got into the car and shouted "Good-bye".

   b) —What are you going to wear tonight, Madam, the fur coat or the light-colored coat?

mettersi

10. a) —Wait, Giusto, I shall be out in a brief moment. I have to put on some lipstick.

    b) That saucy little baggage who was with him kept putting on lipstick and we all had to wait for her.

rifarsi le labbra

C. *Completare ognuna delle seguenti frasi scegliendo dalle espressioni in margine alla pagina quella corrispondente alle parole inglesi.*

1. —Ma che cosa avete fatto, ragazzi? Oggi fate tutto *listlessly.*

quanto a
senza voglia
tutt'e due

2. —Scusino, signori, desiderano *both* partire all'alba?

3. —La prego di riempire il registro adesso. *As far as* la retta, lei la pagherà domani.

4. —Permesso? —Chi è? —*It's us,* Giuseppe e Maria. Apra.

5. Di ritorno dal paese, Giusto si versò un bicchierino e lo bevve *in one gulp.*

6. —Vuole che le metta questo cesto in macchina? —No, grazie. *I will do it.*

7. —Guarda il tuo fratellino, s'è fatto rosso. —*He must have pulled a fast one.*

8. —Tutti dormono. Entriamo zitti zitti e *on tip toe.*

9. A notte alta mi svegliarono, mi alzai e aprii la finestra. Era *pitch dark.*

10. —Papà, potrei avere la macchina stasera? —*It all depends!*

d'un fiato
siamo noi
ne avrà fatto
* qualcuna*
buio pesto
faccio io
secondo!
in punta di piedi

Il fratello cambiato

A. *Rispondere in italiano alle seguenti domande.*

1. Perchè Carlo, quando era ragazzo, dava molti pensieri? 2. Perchè fu espulso dalla scuola, e a che si vide costretto suo padre? 3. Che rivelò Carlo in confidenza a suo fratello? 4. Perchè nel codice segreto non c'erano frasi per esprimere condizioni favorevoli? 5. Perchè era cosa certa che, entro pochi giorni, Carlo sarebbe stato espulso? Che era da escludere? 6. Secondo la lettera ricevuta dal fratello, in che modo era cambiato Carlo? 7. Quando Carlo venne a passare una domenica in famiglia, che c'era dentro di lui? 8. Che pareva che ci fosse in fondo ai suoi occhi? 9. Lasciato il collegio, e prima di divenire uomo, come crebbe Carlo? 10. In che modo hanno spento Carlo in quel maledetto collegio?

B. *Mettere in italiano le seguenti frasi impiegando la forma appropriata dell'espressione in corsivo.*

1. a) My younger sister is a source of deep concern to my parents.

   b) —Let's make this clear: I don't want to cause you any worries.

   dare molti pensieri
   (a)

2. a) This morning I received a long distance call from my brother and we have agreed on the day when we will both go on vacation.

   b) —Have you gentlemen agreed on what you wish to order for dinner?

   accordarsi su

3. a) —I hear that you eat very well in boarding school. Isn't that true? —My dear, I assure you that every day we starve to death.

    b) Every time that my sister does the cooking I suffer the pangs of hunger.

    patire una fame da lupo

4. a) When the teachers could no longer tolerate Peter's foolishness, they expelled him from the boarding school.

    b) —I don't understand how your younger brother endures so many punishments.

    sopportare

5. a) —Here is the bus. Let's sit together so that we may exchange a few words during the trip.

    b) —I am sorry, Miss, I had mistaken you for my secretary.

    scambiare (also recipr.)

6. a) —Charles, I am going in the courtyard. Let me know if the doorbell rings.

    b) Our lawyer has sent a message to inform us that he can't come this evening.

    far sapere a

7. a) During those three years they studied abroad, our two boys grew so big that, when they came back home, not even their friends recognized them.

    b) —It seems to me that the prices increase every day. Don't you think so, Dino?

    crescere

8. a) The government has planned a big turnpike from Milan to Sicily.

    b) —Dino and I are planning a trip to England for next summer. Would you like to come with us?

progettare

9. a) I have been in this country several years and I like it very much.

    b) Caesar was very unhappy in that boarding school and confessed to me that he would run away.

trovarsi bene (or *male*)

10. a) The director has forbidden the boarders the use of the main gate after four in the afternoon.

    b) —It is forbidden to keep dogs in our rooms. Didn't you know it?

vietare (*a*)

C. *Completare ognuna delle seguenti frasi scegliendo dalle espressioni in margine alla pagina quella corrispondente alle parole inglesi.*

1. Non c'è *the least doubt* che la bocciatura di mio fratello sta dando molti pensieri a mio padre.

piuttosto che
e così via
il minimo dubbio
di male in peggio

2. —Creperei io, ti dico, *rather than* rimanere in quel maledetto collegio.

3. Ho dato un'occhiata al giornale e mi pare che le cose all'estero vadano *from bad to worse*.

4. Mi sembra che in questo paese tutto sia vietato: "Vietato l'ingresso", "Vietato fumare", "Vietato sporgersi", "Vietato correre" *and so forth and so on*.

5. "Caro Dino, io qui mi trovo molto bene, *therefore,* ti prego, non preoccuparti per me."

6. Suo padre fu costretto, *in spite of himself,* a mettere il figlio in collegio.

7. Stamane quello sciagurato, *notwithstanding* il maltempo, è andato in piazza senza ombrello e senza impermeabile.

8. —Se *by chance* il cancello d'ingresso fosse chiuso, suoni il campanello.

9. Questa lettera sembra falsa, tuttavia l'ho firmata io e la calligrafia è *beyond suspicion.*

10. Nina non s'è fatta viva da più di due settimane. Non riesco a capire *the reason.*

suo malgrado
per caso
nonostante
fuori sospetto
il perchè
dunque

Un paio di occhiali

A. *Rispondere in italiano alle seguenti domande.*

1. Che disse una mattina Eugenia a sua madre dal lettino in fondo alla stanza? 2. Perchè le due figlie di don Peppino avrebbero preso il velo? 3. Perchè Nunziata si era offerta di fare gli occhiali ad Eugenìa? 4. Che disse l'occhialaio alla zia dopo di aver misurato la vista di Eugenia? 5. Perchè Eugenia non aveva seguito il dialogo tra il dottore e la zia? 6. Che provò la zia quando si sentì dire dall'occhialaio: "Ottomila lire"? 7. Perchè Nunziata diceva ad Eugenia che "il mondo è meglio non vederlo che vederlo"? 8. Perchè Eugenia viveva ora in una specie di rapimento? 9. Che sentiva la ragazza che ci fosse al di là della stanza in cui viveva? E che vera rivelazione aveva avuta quando l'occhialaio le aveva fatto provare le lenti? 10. Quando lei, messisi i nuovi occhiali, si volse barcollando, chi vide in mezzo al cortile?

B. *Mettere in italiano le seguenti frasi impiegando la forma appropriata dell'espressione in corsivo.*

1. a) The little girl never failed every morning to look for the wash basin and wash her hands and face with soap and water.   *non manacare di* (+ inf.)

    b) —Joe, don't forget to thank your mother for me. —I shall not fail to do so (it), Madam.

2. a) —Please take the advance payment to the girl at the cash register, give her your name and surname and she will sign the receipt.

   b) —Sir, your room is ready, sign the register and the porter will bring up your suitcases.

firmare

3. a) —I feel dizzy and have to sit down. Will you please get me a glass of water?

   b) She is well dressed, has golden hair and is so beautiful that she makes all the boys' heads turn.

girare la testa (a)

4. a) Nunzia was often very strange but, on the other hand, every time that an unfortunate wretch needed her she helped him wholeheartedly.

   b) When Florence was flooded many Americans sent aid to the city.

soccorrere

5. a) Eugenia removed her glasses, put them back in the case, turned toward her aunt and said: "I thank you, Aunt Nunzia."

   b) —Miss Greborio, here is the coffee jar. Thank you. —Don Peppino, please put it back on the sideboard.

riporre

6. a) —Dear Miss, there are misfortunes which befall everybody. What can we do about it? We have to take courage.

capitare a

b) —Joe, are you going to the café on Rome Street? —Yes. —If you happen to see my brother there, please tell him that his car is in the courtyard.

7. a) —Be patient. It's the first time and the girl is terrified. Little by little she will become accustomed to wearing (the) glasses.

   spaventarsi

   b) —Don't be frightened, ladies; this dog does not bite.

8. a) —I grow tired of always typing the same letter all day.

   stancarsi di (+ inf.)

   b) —Don't you ever get tired of eating the same thing at breakfast?

9. a) While the optometrist examined my eyes, the clerk polished the shop windows from the inside and the outside.

   lustrare

   b) —If, before going to bed, you left your shoes in the corridor, the maid would polish them for you.

10. a) —Yes, the railway station is too far. If you took the trolleybus on the opposite sidewalk, you would save a great deal of time.

    risparmiare

    b) Nunzia had economized for many years and now she had something saved up.

ESERCIZI

C. *Completare ognuna delle seguenti frasi scegliendo dalle espressioni in margine alla pagina quella corrispondente alle parole inglesi.*

1. *In the back of* il caffé c'era un grande specchio.

2. *Almost* mi ha truffato quell'occhialaio.

3. Dopo tutto non è cattivo Roberto, *so much so that* si è offerto lui di accompagnarmi a casa.

4. —Affacciati al balcone, Anna, e vedi se *in the middle of* la piazza c'è ancora il carretto con la verdura.

5. —Scusi, dov'è la banca? —Giù a destra *beyond* il ponte.

6. —*I beg of you*, Cesare, da ora in poi non dare più pensieri a tuo padre.

7. —Ma dimmi, Gabriella, *how is it* che non mangi più?

8. —*Take it easy*, Francesco, non correre. Per poco non mi buttavi a terra.

9. —Aspettami, Massimo. —Non posso, devo scappare, ho un esame. —Allora, *good luck!*

10. —Fa caldo in questo filobus. —*Of course*, ci sono tutti i vetri abbassati!

Auguri!
piano
mi raccomando
come va...?
si capisce
tanto che
in mezzo a
per poco non
in fondo a
al di là di

Stanza in famiglia

A. *Rispondere in italiano alle seguenti domande.*

1. Che fatto straordinario capitò a Livio Ermes Tugo, milanese da cinque generazioni? 2. Quando un terrone piomba a Milano e trova una speranza d'impiego, che fa? 3. Chi era il pensionante accolto dai Tugo? 4. Perchè Giaquinto non era un pezzente? 5. Che avrebbero dovuto fare don Livio e donna Carla, se avessero visto Giaquinto spendere e spandere? 6. Che avrebbe fatto Giaquinto, se fosse stato nei panni di don Livio? 7. Secondo Giaquinto, che ha imparato l'uomo che è cacciatore? 8. In che guaio era don Livio? 9. Come era Vincenzo in quel momento che incuteva una bizzarra sensazione di energia? 10. In che modo Vincenzo pagò a Giacinto il debito di don Livio?

B. *Mettere in italiano le seguenti frasi impiegando la forma appropriata dell'espressione in corsivo.*

1. a) My wife and I could never be-   *affezionarsi a*
      lieve that we, both northerners,
      would become fond of a south-
      erner.
   b) I have become so attached to this
      dog that now I can't live without
      him.

2. a) I have been living in Milan for fifteen years and presently work in a factory where they manufacture motor scooters.

   b) I heard this morning that they are going to build a big hotel on Piave Avenue beyond the town hall.

   fabbricare

3. a) —Do you need anything, Mr. Giatti? —Yes, I should like to have board and room with a family in a nice section of the city.

   b) —Listen, Vincent, if it is necessary to take in a boarder, we shall have to put an ad in (on) the newspapers.

   occorrere (a)

4. a) We have arranged all the furniture in the waiting room: the sofa, the armchair, the table and even the filing cabinet.

   b) Many southern peasants have settled in Milan, Genoa and Turin where they have found good jobs.

   sistemare (also refl.)

5. a) Don Livio was a source of deep concern to his wife because he wasted time and money gambling in a Bixio Street tavern.

   b) Vincent had promised his aunt that he would never squander her tidy capital in amusements, extravagances, women, etcetera.

   sciupare

6. a) I don't have the least doubt that Tom has pulled a fast one. If I were he, I would be ashamed.

   b) —Don't be embarrassed, young lady, I shall bring you another knife and another fork.

vergognarsi

7. a) —I beg of you, Sir, lock the door of your room before going out.

   b) —The car is locked. We can't get in. —Who has the key? —The driver, but he hasn't come back.

chiudere a chiave

8. a) —I am sorry I have behaved like a weak woman, but I couldn't help whining.

   b) It seems to me that my husband conducted himself very well.

comportarsi

9. a) —What happened last night, Livy? —Don't you know? Vincent gave Victor a slap in the face and now they don't speak to each other any more.

   b) —What is going to happen to Charles if he runs away from school once more?

accadere

10. a) We both were very sorry to hear that our boarder and Flavia have become engaged. Now there is no doubt that he will leave us forever.

    b) I don't believe that your father is displeased to know that you have now settled down in Florence.

dispiacere a

ESERCIZI

C. *Completare ognuna delle seguenti frasi scegliendo dalle espressioni in margine alla pagina quella corrispondente alle parole inglesi.*

1. *At dusk* le strade sono piene di macchine di operai i quali ritornano dalle officine.

2. —*Too bad* che tu non legga gli annunzi economici. Non è difficile trovare una buona stanza in famiglia.

3. —Vorrei offrirle qualche cosa da bere, ma *unfortunately* non ho in casa nè vino nè birra.

4. Gliel'ho detto *without mincing words* che non voglio che egli ficchi il naso nei miei affari.

5. *Since* ho pagato tre mesi di anticipo per stanza e vitto, ora non ho più un soldo.

6. —Ma dimmi un po', *in the shoes of* don Livio che cosa avresti fatto tu?

7. —*Great Heavens!* Quando Flavia comincia a ciarlare niente può chiuderle la bocca.

8. —Nina, vorresti andare a ballare con me stasera? —*Of course.*

9. —Sai, Mario? Ho deciso. Stanotte scappo dal collegio. Mi raccomando, *don't breathe a word of this to anyone.*

10. —A me non piace *to spend recklessly* così ora mi posso comprare la motoretta.

come no
Santo Cielo
dato che
spendere e spandere
purtroppo
acqua in bocca
peccato
sull'imbrunire
nei panni di
chiaro e tondo

Lui e io

A. *Rispondere in italiano alle seguenti domande.*

1. Come parlano le lingue lui e lei? 2. Quando è che lui diventa timido coi poliziotti? 3. Che cibi piacciono a lui? 4. Al cinematografo, come si comporta lui con la maschera? 5. Che differenza c'è tra i loro universi? 6. Che ha lui con sé quando va a riposare il pomeriggio? 7. Che fa lui durante la mezz'ora che sta nei ricevimenti? 8. Perchè lei si astiene dal mangiare nei ricevimenti? 9. Che riesce a fare lui quando ascolta i dischi? 10. Che mestieri fanno lui e lei? 11. Perchè lei impiega un'ora a fare la spesa? 12. Un tempo, nelle sue furie, che usava lei scagliare per terra? 13. Come se ne sta a letto lui quando è malato? 14. Pur avendo sempre tanto caldo, come usa lui vestirsi sovente? 15. Ricorda lui quella loro antica passeggiata in Via Nazionale?

B. *Mettere in italiano le seguenti frasi impiegando la forma appropriata dell'espressione in corsivo.*

1. a) —You have been complaining   *lamentarsi di*
about the cold all afternoon. Why
don't you slip on your cardigan?

   b) At times he stays in bed all day
long and moans over some mysterious diseases. Then, in the
evening, he recovers and goes
into the kitchen where he cooks
and devours a huge plate of
noodles.

2. a) He never realizes that if he turns on the radio I can neither type nor answer the phone. *accendere*

   b) —Listen to me: put on the head-lights, back up the car very slowly and you will be all set.

3. a) I believe (that) it pleased him that I depended on him com-pletely. He knew that without him I was completely ineffectual. *non essere buono a niente*

   b) —Do you know how to drive? —No, I don't have a driver's li-cense. Do you know how to type? —No. —Do you know how to cook, how to sing, how to dance? —No. —Excuse me, then it means that you are good for nothing.

4. a) I like to go to receptions. But the idea of changing my clothes never enters my head. *passare per la testa*

   b) One evening an old countess in-vited me to dinner and, when I arrived wearing my old raincoat, a woolen hat and my plaid sport shirt, she said: "Professor what has gotten into you?"

5. a) —Let's go. I will drive and you can look at the map. *guidare*

   b) In London he led me through the city, the markets, the museums, the churches and the libraries, al-ways on foot.

6. a) When we go to the opera, he goes to sit alone in one of the first rows and gesticulates with his pencil as if he were conducting the orchestra.   *dirigere*

   b) When we travel in foreign countries, we often get lost. He hates to ask directions because he says that he does not want any one to direct his actions.

7. a) Although he owns one of the the best record collections in the world, he never plays a record, and he keeps the radio on all day.   *possedere*

   b) He has a prodigious memory and remembers the plots of very old films with the names of movie directors, actors and actresses; nevertheless, he never fails to forget my birthday.

8. a) When I do the marketing, I very carefully buy cherries at one stall, apples at another, oranges at a third, and so on and so forth. But he makes fun of me saying that I choose very carefully the worst fruit in the whole market.   *canzonare*

   b) At times, when he sees a policeman who, armed with pencil and pad, draws near to our car to give him a fine, he becomes very timid. Then, I begin to ridicule him and he gets mad.

9. a) He loves to own many things. Before he was married, in the fall he used to lay in clothes, linen, shirts, neckties, shoes and even blankets.

 b) In England he wanted to stock up with woolen clothes, dinner sets, tea pots and cups, crockery, liquor and I don't know what else because, he said, they cost almost nothing.

fare provvista di

10. a) I think that he does not throw anything away. In his drawers one can find a little of everything: broken pencils, pads, knives, proofs to be corrected, bottles of aspirin, cigarettes with filter and without filter, old cigarette holders, half-cigars, city maps, rags, old neckties, etcetera.

 b) Last night he and I decided that tomorrow, being Sunday, we shall open all the closets, all the drawers and very quietly discard everything that is old and useless.

buttar via

C. *Completare ognuna delle seguenti frasi scegliendo dalle espressioni in margine alla pagina quella corrispondente alle parole inglesi.*

1. —Desidererebbe anche lei un po' di cognac? —Sì, però me ne versi solamente *a drop*.

2. Se danno un buon film, la sera andiamo al cinema *together with* degli amici.

3. *Out of courtesy,* ho preso anch'io un altro pezzo di abbacchio.

4. —Hai poi trovato un posto? —Sì, a due palmi dallo schermo e *at the side of* un tizio che ronfava rumorosamente.

5. L'estate, nel primo pomeriggio, i musei sono *completely* deserti.

6. Io le ho detto che mi ricordavo di quell'antica passeggiata fatta con lei, ma *as a matter of fact* non ricordo nulla.

7. A me piace oziare. Lui non sta mai in ozio e, nella stessa giornata, riesce a fare *a countless number of* cose diverse.

8. —Forse sarei dovuta tornare alla pensione e prendere l'impermeabile. —Che importa? *In any case* ha smesso di piovere.

9. —Come no. In certi paesi d'Europa, non solo al cameriere, ma anche alla maschera, la gente *is in the habit of* dare la mancia.

10. —Professore, come trova queste tagliatelle? —Eccellenti, signora. —Allora, ne vorrebbe *still more?*

un mondo di
effettivamente
tanto
ancora di più
insieme a
usa
un dito
per gentilezza
del tutto
al fianco di

ESERCIZI

Le "pertose"

A. *Rispondere in italiano alle seguenti domande.*

1. Che usava scambiare Natalina? 2. Che era il suo cruccio maggiore? 3. Perchè il padre le permetteva di andare a Roma con il dottore? 4. Secondo il padre, perchè nessuno a Serranova avrebbe dovuto sapere che Natalina andava a Roma a fare la serva? 5. Qual'è la sola cosa che conti a Serranova? 6. Quale finzione si era impegnato di sorreggere il dottore? 7. Di che prega Vituccio la sua parente? 8. Staccato il ricevitore, che fece il dottore? 9. A che scopo aveva Vituccio mandato a Natalina la stoffa del cappotto? 10. Che esprimeva il biglietto da visita ricevuto dal dottore?

B. *Mettere in italiano le seguenti frasi impiegando la forma appropriata dell'espressione in corsivo.*

1. a) We have been wandering through (*per*) the city all day and now can't stand on our feet.   *aggirarsi*

   b) The price of the overcoat, the jacket and the trousers will run to about a (*sulle*) hundred and fifty thousand liras.

2. a) —Natalie, have you dusted the furniture in the doctor's office?   *spolverare*
      —Not yet, Madam, but I shall dust it as soon as I can.

   b) —We can't go in like this. At least let's remove the dust from our shoes.

238

3. a) —Madam, I have waxed the cor-   *scivolare*
ridor. I beg of you, tell the chil-
dren not to run. I am afraid they
will slip on the floor.

b) —What has happened, Flora?
—I am sorry, Sir. One of those
plates that Madam bought in
London slipped from my hand
and broke.

4. a) —You are very much interested   *interessarsi di*
in that girl. Why? —You are
right, but I don't know the reason myself.

b) It seemed to us that the maid was
too much interested in her health
because every time we had guests
she invented a fever and took to
her bed.

5. a) In those small towns people at-   *tenerci a*
tach a great deal of importance
to what relatives, friends and
neighbors think and say.

b) —I cared a great deal for that
watch. Too bad that you have
lost it.

5. a) While our maid spends her vaca-   *arrangiarsi*
tion with her family, it is up to
me and my wife to get along in
the kitchen.

b) —My dear boy, I am old, I have
done everything I could for you.
Now that you are twenty-two
years old, shift for yourself.

7. a) —Who called, Angela? —I
      don't know, Sir, because before
      I picked up the receiver, the
      phone stopped ringing.

   b) —Miss Rendi, do you want me
      to remove the mirror from this
      wall? —Yes, please, and hang it
      up behind the closet door.

   staccare

8. a) —Doctor, my cousin was a ser-
      geant, he has been discharged
      and is getting married.

   b) I could hardly wait to go away,
      but every time we started to take
      leave, the ladies started up a new
      conversation.

   congedarsi

9. a) —Why is Natalie whining? Have
      you reproached her for some-
      thing? —Of course. Have you
      been in the bathroom? —No.
      —Well, go and see. She still con-
      fuses towels with tablecloths.

   b) —Let's hurry, otherwise mother
      will scold us. She says that we
      are always late at breakfast, at
      dinner and at supper.

   rimproverare

10. a) —Let's not joke, boys. Great
       Heavens, it must be something
       very serious. This time I wouldn't
       like to be in Charles' shoes.

    b) What do you mean, Doctor? Are
       you joking? —Why, Natalie?
       Have you not read the calling
       card with the condolences which
       arrived with this morning's mail?

   scherzare

C. *Completare ognuna delle seguenti frasi scegliendo dalle espressioni in margine alla pagina quella corrispondente alle parole inglesi.*

1. Qualsiasi cosa le si chiedesse, la domestica era *unable to* dire di no.

2. In quei paesi di montagna, *till now,* una sola cosa conta: l'onore della famiglia.

3. Il dottore, *instead of* dire che Natalina faceva la serva doveva dire che faceva l'asolaia.

4. Se *suddenly* una ragazza si prepara il fagottino e parte per Roma, o è donnaccia o è serva.

5. Ai passeggeri *on their way through,* non è permesso di uscire dall'aeroporto.

6. —Scrivi a tuo cugino che il laboratorio ha chiuso i battenti. —*That's to say...* —Vuol dire che ho chiuso definitivamente la sartoria e che lui vada al diavolo.

7. —*Hello,* Adriano, dove vai? —Vado in piazza. —Se aspetti, abbasso la saracinesca e vengo anch'io.

8. —Sì, c'è una sartoria di fronte a casa mia, il sarto cuce bene, ma è molto *old-fashioned.*

9. —Che bel vestito! Dove te lo sei fatto fare? —L'ho fatto fare qui, ma ho acquistato la stoffa quest'estate in Italia *at a bargain.*

di punto in bianco
ai primi di
ciao
incapace di
all'antica
tutt'ora
cioè
a prezzo d'occasione
di transito
anzichè

10. L'Arno è straripato inondando tutto il centro artistico di Firenze *on the first days of* novembre del 1966.

VOCABOLARIO

VOCABOLARIO

This vocabulary includes all words that appear in the text with the following exceptions: words explained in the footnotes and used only in those cases where they are defined; personal pronouns; definite articles; possessive adjectives; superlative forms of adjectives and adverbs in **-mente** when the basic adjectival form is given; and participial and gerundive adjectives derived from regular verbs whose infinitives are listed. Of the irregular verbs found in the text, the infinitive is given in all cases; finite forms are given, in the first person singular, in the case of the less common irregular verbs.

Since there is no one rule to cover all cases of stress in Italian, the following norms have been adopted for pronunciation:

1) Words bearing no accent are stressed on the penult, except if the stressed syllable contains an **e** or **o**; in which case the grave accent is used to designate open **è** or **ò**, the acute accent closed **é** or **ó**: e.g., **dare, fine, pure,** but **bèllo, néve, pòrto, cónte.**

2) Words stressed on the antepenult bear the grave accent on the vowel of that syllable if it is **à, ì, ù,** open **è** and open **ò,** the acute accent if it is close **é** and close **ó**: e.g., **ànima, fìngere, giùngere, prèndere, vòlgere,** but **créscere, rómpere.**

3) Words stressed on the last syllable are designated by the grave accent on **à, ì, ò, ù**: e.g., **pietà, altresì, andò, virtù;** but by the acute accent on **é,** which has the close sound in all examples given: e.g., **benché, né, perché, sé,** even though these forms may be spelled **benchè, nè, perchè, sè** in the text proper.

Apocopation or the dropping of the final vowel of a word is frequent in both Italian prose and poetry in the following cases, particularly when the word that follows forms a unit with the first word and begins with a consonant that is not *impure s:*

1) the final **e** or **o** of masculine nouns when it follows a single **l**, **n** or **r** that is not preceded by another consonant: e.g., **il sol risplende, un pan tondo, il professor Solmi;**

2) the final **e** of verb forms when it follows a single **l**, **n** or **r** which is not preceded by another consonant: e.g., **che vuol dire?, parlan sempre, son debole, non par vero, aver bisogno;**

3) the final **o** of verb forms ending in **-mo:** e.g., **andiam ché si fa tardi, abbiam sete** (this is more common in poetry than in prose);

4) the final **e** or **o** of many adverbs and other indeclinable parts of speech when preceded by single **l**, **n** or **r**; e.g., **ben le par** in the text for **bene le pare; fin troppo** for **fino troppo; sol io** for **solo io; eppur si dice** for **eppure**, etc.

The apocopation of adjectives beyond that of **bello, buono, grande, quello, santo** and the pronominal adjectives in **-uno** (e.g., **nessun, ciascun**) is rare in prose, but somewhat more common in poetry (e.g., **il sol pensiero, non è ver, l'uman genere**).

LIST OF ABBREVIATIONS

abbr.	abbreviated, abbreviation	*fam.*	familiar	*p. abs.*	past absolute
		fig.	figuratively	*past part.*	past participle
adj.	adjective	*foll.*	followed	*pl.*	plural
adv.	adverb	*ger.*	gerund	*poet.*	poetical
apoc.	apocope	*impf.*	imperfect	*poss.*	possessive
arch.	archaic	*impers.*	impersonal	*prep.*	preposition
cap.	capitalized	*inf.*	infinitive	*pres.*	present
cf.	compare (conjugated like)	*interj.*	interjection as in "ah"	*pron.*	pronoun
				prop. n.	proper noun
colloq.	colloquial	*interrog.*	interrogative	*recipr.*	reciprocal
conj.	conjunction	*invar.*	invariable	*refl.*	reflexive
dim.	diminutive	*irr.*	irregular	*sing.*	singular
exclam.	exclamation	*lit.*	literary	*sub.*	subjunctive
f.	feminine	*m.*	masculine	*v.*	verb
		n.	noun		

A

a to, at, in, for, upon
abbàcchio roast baby lamb (A Roman specialty)
abbagliare to dazzle
abbaiaménto barking
abbaiare to bark; *n, m.* barking
abbandonare to abandon; to hang limply; **abbandonarsi** to let oneself go
abbassaménto *n.* lowering
abbassare to lower
abbastanza enough
abbàttere to tear down
abbiètto obsequious
abbondante rich
abbordare to tackle
abbottonare to button
abbozzare to sketch
abbràccio *n.* hug
abbreviare to cut short
abbrutito exhausted
àbile skilful
abilità cunning
abitante *m.* inhabitant
abitare to live
abitato *n.* agglomeration of houses
abitatóre *m.* inhabitant
abitazióne *f.* dwelling
àbito suit, dress; *pl.* clothes; **àbito talare** cassock
abituale usual, frequent; every-day
abituare: èssere abituato (a) to be accustomed to; **abituarsi a** to become accustomed to
abitùdine *f.* habit
Abruzzo The Abruzzi (a region in Central Italy, also called **gli Abruzzi**)

accadére *irr.* to happen
accaduto *n.* event
accaldato heated
accanto a beside
accappatóio bathrobe
accarezzare to pat, to caress
accasciarsi to sink, to collapse; to collapse on one's knees
accasciato overwhelmed
accecante dazzling
accelerare to accelerate
accèndere *irr.* to light, to burn; **accèndere i fari** to put on the headlights; **accèndere la ràdio** to turn on the radio
accennare a to mention; to make as if; to intone; **accennare di** to motion
accènto accent
accertare to ascertain, to make sure
accési *p. abs. of* **accèndere**
accéso *past part. of* **accèndere**
accettare to accept
acchiappare to catch
acchiappatòpi *m. sing.* mousetrap
acciàio steel
acciottolare to pave with cobblestones
accogliènza welcome
accògliere *irr.* to receive; to take in
accòlto *past part. of* **accògliere**
accompagnare to accompany, to escort
accompagnatóra escort
acconsentire to agree
accorato saddened
accorciare to shorten
accordare to reconcile; to comfort; **accordarsi** to map out a

VOCABOLARIO

plan; **accordarsi su** *recip.* to agree upon

accòrdo agreement; **d'accòrdo** agreed

accòrgersi di *irr.* to notice

accórrere *irr.* to run out; to run forward; to run out to help

accórsi *p. abs. of* **accòrgere** *and of* **accórrere**

accórso *past part. of* **accórrere**

accòrto *past part. of* **accòrgere**

accostarsi to draw near

accovacciato huddled

accréscere *irr.* to increase

accurato careful

àcido acid

àcino bean

àcqua water; **àcqua saponata** soapy water; **àcqua in bócca!** don't breathe a word of this to anyone!

acquàio sink

acquartierare to quarter, to shelter

acquistare to purchase

ad *euphonic for* **a**

adàgio slowly

adattare to fit; **adattarsi (a)** to get used to

adatto proper

addestrarsi (in) to go straight into

addìo goodbye

addirittura really

addolcire to soften

Addolorata Madonna of the Seven Sorrows

addormentarsi to fall asleep

addossarsi a to lean on, to lean against

addòsso *adv. and prep.* on, upon, toward; **addòsso a** on one's

back; close to; **cascare addòsso a** to fall on someone

adeguato suited

aderire to stick; to fit closely

adèsso now; today

adibire (a) to set up (as)

adoperare to wield

adusare to accustom

aèreo *adj.* air; **agenzìa di navigazióne aèrea** airline office

aeròporto airport

affàbile affable

affacciarsi to appear, to lean out *or* over; to look into

affamato famished

affare *m.* business; bargain; **fare un buòn affare** to get a bargain; *pl.* business

affascinare to hypnotize

affatto the least; **sènza... affatto** without... at all

afferrare to grab; **afferrarsi a** to clutch, to grasp

affettare to slice

affètto *n.* affection

affezionarsi a to become fond of

affezionato affectionate

affievolire to weaken

affilato gaunt

affiorare to crop up; to come to the surface

affittare to rent

afflitto chagrined

afflosciarsi to grow limp

affollare to crowd

affratellare to make one feel as a brother

affrettarsi to hurry

affrontare to face, to confront

affrónto *n.* insult

Àfrica Africa; **guèrra d'Àfrica**

Italo-Ethiopian war (1935-1936)

agènte *m.* officer

agenzìa agency; **agenzìa di viaggi e turismo** travel agency; **agenzìa di navigazióne aèrea** airline office

aggirarsi to wander

aggiùngere *irr.* to add

aggiunsi *p. abs. of* **aggiùngere**

aggiustare to adjust

aggrappare to grapple

aggraziato graceful

aggressivo aggressive

aggricciare to stiffen

aggrondare to scowl

agire to act

agitarsi to fret, to get excited

agitato wrought up

agitazióne *f.* nervousness

àglio garlic; **spìcchio d'àglio** clove of garlic

ago needle

agonìa agony

agrìcolo: struménto agrìcolo farm tool

ahimè alas

àia threshing floor

aiuòla bed (flower)

aiutare (a) to help

alba dawn

albanése *m. and f.* Albanian

albeggiare *impers.* to dawn

alberghétto inn

albèrgo hotel; **albèrgo popolare** fourth-class hotel

àlbero tree

albino albino

alcuno any; **non... alcuna...** not... any...; **né alcuna...** nor... any; *pl.* some, several, a few

alfabèto alphabet

Alfièri, Vittòrio (1749-1803) Italian dramatist

Alighièri, Dante (1265-1321) the greatest Italian poet, author of the "Divine Comedy"

alimentare to feed

àlito breath

allampanato scrawny

allargarsi to swell

allarmarsi to become alarmed

allarme *m.* alarm

allattare to nurse

allegrìa hilarity

allégro happy, cheerful

allevare to raise, to bring up

alleviare to relieve

allibire to flinch

allièvo student

allineare to line up

allòggio lodging

allontanarsi to draw away; to become remote

allóra then, at that time; **da allóra** since

allorché when

allucinato frenzied

allungare to lengthen; to stretch out; to form a long line; to form (a train); to increase

alméno at least

alt *m.* halt

altare *m.* altar; **altare maggióre** main altar

altézza: a metà altézza halfway up

altipiano high plateau

alto tall; high; **ad alta vóce** aloud; **alto pónte** top deck; **in alto** above one's head; at the upper end of the village; **in alto di**

above; **vèrso l'alto** toward the upper stories

altrettanto likewise

altriménti otherwise

altro *pron.* other; another; other one; **bèn altro** something quite different; **l'un l'altro** one from the other; **non... altro** no more; **tutt'altro che** anything but; **sènz'altro** at once; *adj.* other; more

altrónde: d'altrónde moreover

altróve elsewhere

alzare to raise, to put up; **alzare le spalle** to shrug one's shoulders; **alzarsi** to rise, to get up; **alzarsi in pièdi** to stand up

alzato *adj.* standing

amàbile amiable

amare to love

amarézza bitterness

amaro bitter

ambasciatóre *m.* ambassador

ambientarsi to acclimate oneself

ambiènte *m.* circle; atmosphere

ambìguo ambiguous

ambizióso ambitious

Amburgo Hamburg, city in NW Germany

Amèrica America

americanizzare to Americanize

americano *n. and adj.* American; **all'americana** in the American fashion

amicarsi to make friends

amicìzia friendship; **rappòrto d'amicìzia** friendly relations

amico *n.* friend; *adj.* friendly

ammaccare to crush

ammalato sick

ammazzare to kill

amméttere *irr.* to admit

ammezzato half empty

ammiccare to wink

amministrare to organize

amministratóre *m.* administrator

ammirato admiring

ammirazióne *f.* admiration

ammisi *p. abs. of* **amméttere**

ammonticchiare to pile up

ammucchiare to pile up; **ammucchiati ai pièdi** heaped up way down below; **un'ammucchiata macèrie** a pile of ruins

amóre *m.* love; darling

amoróso lovingly

àmpio broad

anacronìstico anachronistic

anàrchico anarchist

anche even, also, too; **e anche** and yet

ancóra still, again, more, just; **ancóra di più** still more; **ancóra una vòlta** once more; **non... ancóra** not yet

andaménto: buòn andaménto smooth operation

andare *irr.* to go; to travel; to be fashionable; **andare** + *pres. part.* to keep, to keep on; **andare a finire** to end up; **andare a gónfie véle** to go full steam ahead; **andare al passo** to move at walking pace; **andare a servire** to become a servant; **andare a servìzio** to go into domestic service; **andare avanti** to drag along; **andar diètro** to run after; **andar diètro a** to follow; **andare in automòbile** to drive; **andare in màcchina** to drive; **andare riconoscèndo** to begin to recognize; **andiamo bène** we are doing well; **che andàvano accendèndosi** which were being lit; **cóme va...?** how is it? how are things? **fare andare un disco** to play a record; **lasciarsi andare** to let oneself drop; **non andare più** to be out of fashion; **va bène** all right; **andàrsene** to get out, to go off; **andàrsene di casa** to leave home

andazzo habit, usage

àndito entrance, bottom landing

andróne *m.* passageway

anèllo ring

àngelo angel

àngolo corner

angòscia anguish

angosciare to anguish

angusto narrow

ànima soul

animale *m.* animal

animalésco animal-like

Anna Anna, Anne

Anna Marìa Mary Anne

annata harvest

annebbiato clouded

anno year; **avére... anni** to be... years old; **cómpiere... anni** to be... years old; **sui... anni** about ... years old

annodare to knot

annoiarsi to be bored

annotare to footnote

annuire to assent

annullare to annul

annunciare to announce; **annunciarsi** to announce oneself

annùnzio *n.* ad, advertisement; **annùnzio econòmico** want ad

annusare to sniff at

ànsia anxious desire

ansietà anxiety

anténna antenna

anterióre front

anticàmera waiting room

antìcipo down payment; **in antìcipo** in advance

antico former; ancient; faraway; **all'antica** old-fashioned

antipàtico uncongenial

antiquato old-fashioned

anzi instead, rather; as a matter of fact

anziano old

anziché instead of

apèrsi *p. abs. of* **aprire**

apèrto *past part. of* **aprire; all'apèrto** open-air, outdoors

apertura opening

appagare to satisfy

appannato clouded over

apparènte apparent, obvious

apparire to appear

apparizióne *f.* appearance

apparso *past part. of* **apparire**

appartaménto apartment

appartenére *irr.* to belong

apparvi *p. abs. of* **apparire**

appèllo call

appéna just, barely, no sooner

appèndere *irr.* to hang

appéso *past part. of* **appèndere**

appetito appetite

appiccicare to stick

applicare to fit

appoggiare to lean; **appoggiarsi** to lean

appòggio: appòggi influence

appòsta on purpose

approdare to land (boat); **non**

VOCABOLARIO

approdare a nulla to get nowhere
appròdo pier
appropriato proper
appuntito pointed
appunto *n.* note; *adv.* purposely, precisely
aprire *irr.* to open; **non aprir bócca** not to say a word; **aprirsi** to open, to open up; **aprirsi con** to open one's heart to
aquilino acquiline
àrabo Arabic
arancéto orange grove
arància orange
aràncio orange tree and also orange (fruit); **giardino d'aranci** orange grove
aratrùccio small plow
arbitràrio arbitrary
arcàico archaic
archibùgio antiquated gun
arco arch
ardènte broiling hot
Argentina the Argentine Republic
argènto silver
argilla clay
àrgine *m.* (*fig.*) point
argoménto argument, point
ària air; expression; **ària condizionata** air-conditioning; **all'ària apèrta** outdoors; **avér l'ària** to look; **avér l'ària di** to seem
àrido arid
ariétta air (tune)
arma weapon
armàdio closet, wardrobe
armare to arm; **armati di** armed with
armeggiare to bustle around
armonióso harmonious

arrabbiare to enrage; **fare arrabbiare** to anger; **arrabbiarsi** to get mad, to become angry
arraffare to grab
arrampicarsi to climb
arrangiarsi: arrangiarsi da to get along as
arrangolare to growl
arredare to furnish
arrestarsi to stop
arricchire to enrich; **arricchirsi** to get rich
arricciare to wrinkle
arrivare to arrive, to come, to reach
arrivo *n.* arrival
arrogante arrogant
arrossire to blush
arrotolare to wind
arrugginire to rust
arte *f.* art
artìcolo leader (newspaper)
artificiale artificial
artigiano artisan, craftsman
artrìtico arthritic
ascensóre *m.* elevator
asciugamano *also* **asciugamani** *m. sing.* towel
asciutto dry
ascoltare to listen, to listen to; **ascoltare un malato** to listen to a patient's heart
ascólto: in ascólto all ears
asfissiare to asphyxiate
àsino donkey
àsola buttonhole
asolàia buttonhole maker
aspettare to expect, to await; **aspettarsi (di)** to expect; to wait, to wait for
aspètto aspect, appearance

aspirina aspirin
aspro sharp
assaggiare to taste
assài very, a great deal
assediare to beseige
assènte absent
assènza absence
assènzio wormwood
assicurare to assure
assicurazióne *f.* insurance company
assième: assième a together with
assistènte *m. and f.* assistant
assistènza help
assìstere to help
assoluto absolute
assòlvere *irr.:* **assòlvere a** to carry out, to fulfill
assonnato drugged with sleep
assopire to doze
assorbire to absorb
assordante deafening
assòrto absorbed
assurdità absurdity
assurdo absurd
astèmio abstemious
astenérsi *irr.* to abstain
astratto abstract
astùccio case
astuto shrewed
astùzia cunning
atróce atrocious, terrible
attaccare to attach; to fasten; to tack; to strike up; **attaccare discórso** to start up a conversation
atteggiaménto attitude; demeanor
attèndere *irr.* to expect; to wait
attènto attentive; **farsi attènto** to become attentive; **stare attènto** to watch out; **stare attènto a** to take care not to
attenzióne *f.* attention
attésa expectation; **èssere in attésa** to be waiting; **in attésa di** while waiting for
attési *p. abs. of* **attèndere**
attéso *past part. of* **attèndere**
àttimo brief moment
attirare to draw down
attività activity
attivo: èssere in attivo to be in the black
atto act
attóre *m.* actor; **fare l'attóre** to be an actor
attorniare to surround; to escort
attórno around
attrarre *irr.* to attract
attrattiva attraction
attratto *past part. of* **attrarre**
attraversare to cross; to penetrate
attravèrso across, through; over
attrèzzo: attrèzzi equipment
attribuire to attribute
attrice *f.* actress
attuale real, present
augurare to wish; **augurarsi** to hope
auguri! Good luck!
àula classroom
aumentare to increase, to raise
austèro austere
austrìaco *n. and adj.* Austrian
autèntico authentic
autista *m.* driver
àuto *f.* car; bus
àutobus *m. invar.* bus
autocarro truck
autocolónna motor column
automòbile *f.* automobile, car; **automòbile scopèrta** open car;

andare in automòbile to drive

autopostale *m.* mail-bus

autorévole authoritative

autorità authority

autostrada highway; **autostrada a pagaménto** turnpike

autunno autumn

avallare to co-sign

avanti forward; **avanti** (encouragement) come now; **avanti e indiètro** back and forth; **farsi avanti** to come forward; **più avanti** farther ahead

avanzare to advance, to come forward

avanzato *adj.* left-over

avére *irr.* to have; **avér bisógno di** to need; **avér caldo** to be warm; **avér da fare** to have things to do; **avér da fare con** to deal with; **avér fame** to be hungry; **avér fortuna** to be lucky; **avér fréddo** to be cold; **avér frétta** to be in a hurry; **avér male a** to have a pain in; **avér paura** to be afraid; **avér paziènza** to be patient; **avér ragióne** to be right, to be in the right; **avér sónno** to be sleepy; **avér tòrto** to be wrong; **avér... anni** to be ... years old

avidità greediness

àvido avid

avòrio ivory

avvalérsi *irr.* to avail oneself

avvampare to flash

avvenire *irr.* to happen; *n. m.* future

avventarsi a to throw oneself on

avventura adventure

avventurarsi to venture

avversàrio opponent

avversióne *f.* aversion

avvertire to warn, to inform

avviarsi to start walking

avvicinarsi to draw near

avvilito humiliated

avvinazzato a winebibber

avvìo: prèndere l'avvìo to get under way

avvisétto notice

avvitarsi: avvitarsi mèglio to wrap tighter

avvocato lawyer

avvòlgere *irr.* to wrap up, to envelop

avvòlto *past part. of* **avvòlgere**

aziènda business firm

azióne *f.* act; action; sortie

azzannare to bite

azzardare to venture to make

azzurro blue

B

baciare to kiss

bacinèlla basin

bàcio kiss

badare (a) to pay attention, to be careful, to notice; to take pains

baffettini *m. pl.* little moustaches

baffi *m. pl.* moustache

Baffo Whisker (nickname assumed to avoid detection)

baffuto mustachioed

bagàglio luggage

bagnare to wet; to drip

bagno bath; bath room; **costume da bagno** bathing suit; **fare il bagno** to take a bath

balbettare to stammer
balcóne *m.* balcony
balenare to flash
ballare to dance
ballo dance
balzare to jump, to jump up
bambina child; little girl; **móglie bambina** child-like wife
bambino baby, child
bàmbola doll
banca bank
banco counter; school desk; stall; bar
bancóne *m.* counter
banda band
bando ban
bandóne *m.* sheet metal screen
baràttolo jar
barba beard; **farsi la barba** to shave
bàrbaro uncouth
barbière *m.* barber
barbugliare to mumble
barcollare to reel
barìtono baritone
barlume *m.* glow
baróne *m.* baron
barroccino pushcart
basso *n.* bottom; slum dwelling; *adj.* low; **a bassa vóce** in a low voice; **basso di** lowered by
bassottino rather short
basta *adv.* enough; **e basta** and no more, and that's all
bastardo hybrid, mutt
bastare (a) to be enough, to suffice
bastóne *m.* walking stick; **fare da bastóne** to serve as a walking stick
battàglia battle
battèllo boat, ship

battèllo-traghétto ferryboat
battènte *m.* **chiùdere i battènti** *fig.* to go out of business
bàttere to strike; to clap; **bàttere a màcchina** to type; **bàtter cìglio** to blink an eye; **bàttersela in** to make a dash for; *n. m.* tolling; **il bàtter degli zòccoli** the stamping of the hoofs; **in un bàtter d'òcchio** in the twinkling of an eye
batticuòre *m.* palpitation of the heart; heart-pounding fear
bàvero lapels, collar
bè *apoc.* of **bène**
be' *apoc. of* **bène**
beato: beato voi! lucky you!
beccare to peck
becchino gravedigger
bèl *apoc. of* **bèllo**
bellézza beauty
bellino *dim. of* **bèllo** cute
bèllo *adj.* beautiful, lovely, fine, handsome; **Signorina bèlla** My dear Miss; *n.* the beautiful; **bèlla mia** dearie; **bèllo mio** buddy
bèn *apoc. of* **bène**
benché although
bène *adv.* well, very; **bèn altro** something quite different; **star bène** to be all right; to be well off; to feel at ease; **trovarsi bène** to like; **va bène** all right; **volér bène** to be fond of, to love; *n. m.* right; riches
Benedétto *prop. n.* Benedict
benedétto *past part. of* **benedire**
benedire *irr.* to bless
benedizióne *f.* blessing
benevolènza grace

benèvolo benevolent
benvenuto! welcome!
benzina gasoline
bére *irr.* to drink
berrétto cap
béstia animal
bestiale bestial
béttola dive, wineshop
bevanda beverage
bévvi *p. abs. of* **bére**
biancherìa laundry; linen; **cassa della biancherìa** linen chest
bianco white; pure; bland; **di punto in bianco** suddenly
bibliotèca library
bicarbonato bicarbonate of soda
bicchière *m.* glass; glassful; **bicchière di cartóne** paper cup
bicchierino liqueur glass; glassful
biciclétta bicycle
bidóne *m.* can (gasoline)
biètola beet
bigliétto ticket; banknote; **bigliétto da vìsita** calling card; **fare il bigliétto** to buy the ticket
bilàncio balance sheet
bimbo baby, child
binàrio railroad track, rails
biològico: fòssa biològica cesspool
biondicèllo ash-blond
bióndo blond
birra beer
bisbigliare to whisper
bisbìglio *n.* whisper
biscottino biscuit, dry cookie
biscòtto biscuit, dry cookie
bisnònno great-grandfather
bisognare *impers.* to be necessary; must
bisógno: avér bisógno di to need
Bìxio, Nino (1821-1873) Genoese

general who fought with Garibaldi for the unification of Italy
bizzarro strange
bloccare to block, to block off
blu *adj. invar.* blue
bócca mouth; **àcqua in bócca!** don't breathe a word of this to anyone!; **in bócca a** in the jaws of; **non aprir bócca** not to say a word
boccheggiare to gasp for breath
bocchino cigarette holder
bocciatura flunking
boccóne *m.: nel boccóne* in the mouth
borbottare to mutter
bórdo: a bórdo on board; **a bórdo di** on board
bórgo hamlet
bórsa purse; **di bórsa prónta** who pay in ready cash
bòsco woods
boscóso woody
bòsso boxwood
bottéga shop; store
bottegùccia small shop; a "hole in the wall"
bottìglia bottle
bottóne *m.* button; push button; **bottóni dei polsini** cuff-links
bòzza proof
bracciante *m.* day laborer
bràccio arm; **dimenare con bràccia volenteróse** to scrub with eager arms; **sulle bràccia** in one's arms
Brasile *m.* Brazil
bravo good; **Bravo!** Good for you!; **E bravo il...** Three cheers for...
bréccia opening
brève short, brief; curt
breviàrio breviary

brigadière *m.* sergeant
brillante *n. m.* diamond; *adj.* shining
brillantina brilliantine
brillare to shine
brìvido: dare un brìvido to give the shivers
bróncio: méttersi in bróncio to begin to pout
brontolare to grumble
bruciacchiare to scorch
bruciapélo: a bruciapélo point blank
bruciare to burn
brunétta brunette
bruno dark
brusco brusque
brusìo hum, noise
brutale brutal
brutto ugly
bucato laundry
bue *m.* (*pl.* **buòi**) ox
buffé *m.* buffet
buffo comic
bùio *n. and adj.* dark, darkness; **bùio pésto** pitch dark
bullo flashy, rowdyish
buonanòtte *f.* good night
buonaséra good evening
buongiórno good morning
buòno good; **non èssere buòno a niènte** to be completely ineffectual; **salòtto buòno** Sunday parlor
bussare to tap; to knock
busta envelope
buttare to throw, to throw out; **buttar giù** to gulp down; **buttar via** to throw away; **buttarsi** to throw oneself
butterato pock-marked

C

cabina: cabina di vétro glass booth
cacca: cacca di mósca flyspeck
càccia: padiglióne di càccia hunting lodge
cacciare to thrust; to utter; **cacciarsi** to thrust; to stuff
cacciatóra: vestito alla cacciatóra hunting suit
cacciatóre *m.* hunter
cachemire *m.* (*French*) cashmere
cadàvere *m.* cadaver
cadavèrico corpse-like
caddi *p. abs. of* **cadére**
cadènza cadence
cadére *irr.* to fall; to be no longer valid; **lasciar cadére** to drop
caffè *m.* coffee; a cup of coffee; café, coffeehouse
caffelatte *m.* coffee and milk
cafóne *m. colloq.* peasant
cagnàccio ugly dog
calabrése *m. and f.* Calabrian
Calàbrie *f. pl. of* **Calàbria,** region of Southern Italy
calare to fall; to pull down
calcinato chalky
càlcio butt; kick; **sbàttere fuòri a calci** to kick out
calcolare to calculate
càlcolo calculation; plan
caldo *n.* heat; **avér caldo** to be warm; **far caldo** to be warm; *adj.* hot, warm
calendàrio calendar
calibrato balanced
caliginóso smoggy
calligrafìa handwriting
calligràfico calligraphic (of penmanship)

calma calm
calmo *adj.* calm
calóre *m.* heat; **40 gradi di calóre** *(centigrade)* 104 degrees of temperature *(Fahrenheit)*
calzóni *m. pl.* trousers; **calzóni alla zuava** knickers
cambiale *f.* promissory note
cambiaménto change
cambiare to change, to transform; **cambiare d'idèa** to change one's mind; **cambiare discórso** to change the subject; **cambiarsi di vestito** to change one's clothes
càmbio changing of the guard
càmera room; bedroom; **càmera da lètto** bedroom; **càmera vuòta** unfurnished room
camerata *n. m.* comrade
camerétta small room
camerièra maid
camerière *m.* man-servant; waiter
camerino dressing room
cameróne *m.* ward
camìcia shirt
camiciòtto sport shirt
camino hearth
camion *m. invar.* truck
camminare to walk
cammino way; distance
campagna country, countryside; **carro di campagna** farm cart; **casa di campagna** country house; **vita di campagna** country life; *pl.* farmlands
campana bell
companèllo door bell; **campanèllo a tirante** pull-bell
campanile *m.* belltower
campare to live
campicèllo little field

campióne *m.* sample
campo field; camp
cànapa hemp
canapina: tèrra canapina hemp land
cancellare to cancel
cancèllo gate, gateway; **cancèllo d'ingrèsso** main gate
candéla watt
càndido white, snow-white
candóre *m.* sparkling white
cane *m.* dog
canna cane, stake
cannéto cane-brake
cantante *m. and f.* singer
cantare to sing; *n. m.* singing
canterellare to chant
canticchiare to hum a tune, to croon
canto song, singing; part; **dal canto suo** from his part
canzonare to make fun of
canzoncina popular song
canzóne *f.* song
capace able
capàrbio obstinate
caparra advance payment
capeggiare to head
capéllo hair
capèstro noose
capire to understand; **si capisce** of course
capitale *f.* capital (city)
capitalùccio tidy capital (money)
capitano captain
capitare to come; to happen, to befall
capitombolare to tumble over
capo head; **a capo scopèrto** bare headed; **all'altro capo** at the other end of the line; **in capo al**

móndo to the end of the earth
capofamìglia *m.* head of the family
capolìnea *m.* terminal
caporale *m.* corporal
capotècnico chief engineer
capotréno conductor
capovòlto topsy-turvy
cappèllo hat; cap; **cappèllo a fungo** mushroom-shaped hat
cappellùccio small hat
cappòtto overcoat
cappùccio hood
capra goat
capriòla: fare una capriòla to turn a somersault
carabàttola knick-knack
carabinière *m.* (Italian) policeman; *pl.* police
caràttere *m.* character; type
carbóne *m.* charcoal, coal; **fornèllo a carbóne** charcoal stove
cardinale *m.* cardinal
carezzare to caress; **carezzarsi** to stroke
caricare to load
caricatóre *m.* cartridge clip
càrico *n.* load; *adj.* **càrico di** loaded with, burdened with
carità charity; **per carità** for heaven's sake
Carla *f. of* **Carlo**
Carlo Charles
Carmèla Carmen
carnagióne *f.* complexion
carnale: fratèllo carnale blood brother
carne *f.* meat
carnevale *m.* carnival
caro dear; expensive; **costare caro** to be expensive

carógna carcass; *colloq.* scoundrel, mean creature
carrettière *m.* teamster
carrétto pushcart
carrièra career
carro wagon; **carro di campagna** farm cart
carròzza horse carriage; railroad car; **méttersi in carròzza** to get into a carriage
carrozzàbile: strada carrozzàbile hard-surfaced road
carrozzerìa body (auto)
carta paper, piece of paper; document; *pl.* playing cards; **carta geogràfica** map; **carta topogràfica** map; **dòllaro di carta** dollar bill
cartàccia waste paper
cartellino card
cartèllo test chart
cartellóne *m.* poster, billboard
cartòccio paper cartridge
cartolina: cartolina postale post card
cartoncino card
cartóne *m.:* **bicchière di cartóne** paper cup
casa house, home; town house; **casa colònica** farmhouse; **casa editrice** publishing house; **casa di campagna** country house; **in casa** at home
casalingo intimate, close
cascare to fall; **cascare addòsso** to fall on top of someone
caschétto casque-like hat
casétta little house
caso case; *pl.* business; **a caso** by chance; **non farci caso** to pay no attention; **per caso** by chance

VOCABOLARIO

casòtto ramshackle barn

cassa chest; cash register; **cassa della biancherìa** linen chest

cassétta box

cassétto drawer

castano *adj.* brown

castèllo castle

castigare to punish

castigo punishment

cataclisma *m.* cataclysm

catarro mucus

catarróso catarrhal

caténa chain

catenèlla chain

catino wash basin

cattivo bad, wicked, mean

catturare to capture

càusa: **a càusa di** because of

cavalleggère *m.* cavalryman

cavallo horse; **a cavallo** on horseback; **in dòsi da cavallo** in doses that would choke a horse

cavare to extract; to tear out; **cavàrsela** to come out on top

cavèrna cavern

càvolo cabbage

cecato: Neapolitan dialect for **cièco** blind

Ceccóni family name

cèdere to yield, to give way

cèlebre famous

céna supper; **l'óra di céna** supper time

cenare to have supper

céncio rag

cencióso ragged

cénno gesture; **far cénno di** to motion

censura censorship

centìmetro centimeter (the one-hundredth part of a meter equivalent to 0.3937 in.)

centinàio: (*pl. f.* centinàia) **a tante centinàia di** at so many hundreds of

centrale: **córso centrale** main street

cèntro center, middle

céra: **passare a céra** to wax

ceràmica ceramic ware

cérca *n.* search

cercare to search, to look for, to look up; **cercare di** to try to

cerchiétto circlet

cérchio rim; **a cérchio** in a circle

cerchiolino tiny circle

cerimoniale *m.* ritual

cerino wax match

cèrto certain, certainly, sure, to be sure

cervèllo brain

Césare Caesar

cespùglio bush

cessare to cease; **cessare di** to cease, to stop

césta hamper

cestèllo basket

césto basket; lunch basket

ch' *apoc.* of **ché**

che *pron.* who, whom; that, which; what; *adj.* che? what?; **che... !** what... !, what a... ! **quéllo che** what; *conj.* that, than; **che còsa** what; **non... che** only; **piuttòsto... che** rather than; **ché** *or* **chè** in order that, so that, because, since, till

chéto quiet

chi *pron.* who, whom; whoever, he who; someone who

chiacchierare to chat

chiamare to call; **chiamarsi** to be called, to be named; **cóme si chiama?** what is his (her, your, its) name?

chiarirsi to clear up

chiaro clear; light-colored; obvious; **chiaro e nétto** *or* **chiaro e tóndo** without mincing words; **vestirsi di chiaro** to wear light colors

chiaróre *m.* glow

chiasso hullabaloo

chiave *f.:* **chiùdere a chiave** to lock

chiavistèllo bolt

chiazza stain, spot

chicco bean

chièdere *irr.* to ask; **chièdersi** to ask; to wonder

chièsa church

chièsi *p. abs. of* **chièdere**

chièsto *past part.* of **chièdere**

chilogrammo kilogram (metric measure of weight equal to 1,000 grams or to 2.2 pounds avoirdupois)

chilòmetro kilometer (measure of length equal to one thousand meters or to 3,280.8 feet); **fare chilòmetri** to go miles

chinarsi to bend, to bend down

chino stooping; leaning

chiòdo nail; **irto di chiòdi** bristling with spikes

chiòstra array

chissà who knows

chiùdere *irr.* to close; to enclose; to shut, to shut up; **chiùdere a chiave** to lock; **chiùdere i battènti** to go out of business; **a dènti chiusi** with clenched teeth; **a òcchi chiusi** blindfolded; **tutta**

chiusa uncommunicative; **chiùdersi** to close

chiùnque whoever, anyone, anybody

chiusi *p. abs. of* **chiùdere**

ci *pron.* us, to us; ourselves, each other; *adv.* here; there

cianfrusàglia odds and ends

ciào *fam.* ciao, hello

ciarlare to chit-chat

ciascuno *pron.* each one, every one; *adj.* each, every

cibo food

ciclista *m.* cyclist, man on a bicycle

cièlo sky; heaven; **régno dei cièli** kindom of heaven; **Santo cièlo** Great Heavens

cifra figure; price

cìglio eyelash; top (of a wall); **cìglio della strada** side of the road; **bàtter cìglio** to blink an eye

cigolare to creak

cilièga cherry

ciliègio cherry (tree)

cima top; end; **in cima** on top; at the upper end; **in cima a** on top of; at the upper end of

ciminièra smokestack

cimitèro cemetery

cincischiare to splutter

cìnema *m.* movies

cinematògrafo movies

cìnghia sling

cinta outer wall

cintare to enclose

cintura belt

ciò *pron.* that; **ciò che** what, which, that which

cioè that is to say
ciondolare to droop
cióndolo fob
ciòtola bowl
ciòttolo cobblestone
cipólla onion
cipollina scallion
ciprèsso cypress tree
circa approximately, about
circolare to circulate
circondare to surround
circonvallazióne *f.* avenue that follows the perimeter of a city
circospètto watchful
città city
cittadina small town
cittadino citizen
ciuffo tuft
civettuòlo quaint
civile: vita civile civilized society
clamoróso noisy
clandestino clandestine
Clarice *prop. n. f. probably from* **Clara** Claire
classe *f.* class; classroom; **da tèrza classe** travelling third class
cliènte *m. and f.* client, customer
clientèla clientele
clìnico: lettino clìnico operating table
cocciutàggine *f.* stubbornness
cocùzzolo summit (of a hill); crown
codazzo retinue
còdice *m.* code
coetàneo contemporary, of the same age
cognac *m.* cognac, brandy
cognata sister-in-law
cognóme *m.* surname
colazióne *f.* breakfast (*if eaten in the morning*); luncheon (*if*

eaten around noon); **fare colazióne** to have luncheon, to eat luncheon; **prima colazióne** breakfast; **secónda colazióne** luncheon
collaborare to collaborate
collare *m.* collar
còlle *m.* hill
collèga *m.* colleague
collegare to connect
collegiale *m. and f.* boarder (in a school)
collègio boarding school
collétto collar
collina hill
còllo neck
collòttola nape
colmare to fill
colònico: casa colònica farmhouse
colónna column
colòno tenant farmer
colorare to color
colóre *m.* color
colorito *n.* complexion
cólpa fault; guilt
colpétto tap
colpire to strike; to affect; **colpire a tradiménto** to stab in the back; **colpire di strìscio** to graze
cólpo blow; push; **di cólpo** abruptly
coltèllo knife
coltivare to cultivate, to grow, to till
comandante *m.* commander
comandare to give orders
comando *n.* command
combattiménto fight
combattiménto fight
combutta: in combutta thrown in helter-skelter

cóme like; how; as; as if; something like; **Cóme no** Of course; **cóme per** as if; **cóme una...** something like a...; **cóme va...?** how are things...?; how is it...?

cominciare to begin

comitiva group

commèdia comedy, farce

commemorare to commemorate

commentare to comment

comménto n. comment

commerciante m. business man; **fare il commerciante** to be a business man

commésso clerk

commiserazióne f. commiseration

commissàrio commissary; commissioner (a Government-appointed mayor)

commòsso moved

commozióne f. emotion

comodino night table

còmodo comfortable; **stare còmodo** to be comfortable

compaesano fellow townsman

compagnìa company; **Compagnìa di Gesù** Company of Jesus, Jesuit Order

compagno companion, friend; **compagno di lavóro** fellow-worker; **compagno di viàggio** travelling companion

compare m. fam. kinsman, friend; accomplice

comparire irr. to appear

comparsa n. appearance

comparvi p. abs. of **comparire**

compassionévole compassionate

compatiménto compassion

compatire to pity

compatto compact, dense

compènso: in compènso on the other hand

comperare see **comprare**

compiacérsi di to delight in

compiaciuto delighted

cómpiere see **compire**

compire to accomplish; to perform; **compire... anni** to be... years old

compleanno birthday

complèsso complex

completare to complete; **completarsi** to be completed

complèto n. three-piece suit; adj. complete

complicato complex; complicated

còmplice m. accomplice; stooge

compliménto compliment

comportarsi to behave

compostézza composure

compósto composed

comprare to buy

comprèndere irr. to understand

comprensìbile comprehensible

comprensióne f. understanding

compromettènte risky

compunzióne f. compunction

comune m. town hall; adj. ordinary; mutual

comunicare to communicate

comunicazióne f. communication; conversation

comunista n. and adj. m. and f. communist

comùnque in any event

cón with

concèdere irr. to grant; to allow

concentrarsi to focus

concèrnere to concern

concèrto concert

concèsso past part. of **concèdere**

Concètta *prop. n.* Conception
Concettina *dim. of* **Concètta**
Concettino *prop. n. dim. of* **Concètto** *from* **Immacolata Concezióne** Immaculate Conception
concitato excited
conclùdere *irr.* to end; to conclude; to accomplish
conclusi *p. abs. of* **conclùdere**
concretézza shape
condiscendènza consent
condizionare: ària condizionata air conditioning
condizióne *f.* condition
condoglianza condolence
condomìnio cooperative house, condominium
condótto *past part. of* **condurre**
condurre (a) *irr.* to lead, to take, to take along
condussi *p. abs. of* **condurre**
conferire to confer
confermare to confirm; to corroborate
confessare to confess, to admit
confidarsi to confide in
confidènte *adj. fig.* familiar
confidènza intimacy; **dare confidènza a** to become familiar with; **in confidènza** confidentially
confine *m.* border
confóndere *irr.* to confuse; **confóndersi** to fuse; to blot out
confortare to comfort; **confortarsi** to console oneself; **confortarsi con** to find solace in
confortévole comfortable
confrontare: non c'è da confrontare there is no comparison

confusióne *f.* jumble
confuso *past part. of* **confóndere**; *adj.* confused; bewildered
congedarsi to take leave; to be discharged
congèdo *n.:* **in congèdo** recently discharged
congégno technique
congiùngere *irr.* to hold together
congratularsi con to congratulate
conìglio rabbit
còno cone
conoscènza acquaintance
conóscere *irr.* to know
conquistare to conquer
consegnare (a) to hand over; to entrust; to hand
conseguènza consequence; **di conseguènza** as a result
consentire to grant; to allow
conservare to keep; to retain
conservazióne *f.* conservation
considerare to consider; to observe
consigliare to advise
consìstere to consist
consolare to comfort
consolaziòne *f.* consolation
consòrte *m. and f.* consort, spouse
consuèto habitual, usual
consultare to consult
contàbile *m.* accountant
contadina peasant woman
contadinésco *adj.* peasant
contadino peasant; farmer
contante *m.* **contanti** *m. pl.* cash; *adj.* **contantìssimi** spot cash
contare to count
contatto contact
contégno behavior
contemplare to contemplate; **contemplarsi** to look at oneself

contenére *irr.* to control; **contenérsi** to check oneself
conténni *p. abs. of* **contenére**
contentarsi di to be satisfied with
contènto happy
contéssa countess
continènte *m.* continent
continuare to continue; **continuare a** to go on
contìnuo continuous; constant
cónto account; bill; **fare i cónti** to settle the bill; **non réndersi cónto di** not to have any idea of; **per cónto di** for; **per cónto suo** to himself; **rèndersi cónto** to realize; **rèndersi cónto di** to understand; **tenére cónto di** to give importance
contornare di to surround with
contórno outline
contraddittòrio contradictory
contraddizióne *f.* contradiction
contraffazióne *f.* mystification
contràrio opposite; **al contràrio** on the contrary
cóntro against
controllare to check; to punch
contròllo ticket collector; **passare il contròllo** to check the tickets
controllóre *m.* train conductor; ticket collector
conveniènza convenience; expediency
convenire *irr.* to be better; to prearrange; **convenire mèglio a** to be more convenient for
convènto monastery
convenuto *past part. of* **convenire**
convenzionale conventional
conversare to converse
conversatóre *m.* conversationalist

convèrso: fratèllo convèrso lay brother
convìncere *irr.* to convince; **convìncersi** to become convinced
convinto *past part. of* **convìncere**
convitto boarding school
copèrta *n.* blanket; steamer rug; **copèrta da lètto** blanket
copèrto *past part. of* **coprire;** *adj.* **copèrto di** covered with
còppia pair; couple
copricapo headpiece
coprire (di) *irr.* to cover (with)
coràggio courage; **farsi coràggio** to take courage
còrda rope
cordàio rope-maker
cordiale cordial
cordialità cordiality
cornice *f.* frame
còrno (*pl.* **le còrna**) horn; feeler; **còrno portafortuna** good-luck charm in the shape of a horn
corólla corolla
coróna rosary
còrpo body; **in còrpo** inside one's body; **prènder còrpo** to take shape
corrèggere *irr.* to correct
corrènte *f.:* **présa di corrènte** socket
córrere *irr.* to run; **córrere incóntro** to run to meet; *fig.* to run down the drain
corrètto *past part. of* **corrèggere**
corridóio corridor; aisle
corrispóndere *irr.* to correspond
córsa run; rush; **in córsa** as it raced along
córsi *p. abs. of* **córrere**
corsivo italics

VOCABOLARIO

córso avenue; córso centrale main street

cortése courteous

cortile m. courtyard

cortina curtain

Cortina d'Ampézzo: Renowned winter and summer resort in NE Italy at the foot of the Dolomites

córto short

còsa thing; something; what; còsa? what?; còsa da niènte trifle; còsa mai what in heavens; che còsa what; tutta un'altra còsa quite another matter

còscia thigh; a mèzza còscia half way up one's thigh

cosciènza conscience

così so, thus; likewise; like this, in this way; così così so so; così? is that so?; e così via and so forth and so on

cosmètico cosmetic

cospàrgere irr. to strew, to cover

cosparsi past part. of cospàrgere

còsta coast

costante constant

costare to cost; costare caro to be expensive

costeggiare to run along the coast

costellare to stud

costernato dumbfounded

costituito constituted

còstola rib

costóne m. slope

costóso expensive

costrétto past part. of costrìngere; èssere costrétto to be obliged; èssere costrétto a to be driven to; vedérsi costrétto a to be obliged to

costrìngere irr. to force, to oblige

costruire to build

costruzióne f. building

costùi pron. he, this man; the latter

costume m. custom; costume da bagno bathing suit

cotóne m.: fàbbrica di cotóne cotton mill

covare to nurture

cravatta necktie

creatura creature; little girl

credènza sideboard

crédere irr. to believe; to think; crédere di sì to think so; da non crédersi unbelievable

crepacuòre m. heartbreak

crepare colloq. to croak

crepùscolo twilight

créscere irr. to grow

créspo frizzy

crisi f. inv. crisis; crisi americana crash; crisi di nèrvi emotional breakdown, fit of hysterics

cristallo crystal; plate glass

cristiano Christian; pl. people

cròcchio group

cróce f. cross

crollare to hang

cromato chromed

crùccio torment

cruciale crucial

crudo raw

cucchiàio spoon

cucciolata litter of puppies

cùcciolo puppy

cucina kitchen; con uso di cucina with kitchen privileges

cucire to sew; cucìrselo colloq. for fàrselo cucire to have it made

cùffia cap

cugino cousin

cui whom; which; to whom; **la cui** whose, of which; **in cui** when; **per cui** because of which

culla cradle

cultura culture; **fàrsene una cultura** to become an expert (in a given field)

cuòcere *irr.* to cook

cuòco cook

cuòre *m.* heart; **pièno di cuòre** wholeheartedly; **sentirsi il cuòre strétto** to feel one's heart sink; **stare a cuòre a** to be dear to one's heart

cupo somber; **farsi cupo** to become somber

cura care

curare to look after; to tend

curato *adj.* well kept

curiosità curiosity

curvarsi to bend

curvo bent over

cuscino: **fare da cuscino** to act as a cushion

custodire to store

D

da *prep.* by, from, to; for, of, since; with; as; at the house (office) of; **da nói** in our part of the town (*or* of the country); **c'è da** it is enough to make one

dàgli: **e dàgli** there we go again

dài: **dài e dài** by dint of leaving no stone unturned

danno damage; **a danno di** at the expense of

Dante *see* **Alighièri**

dappertutto everywhere

dapprima at first

dare *irr.* to give; to evoke; **dare confidènza a** to become familiar with; **dare fastìdio** to annoy; **dare in** to open out on; to utter; **dare la mano a** to shake hands with; **dare mólti pensièri** to be a source of deep concern; **dar péso** to give importance; **dar rètta (a)** to heed; **dar su** to open out on; **dar sugo** to add zest; **dare una vóce** to call to; **dare un film** to show a film; **dare un guizzo** to quiver

dato: **dato ché** since

dattilografare to typewrite

davanti (a) before, in front of

davanzale *m.* window sill

Dàvide David, last son of Jesse of Bethlehem, who slew Goliath with a sling

davvéro really; as a matter of fact

de' *apoc. for* **dei** *prep.*

dèa goddess

débole *adj.* weak; *n.* weakling

decìdersi a *irr.* to make up one's mind

deciso *past part.* of **decìdere; deciso a tutto** determined to do anything; *adj.* resolute; well-defined

decrèpito decrepit

dèdito dedicated

definito defined

defórme deformed

defunto *adj.* deceased

degradante descending

delicato delicate

delirare to be in delirium

delìrio: fino al delìrio to the point of losing one's mind

deliziare to delight

delusióne *f.* disappointment

deluso disappointed

demonìaco demoniacal

denaro money

dènte *m.* tooth; **a dènti chiusi** with clenched teeth

dentièra denture

dentista *m.* dentist

déntro inside; **déntro di** within

denùnzia: una denùnzia alla polizìa a report to the police

denunziare to reveal; to report

depósi *p. abs. of* **depórre**

depórre *irr.* to put down; to deposit

deragliare to derail

desèrto *n.* desert; wasteland; *adj.* deserted; quiet

desiderare to wish

desidèrio desire

desolato desolate

destare to awaken

destinazióne *f.* destination

destino fate

désto awake

dèstra *n.* right hand; **a dèstra** on the right; to the right

dèstro *adj.* right

dettagliato detailed

dètti *p. abs. of* **dare**

détto *past part. of* **dire**

di *prep.* of; in; with; for; on; about from

di' *2nd sing. imperative of* **dire**

dialètto dialect

diàlogo dialogue

diametralménte diametrically

dianzi earlier

diàvolo devil; **patire una fame del diàvolo** to starve to death

dichiarare to declare

dichiarazióne *f.* declaration

dièdi *p. abs. of* **dare**

diètro behind; after; **diètro a** behind; **diètro di** behind; **tirarsi diètro** to take along

difatti in fact

difèndere *irr.* to defend

difésa defense

differènte different

diffìcile difficult

difficoltà difficulty

diffidènte suspicious

diffóndere *irr.* to circulate; **diffóndersi** to diffuse; to spread

diffusi *p. abs. of* **diffóndere**

digiuno: digiuno di polìtica ignorant about politics

dignità dignity

digradare to slope down

dilatarsi to dilate

dilèmma *m.* dilemma

dimenare: dimenare bràccia volenteróse to scrub with eager arms

dimensióne *f.* dimension

dimenticare to forget; **dimenticarsi di** to forget to

dimostrare to prove

dinanzi before

Dino *prop. n. usually abbr. of* **Bernardino**

dintórno: *pl.* neighborhood

Dìo God

diòcesi *f.* diocese

diottrìa diopter

dipendènza dependency

dipèndere *irr.* to depend; **dipèndere da** to depend on dipìngere *irr.* to paint

dipinto *past. part. of* dipìngere; mal dipinta badly made-up

dir *apoc. of* dire

diramare to send out

dire *irr.* to say; to tell; dire di no to say no; potérsi dire to be able to consider oneself; sapér dire to be able to tell; sentir dire to hear (someone say); volér dire to mean

dirètto *past part. of* dirìgere; èssere dirètto in to be on the way to

direttóre *m.* director; superior; direttóre d'orchèstra orchestra conductor

direzióne *f.* direction

dirìgere *irr.* to supervise; to direct; to conduct

diritto *n.* right; *adj.* straight

diroccato crumbling

dirottaménte: piàngere dirottaménte to burst into floods of tears

disabitato uninhabited

disàgio uneasiness

discéndere *irr.* to descend, to go down; to get off

discèrnere to discern

discésa slope, incline; in discésa on an incline

discési *p. abs. of* discéndere

discinto half-dressed

disciplinato disciplined

disco record; fare andare un disco to play a record

discórrere *irr.* to talk

discórso speech; conversation; discórso a vànvera empty words; attaccar discórso to start up a conversation; cambiare discórso to change the subject

discotèca discothèque, phonograph record collection

discréto considerable

discussióne *f.*: èssere fuòri discussióne to be out of the question

discùtere *irr.* to discuss

diségno design

disgràzia misfortune; disaster

disgraziato unfortunate wretch

disoccupato unemployed

disoccupazióne *f.* unemployment

disópra: al disópra di above

disordinato disorderly; untidy

disórdine *m.* disorder

disparato dissimilar

disparire *irr.* to disappear

disparte: in disparte apart; prèndere in disparte to take to one side

disparvi *p. abs. of* disparire

disperato desperate; rifare il disperato to act again as a desperate man

disperazióne *f.* desperation

dispèrdere *irr.* to disperse; dispèrdersi to disperse

dispèrso *past part. of* dispèrdere

dispiacére a to be sorry; to displease; *n. m.* disappointment

dispórsi a *irr.* to get ready

dispósi *p. abs. of* dispórsi

disposizióne *f.* ruling

dispósto disposed; dispósto a ready to

disprezzare to despise

disprèzzo contempt

dissi *p. abs. of* dire

dissimulare to conceal, to hide

dissodare to plow up

distacco detachment

distante distant, away

distanza distance

distèndere *irr.* to distend; **distèndersi** to dissolve; **tornare a distèndersi** to relax again

distéso *p. part of* **distèndere**

distìnguere *irr.* to distinguish; **distìnguersi** to be distinguished; to distinguish oneself

distinto distinct; distinguished

distrarre *irr.* to distract; to divert the attention; **distrarsi** to divert one's mind; to stop paying attention

distratto *past part. of* **distrarre**; *adj.* abstracted

disturbare to disturb; to bother

disturbo trouble

disumano inhuman

dito (*pl.* **le dita**) finger; **dito del piède** toe; **un dito** a drop (of wine)

divagare to digress

divanétto small sofa

divano sofa

divèllere *irr.* to tear out

divèlsi *p. abs. of* **divèllere**

divenire *irr.* to become

divénni *p. abs. of* **divenire**

diventare to become

divèrso different; *pl.* several

divertiménto amusement

divertire to amuse; **divertirsi** to have a good time; to be amused

divìdere *irr.* to divide

divincolarsi to writhe

divisa uniform

diviso *past part. of* **divìdere**

divorare to devour; to look hungrily at

dizióne *f.* declamation

dóccia water pipe

docilità docility, meekness

dólce *m.* dessert; *pl.* pastry; *adj.* sweet, gentle

dolére *irr.* to hurt

dòllaro dollar; **dòllaro di carta** dollar bill

dolóre *m.* pain; grief; trouble

domanda question; **domanda d'impiègo** job wanted

domandare to ask

domani tomorrow; **éntro domani** within 24 hours

Doménico Dominic

domèstica maid, servant girl

dominare to dominate

dòn Don, title equivalent to: Reverend for a priest, and Mr. for a commoner in Southern Italy

dondolare to swing; to stagger

dònna woman; title used in Southern Italy for a commoner, equivalent to Mrs.; **dònna di servìzio** houseworker; **una gran bèlla dònna** an extraordinarily beautiful woman

donnàccia loose woman

donnétta little woman

dópo after, afterward; later; **pòco dópo** shortly after

dopotutto after all

dóppio *adj.* dual; *n.* double; **il dóppio** twice as

doppiopètto double-breasted suit

dorato gilded

dormire to sleep

dòse *f.:* **in dòsi da cavallo** in doses that would choke a horse

dòsso: di dòsso off; **spiccicarsi di dòsso** to cast off

dòte *f.* dowry
Dottò Neapolitan dialect for **Dottóre** Doctor
dottóre *m.* doctor
dóve where
dovére *irr.* to owe; to have to; must; would; to be supposed to; *n. m.* duty
dovètti *p. abs. of* **dovére**
dovùnque wherever
dozzina dozen
dùbbio doubt
dubbióso doubtful
duce *m.* leader. Title used by Benito Mussolini (1883-1945)
dùnque therefore, so then
durante during, for
durare to last
duro hard; dour; harsh

E

e and
èbete *adj.* idiotic
ebràico Jewish
eccellènte excellent
Eccellènza Excellency
eccètera et cetera
eccezionale exceptional
eccezióne *f.* exception
eccitare to excite
ècco here; here are; there is; that's it; that explains; suddenly; **ècco che** suddenly; **ècco qua** here you are
èco *f.* echo
econòmico: annùnzio econòmico want ad
ed *euphonic for* **e**

edifìcio building
editrice: casa editrice publishing house
educato well-bred
educazióne *f.* good manners
effettivo concrete
effettivaménte as a matter of fact
egrègio excellent
eguale equal; the same; similar
Ehi! Hey!
électrique (*French*) electric automobile
elegante elegant; well-dressed; stylish; fashionable
eleménto element
elèttrico electric
Èlio *prop. n. from the Greek* **Elios,** Sun
élmo helmet
eméttere *irr.* to let out
emigrante *m. and f.* emigrant
emigrazióne *f.* emigration
emisi *p. abs. of* **eméttere**
emozióne *f.* emotion
energìa energy
enòrme enormous, huge
entrambi both
entrare to enter, to go in; **entrante** ingratiating; **entrarci** to be one's business; **non entrarci** to be none of one's business; **Che c'éntro io?** What have I to do with it?
éntro within
entusiasta enthusiastic
epìgrafe *f.* epigraph; *fig.* epitaph
època age
eppure and yet
equilìbrio equilibrium, balance
equità fairness
equivalére *irr.* to equal

VOCABOLARIO

èrba grass; *pl.* green vegetables
erbaggi *m. pl.* green vegetables
ereditare to inherit
eremita *m.* hermit
ergàstolo penitentiary
èrgersi *irr.* to rise
ermètico hermetic
eròe *m.* hero
érpice *m.* harrow
erróre *m.* error
esagerare to exaggerate
esaltato high-strung
esàngue bloodless
esasperato exasperated
esasperazióne *f.* exasperation
esauriènte exhaustive
esclamare to exclaim
esclùdere *irr.:* **da esclùdere** to be out of the question; **escluso al tràffico** closed to traffic
escluso *past part. of* **esclùdere**
esecutivo executory
esémpio example; **per esémpio** for instance
esìgere *irr.* to demand
èsile slender; lean
esistènza existence
esìstere to exist
esitare to hesitate
esitazióne *f.* hesitation
esortare to exhort; to beg
espèllere *irr.* to expel
esperiènza experience
espèrto practical
esplòdere *irr.* to explode; to shout
esplòsi *p. abs. of* **esplòdere**
espórre *irr.* to set forth; **espórsi** to expose oneself
esposizióne *f.* exposition
espressióne *f.* expression
esprèsso *past part. of* **esprìmere**

esprìmere *irr.* to express
espulso *past part. of* **espèllere**
essenziale *n. m.* the essential thing
èssere *irr.* to be; **èssere in gamba** to look sharp; **èssere in grado di** to be in a position to; **èssere in ritardo** to be late; **èssere in viàggio** to be travelling; **èssere per** to be on the point of; **èssere sui trénta** to be about thirty (years old); **non èssere buòno a niènte** to be completely ineffectual; **tornare ad èssere** to come to mean again; **ci siamo!** the fat is in the fire! *n.* **èssere umano** human being
estate *f.* summer; **d'estate** during the summer
estàtico ecstatic
estèrno exterior; external; *n.* outside
èstero: all'èstero abroad
estéso rolling
estivo in summer
estràneo *n.* stranger
estrarre *irr.* to draw, to draw out
estrassi *p. abs. of* **estrarre**
estremità tip
estrèmo last
età age; **di mèzza età** middle-aged
etèreo ethereal
etèrno eternal; everlasting
etichétta: false etichétte false decorum
Eugènia Eugenie
evàdere *irr.* to run away
evasióne *f.* escape
eventuale eventual
eventualità eventuality
evitare to avoid

evoluzióne *f.* progress

F

fa (*with expressions of time*) ago

fàbbrica factory; fàbbrica di cotóne cotton mill; oggètti delle
fàbbriche machine-made articles

fabbricare to manufacture

faccènda odd job

facchino porter; handy man

fàccia face; fàccia da sagrestano
colloq. hypocrite's face

faccióne *m.* big round face

fàcile easy

fagiuòlo bean

fagottino; prepararsi il fagottino to
pack one's duds

faianése *m. and f.* inhabitant of
Faiano

faina weasel

falcétto small scythe

falchétto falcon

falda brim

falliménto failure

fallire to go bankrupt

falso false; fake

fame *f.* hunger; avér fame to be
hungry; fare la fame to live
from hand to mouth; patire una
fame del diàvolo to starve to
death

famìglia family; stanza in famìglia
board and room with family

famigliòla little family

familiare *m.* family retainer; *pl.*
members of the family; *adj.* so-
ciable; familiar

famóso famous

fanciullo child

fango mud

fangóso muddy

fantasìa imagination

far *apoc. of* fare

fare *irr.* to do; to make; to shout;
to say; fare, farsi, *followed by a
complementary infinitive without a preposition,* to make
(have) someone do; fare da to
serve as; to use as; fare per to
be about to; fàrcela to manage;
non fàrcela più not to be
able to stand it any longer;
non fare che... to only...; fa
(*with expressions of time*)
ago; fàccio io I'll do it;
fàccia pure feel free to do so;
avér da fare to have things to
do; farsi to make oneself; to be
done; to be made; to become;
to go. (*Other uses of fare will
be found under each complementary verb, noun, adverb,
etc. Example: for* far preparare,
look under preparare.)

farfalla butterfly

farina flour

faro lighthouse; headlight; accèndere i fari to put on the head-
lights

fàscia band

fasciare to bandage

fasciatura bandage; surgical dressing

fàscino charm

fastìdio annoyance; dar fastìdio to
annoy

fatica fatigue; a fatica with difficulty

VOCABOLARIO

faticare to toil
faticóso tiring, with difficulty
fatto *past part.* of fare; giórno
    fatto broad daylight; *n.* fact;
    passare a vie di fatto to pass
    from words to blows; *pl.* affairs;
    stare per i fatti suòi to mind
    one's business
fattorino messenger (office); ticket
    collector (bus)
fattura fee
favóre m. favor; per favóre please
favorévole favorable
favorire to give graciously
fazióne *f.:* di fazióne on duty
fazzolétto handkerchief; kerchief
fébbre *f.* fever, temperature
febbrìfugo antibiotic
febbrile feverish
féde *f.* faith; wedding ring
felice happy
felicità happiness
fémmina woman
femminile female, woman's
femminilità femininity
femminùccia weak woman
fèmore *m.* thighbone
fènico carbolic
ferire to wound
ferita wound
fermare to stop; to settle; fermarsi
    to stop
fermata *n.* stop
férmo still; stopped; halted; stand-
    ing
feróce ferocious; fierce
ferrato: strada ferrata railway
fèrro iron; filo di fèrro wire
    clothesline; *pl.* tools
ferroviàrio *adj.* railway
ferrovière *m.* railwayman

fèrtile fertile
fessura slit; crack
fèsta celebration; birthday; birth-
    day party; giórno di fèsta holi-
    day
festeggiare to honor
festóso festive
fetènte *m. and f. colloq.* stinker
fétta slice
fèudo: la Sicìlia del fèudo the
    Sicily of feudal landholdings
fèz *m.* fez, the black, tasselled
    headgear worn as part of the
    Fascist uniform
fiamma flame
fiammèlla small flame
fiancheggiare to flank
fianco side; di fianco by one's side
fiasco straw-covered wine bottle
fiato: di un fiato in one gulp;
    levare il fiato to leave one
    breathless
ficcare to press; to drive; ficcarci
    il naso to butt in; ficcarsi a lètto
    to take to one's bed
fico fig tree
ficodìndia *m.* prickly pear
fidanzarsi (con) to become en-
    gaged (to)
fidanzato fiancé
fidarsi to trust
fidùcia faith; confidence
fièno hay
fièro proud
fìglia daughter; girl; fìglia mia my
    child, my dear; fìglia minóre
    younger daughter
fìglio son; *pl.* sons; children
figliòla *or* figliuòla daughter
figliòlo *or* figliuòlo son, boy, child;
    pl. children

figura figure
figurativo figurative
fila row
filare to spin
filétto piping
film m. movie; **dare un film** to show a film
filo thread; wire; rim; **filo di férro** wire clothesline
filobus m. trolleybus
filtro filter
fin apoc. of **fine** and **fino**
finale final
financo even
finanza customs officers
finché until; while
fine f. end; adj. fragile; frail
finèstra window
finestrèlla small window
finestrino window (train or bus)
fìngere irr. to feign, to pretend
finire (di) to finish; to end, to end up; **finire per** to end up by; **andare a finire** to end up
fino adj. fine; subtle; prep. until; even; **fino a** until; as far as; to the point of; **fino a tentare ancóra** until it was time to attempt again; **fìn da** since; **fin qui** way up here
finto past part. of **fìngere;** feigned; false; **finto sordomuto** pseudo-deafmute
finzióne f. falsehood
fióre m. flower
Firènze Florence, capital of Tuscany
firmare to sign
fischiare to whistle
fischiatina whistling
fischiettare to whistle softly

fìschio whistle; siren; **fìschio d'àcqua** hissing water
Fisco regional office of Internal Revenue
fìsico adj. of physics
fisionomista m. and f. physiognomist
fissare to stare
fisso fixed; **guardare fisso** to stare
fitto n. rent; adj. dense; heavy; thick; **fitto di** crowded with
Fiume Yugoslav city and seaport at N end of Adriatic Sea. Before 1947 it belonged to Italy.
fiume m. river
flanèlla flannel
Flàvia prop. n. Flavia
fòga eagerness
fòglia leaf
fogliétto small sheet of paper
fòglio sheet (of paper)
fognatura sewer; drain
fòlla crowd
fòlle adj. mad
fomentare (in) to arouse
fondamentale fundamental
fondare to found
fóndo bottom; **in fóndo** basically; **in fóndo a** at the far end (of); in the back of; under; **artìcolo di fóndo** leader (newspaper)
fontana fountain
foratrice f. punch
fòrbici f. pl. scissors
forbicióne m. shears
fórca gallows
forchétta fork
forcuto forked
forestièro stranger; one who is from out of town
fórma make, form

VOCABOLARIO

formàggio cheese
formare to form; **formare il nù-mero** to dial the number; **for-marsi** to establish
formato: formato da made up of
formidàbile tremendous
formóso well-built
fornèllo stove; **fornèllo a carbóne** charcoal stove
fornito: fornito di sporting
fórse perhaps
fòrte strong; sturdy; great; loud; sharp; deep; **farsi più fòrte** to grow more intense
fortuna luck; lucky thing; **avér fortuna** to be lucky; **far fortuna** to make money; **per fortuna** luckily
fortunato lucky
forùncolo pimple
fòrza force; strength; **Fòrza!** Courage!; **fòrza pùbblica** police force; **far fòrza** to work hard at something; **in fòrze** in great numbers; **per fòrza** of course
fósco dark
fòssa: fòssa biològica cesspool
fóssi *1st person sing. past sub. of* **èssere; che fósse** whoever she might be
fotografìa photograph
fotogramma *m.* frame of film; filmstrip
fra between; among; through; in, within (time); **fra di** among
frac *m. (French)* full-dress suit
fracassare to smash
fràdicio rotted
fràgile frail
fràgola strawberry
francése *m. and f.* French

franchézza frankness
Frància France
frangétta bangs
fràngia fringe
frase *f.* phrase
fratacchióne *m.* big fat monk
fratèllo brother; **fratèllo carnale** blood brother; **fratèllo convèrso** lay brother; **fratèllo minóre** younger brother
frattèmpo meantime
frattése *m. and f.* inhabitant of Fratta
fréddo cold; **al fréddo** in the cold; **avér fréddo** to be cold; **bèl fréddo** terribly cold; **far fréddo** to be cold.
fregare *colloq.* to cheat some one out of
frèmere to boil over
frenesìa frenzy
frequentare to frequent
frésco fresh; **far frésco** to be cool
frétta haste; **avér frétta** to be in a hurry; **in frétta** hurriedly; **in frétta e fùria** hurriedly; **fare in frétta** to make haste
frettolóso hasty
frìggere *irr.* to fry; **frìggere da** to chafe with
frittata omelette
frónte *f.* forehead; **a frónte** opposite each other; **di frónte** across the street; **di frónte a** facing
frugare to sniff around; **frugarsi** to rummage around
fruménto wheat
frustare to whip
frustata whiplash
frutta fruit
frutto fruit, result

fucile *m.* gun
fuga flight; escape
fugace fleeting
fuggire to flee; to run off; to run away
fulminare to mow down
fumare to smoke; to burn up; to steam
fumigare to smoke
fumo smoke
fune *f.* rope
fungo mushroom; **cappèllo a fungo** mushroom-shaped hat
funzióne *f.* service
fuòco fire; **méttere a fuòco lo sguardo** to focus one's eyes
fuòr *apoc. of* **fuòri**
fuòri out, outside; **fuòr che di** except with; **fuòri di** beyond; **fuòri di sé** beside oneself; **fuòri sospètto** beyond suspicion; **dal di fuòri** from outside
furbo shrewd
furfante *m.* rascal
fùria outburst of temper; **in frétta e fùria** hurriedly
furióso furious; wind-blown
fuso *n.* spindle

G

gabinétto toilet
galantuòmo gentleman
galèra prison
gallerìa tunnel; **Gallerìa Vittòrio Emanuèle,** immense glass-roofed, cross-shaped arcade in the center of Milan, filled with shops and cafés.

gallina hen
gallonato trimmed with braid
gamba leg; **èssere in gamba** to look sharp
ganàscia jutting jaw
garage *m.* garage
garantire to guarantee
garbato polite
garbo courtesy
Garibaldi, Giusèppe (1807-1882) Italian general who dedicated his life to the liberation and unification of Italy.
garza gauze
garzóne *m.* helper
gas *m.* gas
gastigo *see* **castigo**
gatto cat
gelato ice-cream
gèlo: di gèlo freezing
gelóso jealous; *fig.* careful
gèmere to groan
generale *adj.* general, usual
generazióne *f.* generation
gènere *m.* kind
gengiva gum
genitóre *m.* father; *pl.* parents
Gènova Genoa, large Italian city and seaport in NW Italy.
gènte *f. sing.* people; **tanta gènte** so many people
gentile kind; polite
gentilézza: per gentilézza out of courtesy
geogràfico: carta geogràfica map
gegrànio geranium
gerarca *m.* hierarch, Fascist officer
Germània Germany
germànico German
gèsso chalk
gesticolare to gesticulate

VOCABOLARIO

Gesù Jesus; **Gesù Gesù** Sweet Jesus, Dear God; **Compagnìa di Gesù** Company of Jesus, Jesuit Order

gettare to throw; **gettare via** to put aside, to throw away; **gettarsi** to throw oneself

ghiàccio ice

ghignare: scappare da ghignare to sneer inadvertently

già already; that's true, you are right

giacca jacket

giacché since

giacére *irr.* to lie

Giacinto *prop. n.* Hyacinthus

Giacométti family name

giallastro yellowish

giallo yellow

giardino garden; orange grove; **giardino di aranci** orange grove

ginòcchio knee; **in ginòcchio** on one's knees

Giòbbe Job, patriarch of the Old Testament

giocare to play

giocàttolo toy

giòco gambling; **per giòco** in play

giocofòrza willy-nilly

giòia joy

giornale *m.* newspaper

giornata day (a whole day)

giórno day; **giórno di fèsta** holiday; **giórno fatto** broad daylight; **buòn giórno** good morning; **prima che spuntasse il giórno** before daybreak; **tutto il giórno** the whole day

gióvane young; youthful; *n.* young man

Giovanna Jean, Joan

Giovanni John

giovanòtto young man

gióvine *see* **gióvane**

giovinétto young boy

girare to turn; to turn on; to walk around; **girare gli òcchi** to look from right to left; **girare intórno** to patrol; **girare la tèsta** to feel dizzy; **girare lo sguardo** to look around; **girare per** to go around; **fare girare** to roll; **girarsi** to turn around. *impers.* to go around

giravòlta hairpin turn

giro: in giro out, around; **in giro per** around; **nel giro** in the course

gita trip; way; **in gita** on tour

giù down; **più giù** below

giubba blouse (military); **giubba di leóne** lion's mane

giùbilo jubilation

giudicare to judge

giùdice *m.* judge

giudìzio opinion

giùngere *irr.* to arrive; to reach; to come

giunsi *p. abs of* **giùngere**

giunto *past part. of* **giùngere**

giuòco game

giurare to swear

Giusèppe Joseph

giustificare to justify

giustìzia justice; **per giustìzia** by right

giusto right; righteous; proper; *n.* right; **Giusto** *prop. n.*

gli *colloq. for pl. indirect pron.* **loro**

glòria glory

glorióso triumphant

góccio drop
gócciola drop
godérsi to enjoy
góla throat
gòlf *m.* cardigan, sweater
Golìa Goliath, Philistine giant killed by David with a sling
gónfio *adj.* swollen; andare a gónfie véle to go full steam ahead; *n.* swelling
gorgogliare to gurgle
governante *f.* governess
govèrno government
gràcile frail
gradévole pleasing
gradire to accept gratefully
grado degree; èssere in grado di to be in a position; 40 gradi di calóre (*centigrade*) 104 degrees of temperature (*Fahrenheit*)
gradóne *m.: pl.* steep alleys
grammòfano talking machine
gran *apoc.* of grande
grànchio crab
grande big; great; large; long; grande guèrra World War I
Gràngia Grange (a farmhouse with outbuildings)
granita: granita di limóne Sicilian lemon ice
granito granite
grano wheat; grain; grano di pépe peppercorn
granturco corn
grasso fat
grave serious; deep
gràzia grace, charm
gràzie *f. pl.* thanks, thank you; un gràzie a word of thanks
grèco Greek
grégge *m.* flock

grembiale *m.* apron
grembiule *m. see* grembiale
gréto bed (of a river)
grézzo rough-hewn
gridare to shout; sgolarsi a gridare to bellow at the top of one's lungs
grido (*pl.* le grida) cry, shout
grìgio gray
grìglia grillework
grillo cricket
grondàia gutter-pipe
gròppa: in gròppa a astride
gròppo knot
gròsso big; fat; large
gròtta grotto
gruppétto small group
gruppo group
grùzzolo: un bèl grùzzolo a fat bankroll
guadagnare to earn
guadagno earnings
guàio mess; guài se... what a disaster if...
guància cheek
guantato: guantato di néro black-gloved
guanto glove
guardare to look, to look at; to watch; to peer; guardare fisso to stare; stare a guardare to stand looking, to look on; guardarsi to look; guardarsi da to keep from; guardarsi *recipr.* to look at each other
guàrdia *f.* policeman, officer; toll collector
guardingo wary
guarire to recover
guèrra war; guèrra d'Àfrica Italo-Ethiopian War (1935-1936);

VOCABOLARIO

grande guèrra World War I;
védova di guèrra war widow
guidare to drive
guizzo: dare un guizzo to quiver
gustare' to enjoy
gusto taste; relish

H

Hitler, Adolph German dictator
(1889-1945)

I

Iddìo God
idèa idea; mind; **cambiare d'idèa**
to change one's mind
idèntico identical
ièri yesterday
igiène *f.:* **Ufficio d'Igiène** Board
of Health
Ignàzio *prop. n.* Ignatius
ignòbile outrageous
ignorante ignorant
ignòto *adj.* unknown; *n.* unknown
man
illuminare to light up; to enlighten
imbandire to set (a table)
imbarazzare to embarrass
imbarcarsi to take a boat
imbecille *m. and f.* fool
imbiancare to paint white
imboccatura entrance
imbócco entrance
imbonitura spiel
imbracciare to sling over one's
shoulder

imbrogliarsi to get mixed up, to
become confused
imbrunire *n. m.:* **sull'imbrunire** at
dusk
imbuto funnel
immacolato immaculate
immaginare to imagine; **immaginarsi** to imagine
immaginàrio imaginary
immàgine *f.* image; picture
immediato immediate
immèrso plunged
immòbile motionless
impacciato embarrassed
impallidire to grow pale
imparare to learn
impastato pasty
impaziènte impatient
impaziènza impatience
impazzire to go mad
impedire to hold up; **impedire di**
to keep from, to prevent from
impegnarsi to pledge oneself
impensierire to worry
imperatóre *m.* emperor
impercettìbile imperceptible
imperlare to stand out like pearls
impermeàbile *m.* raincoat
impèro: Secóndo Impèro Second
Empire established by Napoleon III, lasting from December
2, 1852 to September 4, 1870.
imperturbato impassible
impiantare to set up
impiantito floor
impianto installation
impìccio problem
impicciolito shrunken
impiegare to use; to take
impiègo employment, job; **domanda d'impiègo** job wanted; **of-**

fèrta d'impiègo help wanted
impietosire to arouse pity
impietrire to petrify
implacàbile implacable
impolverato dusty
impolveratura dusting
importante important
importanza importance
importare (di) to matter
impòsta shutter
impressionarsi to become upset;
   rimanére impressionato to be
   disturbed
impressióne *f.* impression
imprevedìbile *n. m.* unforeseen
imprevisto unforeseen
impròprio improper
improvviso unexpected; sudden;
   suddenly; **all'improvviso** abruptly, suddenly; **d'improvviso**
   suddenly
impugnare to grab
impulsività impulsiveness
in in, into, within; through; of; at,
   to; on; during
inappuntàbile unexceptionable
inaridito dried-up
inaspettato unexpected
inattéso unexpected
incamminarsi to start walking
incantato aghast; **restare incantato**
   to stand as though hypnotized
incantésimo magic spell
incapace unable
incartapecorito dried up
incastrarsi to wedge itself
incerato: téla incerata oil cloth
incertézza uncertainty, hesitation
incèrto uncertain
inchinarsi to bow
inciampare to trip

incidènte *m.* incident, accident
incìdere *irr.* to cut in
incipriato powdered
inclinare to make swerve
incògnito incognito
incollare to glue
incólto uncultivated
incòlume unhurt
incombènza duty
incominciare to begin
incomunicabilità incommunicability
inconcepìbile inconceivable
inconfessàbile inconfessable, un-
   speakable
incònscio *adj.* unconscious
incontenìbile uncontrollable
incontrare to meet, to come upon;
   incontrarsi to meet
incóntro *n.* meeting; **incóntro a**
   toward; **farsi incóntro a** to go
   toward; **venire incóntro a** to
   meet half way
inconveniènte *m.* trouble
incoraggiare to encourage; **incoraggiare a** to lead one to
incredìbile incredible
incrociare to cross
incrócio *n.* crossroad
incupire to grow dark
incuriosire to arouse curiosity; to
   be full of curiosity
incùtere *irr.* to inspire
indeciso indecisive
indefinìbile indefinable
indennità compensation
indicare to point to
indicazióne *f.* direction
indietreggiare to back up
indiètro behind, back, backward;
   avanti e indiètro back and forth

indifferènte indifferent
indirizzo address
indisciplina indiscipline
indispettito indignant
indivìduo individual
indìzio indication, give-away
indomàbile irrepressible
indomani: l'indomani next day; **all'indomani** the day after
indovinare to guess
induménto: gl'induménti clothing
inefficace ineffective
ineguale unmatched
inenarràbile indescribable
inerpicarsi to clamber
inesplicàbile inexplicable
inètto inept
inèzia trifle
infànzia childhood
infastidire to annoy
infatti in fact
infelice unhappy; unfortunate
inferióre lower
infermière *m.* male nurse
infèrno hell
inferriata iron window-grate
infezióne *f.* infection
infiacchire to grow weak
infido mistrustful
infilarsi to slip on
infine finally, at last, in short
infinito *n.* infinity; *adj.* infinite
infittire to grow thick
informare to inform; **informarsi su** to inquire about
informazióne *f.* information
infortùnio accident
infradiciarsi to rot
infreddolire to chill
ingegnère *m.* engineer
ingenuità artlessness

ingènuo candid
Inghiltèrra England
inghiottire to swallow; *fig.* to blot out
ingigantire to assume gigantic proportions; to grow louder
inginocchiarsi to kneel
ingiùngere *irr.* to enjoin, to urge
ingiuriare to insult
ingiustìzia injustice; **fare un'ingiustìzia a** to commit an injustice against
ingiusto *n.* wrong
inglése English
ingoiare to swallow; to gulp down
ingrandiménto enlargement
ingraziare to ingratiate oneself with
ingrèsso entrance; entrance hall; **cancèllo d'ingrèsso** main gate; **portóne d'ingrèsso** main entrance
ingrifato resentful, threatening
iniezióne *f.*: **fare una iniezióne** to give an injection
ininterrótto continuous
iniziativa initiative
innamorato: èssere innamorato di to be in love with; to be bewitched by
innanzi ahead
innocènte innocent, guiltless, blameless; unsophisticated
inodóro odorless
inoltrarsi to advance
inóltre moreover
inondare (di) to flood (with)
inquièto uneasy
inquietùdine *f.* disquietude
inquilino tenant

insalata: mangiare a insalata to eat as salad

inségna sign

insegnante *m. and f.* teacher

insegnare to teach; to show

inseparàbile inseparable

inserire to insert

insètto insect

insième together; also; **insième a** together with; **e insième** while; **tutt'insième** at one fell swoop; *n.* **l'insième** the ensemble

insistènza persistence

insìstere to insist

insòlito unusual; **insolitaménte** by way of exception

insómma in short

insònnia insomnia

insórgere *irr.* to protest

insuccèsso failure

insufficiènte insufficient

insultante insulting

intanto meanwhile; **intanto che** while

intascare to put in one's pocket

intatto intact

intellettuale *m. and f.* intellectual

intelligènte intelligent

intempèrie *f. pl. invar.* inclement weather

intèndere *irr.* to intend; to understand; to hear; **c'intendiamo** you understand what I mean; **intendiàmoci** let's make this clear

intensità intensity

intènso intense

intenzióne *f.* intention

intercalare *n. m.* refrain

interessare to interest; **interessarsi di** to become interested in

interèsse *m.* interest

interminàbile interminable

internazionale international

intèrno interior; inside; inland; **via intèrna** side street

intéro entire, whole

interpellare: èssere interpellato per primo to be the first to be given an option

interrogare to question

interrómpere *irr.* to interrupt, to stop; **interrómpersi** to break off

interruppi *p. abs. of* **interrómpere**

interruttóre *m.* switch

interurbana long distance call

intervènto intervention

intésa understanding

intési *p. abs. of* **intèndere**

intéso *past part. of* **intèndere**

intimare to order

intimazióne *f.* notice

intimidito intimidated

intirizzire to benumb

intonazióne *f.* tone

intontito dazed, in a stupor

intoppare to bump

intorbidarsi to cloud over

intórno (a) around

intraprésa enterprise

intravedére *irr.* to discern

introdurre *irr.* to usher in

intruso intruder

inumidire to dampen

inùtile useless, vain; **inutilménte** in vain

invàdere *irr.* to invade

invàlido incapacitated

invano in vain

invaso: invaso di invaded with

invecchiare to grow old

invéce instead; whereas; on the other hand

inveire to inveigh
inventare to invent
invernale wintery
invèrno winter; **invèrno marino** wintery sea; **d'invèrno** in the winter time
invertire to reverse
invìdia envy
invincìbile invincible
invischiare to trap; **lasciarsi invischiare** to let oneself be trapped
invisìbile invisible
invitare (a) to invite
invitato *n.* guest
invito *n.* invitation
invulneràbile invulnerable; impassible
ipòtesi *f.* hypothesis
ira wrath
ironìa irony
irrequietézza restlessness
irresolutézza irresolution
irretire to trap
irrìguo well-watered
irritare to irritate
irto: irto di chiòdi bristling with spikes
iscritto *past part. of* **iscrìvere** *euphonic for* **scrìvere**
isolato isolated; **isolataménte** separately
istante *m.* instant
istinto instinct
istupidito stunned, stupified
Itàlia Italy; **Itàlia una** unified Italy
italiano Italian

L

là there; **al di là di** beyond; **di là** that way; **di là da** beyond, on that side of; **di là di** beyond; **più in là** farther down
labbro (*pl.* **le labbra**) lip; **rifarsi le labbra** to put on lipstick
laboratòrio workshop
laborióso industrious
làcrima tear
ladro thief
laggiù down there, over there
laghétto pool
lagnanza complaint
làgrima *see* **làcrima**
lamentarsi to moan; **lamentarsi di** to complain about
laménto lament; complaint; **con laménto** as in a lament
lamentóso doleful; plaintive
lamièra metal panel
làmpada lamp; **làmpada a òlio** oil lamp
lampadàrio chandelier
lampadina bulb (electric)
lampióne *m.* street lamp
lampo flash
lana wool
lanciare to thrust; to cast; **lanciarsi** to leap; to throw
landau (*French*) *m.* landau
lànguido languid
lantèrna lantern
largo, large, wide, broad; **far largo** to move over; **farsi largo** to push one's way through or among
larva larva
lasciare to leave; to let, to let out; to keep from; **lasciar cadére** to drop; **lasciare la présa** to loosen one's grip; **lasciar stare** to leave alone; **lasciarsi** to allow oneself;

lasciarsi **andare** to let oneself drop; **lasciarsi riprèndere** to get caught up again

lassù up there

lastra glass pane; panel

lastricato *n.* pavement

lato side; standpoint; **a lato** by one's side; **da un lato** on one side

lattante *m.* infant, nursling

latte *m.* milk; **prèndere il latte** to be nursed

lavarsi to wash

lavorante *m. and f.* worker; employee

lavorare to work; **lavorare a uscire e a entrare da** busy going in and out of

lavorétto little job

lavóro work; job; *pl.* work; **lavóri di rimodernaménto** remodeling; **compagno di lavóro** fellow-worker; **squadra lavóri** work gang

Lear Legendary king of Britain. Also title and hero of a tragedy by Shakespeare

lebbróso scaly

legare to tie; to link; to harness

légge *f.* law

lèggere *irr.* to read

leggèro light; slight

leggìo reading stand

legìttimo legitimate; rightful

légno wood

lènte *f.* lens

lènto slow

lenzuòlo sheet; **le lenzuòla** *f. pl.* (a pair of) sheets

leóne *m.:* **giùbba di leóne** lion's mane

lèssi *p. abs. of* **lèggere**

lèttera letter

lettino cot; **lettino clìnico** operating table

lètto bed; **lètto matrimoniale** double bed; **càmera da lètto** bedroom; **copèrta da lètto** blanket; **ficcarsi a lètto** to take to one's bed; **stàrsene a lètto** to stay in bed; *past part. of* **lèggere**

lettura reading

levare to take out; to take away; to raise; **levare il fiato** to leave one breathless; **levarsi** to rise

levatura status

levigare to polish

lì there; **lì per lì** on the spur of the moment; at that moment

libbra pound

liberare to liberate, to free; to relieve; to clear up; **liberarsi** to unburden oneself

lìbero free; open; unoccupied

libertà liberty, freedom

libro book

Lido di Venèzia fashionable beach resort near Venice

lième slight

lìgio loyal

lìgure Ligurian

limitare to limit; **limitarsi** to confine oneself

lìmite *m.* edge

limóne *m.:* **granita di limóne** Sicilian lemon ice

lìmpido limpid

lìnea line; wire; cut (of a suit)

VOCABOLARIO

lìngua tongue; language
linguàggio language
liquóre *m.* liquor
lira (the monetary unit of Italy, once equivalent to $0.20) lira; **la cinquanta lire** the fifty-lire coin *or* bill
lisciare to stroke
listino collar band
litigare to quarrel
litìgio wrangle
Lìvio *prop. n.* Livy
locale *m.* local; *pl.* premises
locomotiva train engine
lodare to praise
lógoro wasted
lombardo Lombard, of Lombardy
Lóndra London
lontano, far, distant, remote
lòtta *n.* struggle
lottare to fight; to struggle
Lucània remote South Italian region
lucano from Lucania.
luccicare to shine, to gleam
luce *f.* light; electric light
lucènte gleaming
lucernàrio sky light
lucèrtola lizard
lùcido shining, sparkling
lùgubre dreary
Luigi Louis
Luisa Louise
Luisèlla *dim. of* Luisa
lumaca snail
lume *m.* light; searchlight; votive lamp; **lume a petròlio** kerosene lamp
luminóso luminous
lungàggine *f.* dawdling
lungi far

lungo long; tall; *adv.* along; **a lungo** at length; for a long time
luògo place
lupo wolf
lusingare to flatter
lussuóso luxurious
lustrare to polish
lutto mourning

M

ma but; **ma sì** of course
màcchia stain, spot; thicket
màcchina machine; car; **màcchina da scrìvere** typewriter; **andare in màcchina** to drive; **bàttere a màcchina** to type; **pìccola màcchina** gadget; **scrìvere a màcchina** to type
macchinalménte mechanically
macchiolina small spot
macèrie *f. pl.* ruins; **un'ammucchiata macèrie** a pile of ruins
macigno huge rock
madìa kneading trough
Madònna Madonna; **Madònna!** Holy Virgin!
madre *f.* mother
Maestà Majesty
maèstra school teacher
magari even
magazzino store, warehouse
maggióre major; greater; **altar maggióre** main altar; **la maggiór parte** the majority; **maggiorménte** even more; increasingly
magnìfico magnificent
magro scraggly; thin
Mah... *interj.* But..., Well...

mai never; ever; **non... mai** never
maiale *m.* pig
maiòlica majolica
malària malaria
malatìccio sickly
malato *n.* patient; sick man; **ascoltare un malato** to listen to a patient's heart; *adj.* ill, sick
malattìa disease
malcelato ill-concealed
male *n. m.* harm; wrong; **mal di pància** stomachache; **avér male a** to have a pain in; **di male in pèggio** from bad to worse; **far male** to hurt; to be wrong; **sentirsi male** to feel sick; **star male** to be ill; to feel sick; *adv.* badly
maledétto *past part. of* **maledire**
maledire *irr.* to curse, to damn
maledizióne *f.* curse
malèfico malevolent
malèssere *m.* ailment
malférmo: salute malférma poor health
malgrado in spite of
malgrazióso ungracious
malignità malice
malinconìa melancholy, sadness
malincònico melancholy, depressed
malìzia malice
malsicuro faltering
maltèmpo bad weather
malvestito badly dressed
malvivènte *m.* criminal
malvolére *n. m.* ill will
mamma mama, mother; **Mamma mia bèlla!** (*colloq.*) Dear Mother of God!
mammà mummy, mama

mancanza lack
mancare to be missing; to fail; **mancare a** to miss; **mancare di** to lack; **sentirsi mancare** to feel faint
mància tip
mandare to send; to send over; **mandare a prèndere** to send for; **far mandare** to have sent
mandìbola lower jaw
màndria herd
mangiare to eat; to gobble up; **fare da mangiare** to cook; **mangiarsi (una persóna)** to look daggers at; **ròba da mangiare** food; **volére da mangiare** to want something to eat; *n. m.* eating
mangiatóia crib
mànica sleeve
manièra way, manner; **in manièra che** so that; **in una cèrta sua manièra** in a characteristic way
manifèsto proclamation
manìglia handle
manìna little hand
maniscalco blacksmith
mano *f.* hand; **mano d'òpera** labor force; **dare la mano a** to shake hands with; **fuòri di mano** so far out of the way; **prèndere la mano** to get the upper hand
manomésso *past part. of* **manométtere**
manométtere *irr.* to manhandle
manòvra maneuver
mantellétto short cape
mantellina cape
mantèllo cape
mantenére *irr.* to maintain; to keep; to support

VOCABOLARIO

marciapiède *m. or* marciapiedi *m. sing.* sidewalk
marciare: marciare diètro to keep behind
mare *m.* sea; ocean
Margherita Margaret
màrgine *m.* margin
Marìa Mary
marino: invèrno marino wintery sea
Màrio *prop. n.* Marius
maritarsi to get married
marito husband
marìttimo: Staziòne Marìttima Maritime Station
Mariùccia *dim. of* Marìa
marró (*from* marróne chestnut) brown
marróne *adj.* brown
Marta Martha
martèllo hammer
Mariuzzèlla *dim. of* Marìa
mascalzóne *m.* scoundrel
mascèlla upper jaw
màschera usher
massàia housewife
masserìzia: *pl.* household goods
massìccio solid, massive
màssimo utmost; al màssimo at the very most
masticare to chew
Mataléna *prop. n. probably from* Maddaléna Magdalene
matemàtico mathematical
matèrno maternal
matita pencil
matrimoniale: lètto matrimoniale double bed
mattina morning; di mattina in the morning
mattino (early) morning

mattóne *m.* brick
mazzo bunch
meccànico *n.* mechanic
meccanismo setup
medàglia medal
medésimo same; séco medésimo with oneself
mèdia: in mèdia on an average
medicinale *m.* medicine
mèdico *n.* physician; fare il mèdico to be a physician; *adj.* of the medical corps
mediterràneo *adj.* Mediterranean
mèglio *adv.* better; mèglio di prima better than ever; trovare di mèglio to find something better
méla apple
mellìfluo mellifluous
melodióso melodious
melopèa melopœia, chant
Mèlzo small industrial town near Milan
memòria memory
mendicante *m.* beggar
méno less; least; méno che except; méno di less than; non potére fare a méno di not to be able to help, to avoid; quanto méno even less; tanto méno even less; venir méno to faint
mentale mental
ménte *f.* mind
mentire not to tell the truth
ménto chin
méntre while
menzógna lie
meravìglia marvel
meravigliato filled with wonderment, astounded; shocked
meraviglióso marvelous
mercato market

merènda lunch; **far merènda** to have lunch

meridionale southern

meritarsi to deserve

méscere to pour out

mescolare to mix

mése *m.* month

méssa mass

messàggio message

Messina important seaport of Sicily where the ferryboats linking the peninsula and the island dock

mésso *past part. of* **méttere**

mestière *m.* trade, profession, job; **fare un mestière** to practice a trade or a profession

mèta goal

metà half; **a metà** in two; **a metà di** in the middle of; **a metà altézza** half way up

metàllico: réte metàllica wire netting

metallo metal

metallùrgico: operàio metallùrgico steel worker

mètro meter (unit of length equivalent to 39.37 in. or 3.28 ft.); meter (music)

méttere *irr.* to put; to put up; to install; **méttere a fuòco lo sguardo** to focus one's eyes on; **méttere alla pòrta** to dismiss summarily; **méttere a pósto** to fix (a person); **métter fuòri** to draw out; **méttersi** to put on, to wear; **méttersi a** to begin to; **méttersi al volante** to get behind the steering wheel; **méttersi in bróncio** to begin to pout; **méttersi in carròzza** to get into a carriage;

méttersi in pièdi to stand up

mezzanòtte *f.* midnight

mezzina copper water jug

mèzzo *n.* middle; means (of transportation); **in mèzzo a** in the midst of, among; in the middle of; *adj.* half; semi; **mèzza** *adj. f. and* **mèzzo** *adv.* half past the hour; **a mèzza còscia** half-way up one's thigh; **di mèzza età** middle-aged

mezzogiórno noon

miagolare *n. m.* mewing

miagolìo mewing

mica *colloq. for* **non;** *also used for emphasis;* **non...mica** ...no

mièlere to mow

migliorare to cure

miglióre better; **il miglióre** the best

milanése *m. and f.* Milanese, inhabitant of Milan

Milano Milan, capital of Lombardy

miliardo billion

militare *n.* one who belongs to the military; **da militare** while in the Army; *adj.* military

mìlite *m.* trooper; (military) man

milòrd *m.* English lord

mina mine

minàccia threat

minacciare to threaten

minaccióso threatening

minèstra soup

minestrina broth

minestróne *m.* Italian vegetable soup

mìnimo least; minute

minóre: fìglia minóre younger daughter; **fratèllo minóre** younger brother

VOCABOLARIO

minùscolo tiny
minuto *n.* minute; *adj.* small
mìope nearsighted
miràcolo miracle
miracolóso miraculous
misàntropo misanthrope
miseràbile wretched
misèria poverty; miserable belongings; **èssere in misèria** to live in poverty
mìsero wretched
misi *p. abs. of* **méttere**
misoginìa misogyny, hatred of women
misterióso mysterious
misto mixed
misura measurement; size; **su misura** custom-made; *pl.* weights and measures
misurare: misurare la vista to examine one's eyes
mite gentle
mitològico mythological
mòbile *m.:* **i mobili** furniture; pieces of furniture
mòda: di mòda in style
modèllo model, pattern
modèrno modern, up to date; **andare "modèrno"** to be the latest word
modèsto modest
mòdo way; **in qualche mòdo** somehow
móglie *f.* wife; **móglie bambina** child-like wife
mòla (*colloq. for* **dènte molare**) molar
mòlle soft
mòlo breakwater

moltiplicare to multiply; **moltiplicarsi** to multiply
mólto *adj.* much; *pl.* many; *adv.* very
moménto moment; **dal moménto che** in view of the fact that
mònaca nun
móndo world; **al móndo** in the world; **in capo al móndo** to the end of the earth; **un móndo di** a countless number of
monèlla saucy little baggage
monòtono monotonous
monsignóre *m.* Monsignor
montagna mountain
mónte *m.* mount, mountain
montuóso mountainous
morale *f. fig.* upshot, conclusion
mòrbido soft
mòrdere *irr.* to bite
morire *irr.* to die
mormorare to murmur
mòrsa vise
morsicare to bite
mòrte *f.* death
mòrto *n.* dead; *pl.* the dead; **pàllido cóme un mòrto** pale as a ghost; **suonare a mòrto** to toll a knell; *adj.* dead; *past part. of* **morire**
mósca fly; **cacca di mósca** flyspeck
moschétto rifle
mòssi *p. abs. of* **muòvere**
mostrare to show; to show off; **mostrarsi** to be known as
motivo motif, cause, reason; air (music)
mòto impulse; gesture
motóre *m.* motor
motorétta motor scooter

moviménto movement; **gran moviménto** hubbub

mucca cow

mùcchio pile

mugolare to howl

mulo mule

multa fine

municipale municipal

municìpio town hall

munirsi to provide oneself with

muòvere *irr.* to move; **muòversi** to move; to get moving; to start; **non muòversi** not to budge

muratóre *m.* mason; **fare il muratóre** to be a mason

murétto low wall

muricciuòlo low wall

muro wall; **le mura** city walls

mùscolo muscle

muscolóso muscular

musèo museum

mùsica music

musicale musical

muso muzzle

Mussolini, Benito (1883-1945) Italian Fascist dictator.

mustacción m. heavily whiskered fellow

mutaménto change

mutare to change

muto silent; **sórdo e muto** deafmute; *n. m.* **il muto** silent film

N

nàcqui *p. abs. of* **nàscere**

napoletano Neapolitan

Nàpoli Naples, capital of Campania; **Nàpoli una** unified Naples

nàscere *irr.* to be born

nascóndere *irr.* to conceal; **nascóndersi** to hide

nascósi *p. abs. of* **nascóndere**

nascósto *past part. of* **nascóndere**

naso nose

Natalìa Natalie

Natalina *dim. of* **Natalìa**

nativo native

nato *past part. of* **nàscere**

natura nature; **di natura** by nature

naturale natural; **al naturale** by nature

nàusea nausea

navétta shuttle

navigazióne *f.:* **agenzìa di navigazióne aèrea** airline office; **in navigazióne per** heading for

nazióne *f.* nation

ne of it, of them, some; to it

né *conj.* or, nor; **né alcuna...** nor any; **né...né...** neither...nor...; **non...né...** neither...nor; **non...né ...né...** ...neither...nor...

neanche neither; **non...neanche** not even

nèbbia fog

necessàrio necessary

necessità need

negòzio store, shop

negrièro exploiter

négro Negro; *adj.* black

nèh? *colloq. exclam.* are you?

nemico *n.* enemy; *adj.* enemy

nemméno not even; **non...nemméno** not even

neppure not even; **non...neppure** not even

nerastro blackish

néro black; **tra il néro** in the darkness

nerovestito dressed in black

nèrvo: crisi di nèrvi emotional breakdown; fits of hysterics

nervóso nervous

nessuno *adj.* no, non; any; *pron.* no one, nobody, none, anybody; **nessuno...più** no one ever; **nessuno più...** no one ever...; **non... nessuno...** nobody, ...none *or* ...not...any

nétto: chiaro e nétto without mincing words

neutrale neutral

néve *f.* snow

Niccolò Nicholas

nichelato nickeled

niènte nothing; **non avér niènte** to have nothing wrong with one; **non...niènte** not...anything, nothing; **una cosa da niènte** a trifle; **niènte...** no...

nienteméno no less than

nipóte *m.* grandson

nìtido bright and clean

nò no, not; **se nò** otherwise

nocciòlo hazel

nòia trouble

noióso annoying, boring

noleggiare to rent

nòlo: prèndere a nòlo to hire (means of transportation)

nóme *m.* name; **a nóme di** on behalf of

nominare to name; **sentire nominare** to hear one's name

nominativo name

non no, not; **non...alcuno** not... any; **non...altro** no more; **non... che** only; **non...mai** never; **non... mica** not any; **non...né...** neither ... nor; **non...neanche** not even;

non...nessuno ...none *or* ...not... any; **non...niènte** not ...anything; **non...nulla** nothing; **non...più** never, no longer; **non...più...** not ...any more; **non potére non...** not to be able to keep from; **se non** except

nonché not only must one not

noncuranza indifference

nondiméno nonetheless

nònna grandmother

nònno grandfather

nonostante notwithstanding

Nòrd *m.* North

normale normal, ordinary

nostàlgico nostalgic; **nostàlgico di** yearning for

nostrano of ours

nòta note

notàio notary; lawyer

notare to notice; **far notare** to point out

notìzia news item; *pl.* news

nòto *adj.* known

nòtte *f.* night; nighttime; **a nòtte alta** in the dead of night; **di nòtte** during the night; **vasino da nòtte** small chamber pot

novità something new; new development

nòzze *f. pl:* **viàggio di nòzze** honeymoon trip

nube *f.* cloud

nuca nape of the neck

nùcleo nucleus

nudo naked

nulla nothing; **nulla di** nothing; **in nulla** in no way; **non ... nulla** nothing; **non approdare a nulla** to get nowhere; **non fa nulla** it doesn't matter

nume *m.:* **nume tutelare** household god

nùmero number; **formare** (*or* **fare**) **il nùmero** to dial the number

Nunziata *abbr.* of **Annunziata** Annunciation

Nùnzio *prop. n. from* **Annunziata** Annunciation

nuòvo *adj.* new; *pron.* new one; **di nuòvo** once more, again

nutrire to be nourishing; *fig.* to harbor

nùvola cloud

nuvolóso cloudy

O

o or; **o...o...** either...or...; **o che...o che...** either because...or because...

obbedire to obey

obbligare to force

occasióne *f.* occasion; choice; chance; **a prèzzo d'occasióne** at a bargain

occhiacci *m. pl.:* **fare gli occhiacci** to frown, to glower

occhialàio optometrist

occhiali *m. pl.* glasses; **fare gli occhiali** (*colloq.*) to buy glasses

occhiata glance, look

occhiétto small eye

òcchio eye; **a òcchi chiusi** blindly; blindfolded; **stringere gli òcchi** to screw up one's eyes; **strisciata d'òcchi** sweeping glance; **un bàtter d'òcchi** the twinkling of an eye

occidentale western

occorrènza: all'occorrènza if the need arises

occórrere *irr.* to need, to be necessary

occupare to occupy; **occuparsi di** to attend to

occupato busy

occupazióne *f.* occupation

odiare to hate

òdio hatred

odióso hateful

odóre *m.* odor

offèndere *irr.* to offend

offèrta offer, offering; **offèrta d'impiègo** help wanted

offèrto *past part. of* **offrire**

offésa insult; **sénza offésa** no offense intended

offéso *past part. of* **offèndere**

officina factory

offrire *irr.* to offer; **offrirsi (di)** to volunteer; to present itself

offuscare to blur

oggètto object; article; **oggètti delle fàbbriche** machine-made articles

òggi today; **a tutt'òggi** up to now

ógni every, all; **ógni pòco** every once in a while; **ógni tanto** now and again

ognuno each one

olandése *m. and f.* Dutch

òlio olive oil; **òlio di rìcino** castor oil; **làmpada a òlio** oil lamp

olivéto olive grove

óltre beyond; **óltre a** besides

ómbra shade; shadow; **all'ómbra** in the shade

ombrèllo umbrella

ométto little man

omicìdio homicide, murder

VOCABOLARIO

òmo *arch. for* **uòmo**
ónda wave
ondata *fig.* horde
oneróso burdensome
onèsto honest
onorarsi di to take pride in
onóre *m.* honor
òpera opera; **mano d'òpera** labor force
operàio worker; **operàio metallùrgico** steel worker
oppórsi a *irr.* to fight; to object
oppósto *adj.* opposite
opprèsso *adj.* oppressed; weighed down
oppure or
óra *n.* hour; time; **l'óra di céna** supper time; **óra prevista** appointed hour; **Che ore sono?** What time is it?; **non vedér l'óra di** to be able hardly to wait to; *adv.* now; **óra...óra...** now... then...
oràrio timetable; **arrivare in oràrio** to run on time
orchèstra orchestra; **direttóre d'orchèstra** orchestra conductor
ordinare to order
ordinàrio ordinary
ordinato composed
órdine *m.* order
ordito *n.* warp; **passo dell'ordito** threads of the warp
orécchio ear; **tèndere l'orécchio** to listen
orétta brief hour
organizzare to organize
orgóglio pride
orientaménto orientation
originale *adj.* original
orìgine *f.* origin

orinatóio public urinal
orizzontarsi to find one's way
órlo edge
ormài by now
ornamentale ornamental
òro gold; **pagare a péso d'òro** to pay its weight in gold
orològio watch; clock
orrìbile dreadful
orróre *m.* horror; **fare orróre** to horrify
órso bear; **órso bianco** Polar bear
orticèllo small vegetable garden
òrto garden, truck garden
osare to dare
oscurare to darken
oscuro dark; mysterious
ospedale *m.* hospital
òspite *m. and f.* guest
ossèquio deference
osservare to observe; to remark; to point out; **fare osservare a** to point out to
osservazióne *f.* remark
ossessióne *f.* obsession
ossuto bony
ostile hostile
ostilità hostility
ostinato obstinate, stubborn
ostinazióne *f.* obstinacy
ostrogòto Ostrogothic; *fig.* incomprehensible
ottantènne *adj.* eighty-year-old
ottenére *irr.* to obtain, to get
òttimo excellent
òtto: in quattro e quattr'òtto in a jiffy
ottomana couch
ottóne *m.* brass
ottuso obtuse
oziare to idle away

òzio idleness; **stare in òzio** to be idle

P

pacato quiet, calm
pacchétto package
pacco package
pace *f.* peace
padiglióne *m.* **padiglióne di càccia** hunting lodge
padre *m.* father
padróne *m.* owner; landowner; master, boss
padroneggiarsi to control oneself
paesàggio landscape; scenery; countryside
paesano *n.* fellow townsman; *pl.* townspeople; *adj.* **vita paesana** small-town life
paése *m.* town; hometown; village; country; land
paga salary
pagaménto: autostrada a pagaménto turnpike
pagare to pay; **pagare a péso d'òro** to pay its weight in gold
pàgina page; **quarta pàgina** classified ad page
pàglia straw
pàio pair, couple
palato palate
palazzina apartment building
palazzo palace; apartment house; **Palazzo di Giustìzia** Court of Law; **Palazzo Vècchio** the City Hall of Florence
palco box
Palèrmo Capital of Sicily

pàllido pale; **pàllido cóme un mòrto** pale as a ghost
pallóre *m.* pallor
pallòttola wad
palma palm
palmo distance from the little finger to the thumb with the hand outspread, roughly one foot; **a un palmo da** at about a foot from
palo pylon; pole, prod
pàlpebra eyelid
palpitare to pant; to blink
pan *apoc. of* **pane**
pànama *m.* panama hat
panca bench
pància stomach; **mal di pància** stomachache
panciòtto vest
panciuto big-bellied, paunchy
pancòtto bread-soup
pane *m.* bread
pànico panic
panière *m.* basket
panno cloth; *pl.* clothes; laundry; **panni stési** laundry hung out to dry; **nei panni di** in the shoes of
pantalóni *m. pl.* trousers
pantomina pantomime
Pàolo Paul
pappa mess, pap
paradiso paradise
parécchio a good deal; *pl.* several
parènte *m. and f.* relative
parèntesi *f. inv.* parenthesis
parére *irr.* to seem; **parére a** to see fit; **non ti pare?** don't you think so?; **parère** *n. m.* opinion
paréte *f.* wall
Parigi Paris, capital of France
parlare to talk, to speak; **parlar**

male di to talk against; *n. m.* speech

paròla word

parolàccia bad word

parrucchière *m.* barber

parsimònia parsimony, thrift, frugality

parte *f.* part; role; direction; side; some; **parte posterióre** rear; **a parte** apart; except for; **a parte che** besides the fact that; **da che parte** what direction; **dall'altra parte di** beyond; **dalla parte di** from; **dalle nòstre parti** in our part of the world; **dalle parti di** in the section of; **d'altra parte** on the other hand; **da parte** aside, put aside; **da quésta parte** in this direction; **da una parte** on one side; **èssere dalla parte di** to be on the side of; **la maggiór parte** the majority; **recitare una parte** to play a role

partecipare to take part in

partènza departure

particolare *n. m.* detail; *adj.* personal

particolarità *inv.* detail

partigiano *n.* partisan: Italian civilians who during World War II fought against the Fascists and the Nazis. *adj.* partisan

partire to leave, to go away, to set out

partito party

parvi *p. abs. of* **parére**

pàscolo pasture

Pasqualino *dim. of* **Pasquale** Pascal

passàggio passage; way over; **di passàggio** on one's way through

passante *n. m. and f.* passerby

passapòrto passport

passare to pass, to go through; to pass by; to go; to cross; to transfer; to spend; **passare a céra** to wax; **passare a vie di fatto** to pass from words to blows; **passarci** to go through; **passarne tante** (*or* **assai**) to have one's troubles, to have a rough life; **non passare per la tèsta a** not to enter one's head

passeggèro: i signóri passeggèri the passengers

passeggiare to walk around

passeggiata walk

passéggio: a passégio out for a walk

passióne *f.* passion; passionate feelings

passo step; **passo dell'ordito** threads of the warp; **a due passi** just around the corner; **al passo** at walking pace; **di quésto passo** at this rate; **e via di quésto passo** and so on and so forth; **fare due passi indiètro** to take two steps backward; **fare un passo** to take a step

pasticcino petit four, small tea cake

pastìglia pill

pasto meal

pastóre *m.* shepherd

patapùnfete *m.* onomatopeic expression corresponding to "Crash!"

patata potato

patènte *f.* driver's license

patèrno paternal

pàtina patina

patire to suffer; **patire una fame del diàvolo** to starve to death pàtria: in pàtria in one's native country

pattuire to agree upon

paura fear; avér paura to be afraid; fare paura to frighten; princìpio di paura rising fear; tenér paura to be afraid

pauróso frightening

pàusa pause

paviménto floor

pavoneggiarsi to strut

paziènte patient

paziènza patience; avére paziènza to be patient

pazzìa extravagance

peccato exclam. too bad

pècora sheep

pecoràio shepherd

pedale m. treadle

Pedròtto derivative from Piètro Peter

pèggio worse; di male in pèggio from bad to worse

peggiorare to worsen

peggióre: il peggióre the worst

pelare to peal; n. m. pealing

pèlle f. skin

pellìccia fur coat

pélo hair; beard

pelùria down

péna suffering; pity; valére la péna to be worth while, to be worth the trouble

pèndolo pendulum

penetrare to penetrate

penómbra faint light

penóso distressing

pensare (a) to think; to think of; to think about; pensare a tutto to take care of everything

pensièro thought; dare mólti pen-

sièri to be a source of deep concern

pensionante m. and f. boarder

pensióne f. pension, boarding house

péntola pan

penzolare to hang

pépe m.: grano di pépe peppercorn

peperóne m. hot pepper

Peppino dim. of Giusèppe Jo, Joe

per for; through; in order; on account of; down; over; with; by

perbène adj. inv. and adv. nice, fine

perché because; so that; why; il perché n. m. the reason

perciò therefore

percórrere irr. to travel; to go along

percórso adj. streaked; n. drive

pèrdere irr. to lose; pèrdersi to lose one's way; pèrdere di vista to lose sight of; a chi pèrde... to see who will pay for...

perdìo exclam. by Jove!

perdonare to forgive

perentòrio peremptory

perfètto perfect

perfezionare to perfect

perfezióne f.: alla perfezióne to perfection

perfino even

pèrgola arbor

perìcolo danger

pericolóso dangerous

periferìa outskirts of town

perimetrale outer

perlustrazióne f. patrol

permésso n. permit; permésso di ritórno re-entry permit; con per-

mésso with your leave, if you'll excuse me, excuse me; *past part. of* **perméttere**

perméttere (di) to permit; to allow; to make possible; **perméttersi di** to take the liberty of

però however, for that matter, but

perplèsso perplexed

pèrsi *p. abs. of* **pèrdere**

persiana venetian blind, shutter

persino even

pèrso *past part. of* **pèrdere**

persóna person; *pl.* people; body; **di persóna** in person

personàggio character

persuadére *irr.* to persuade, to convince

persuaso *past part. of* **persuadére**

pesante heavy; **pesante di** heavy with

pescare to fish out

péso weight; burden; **dare péso** to give importance; **pagare a péso d'òro** to pay its weight in gold

pèssimo dreadful

pésto: bùio pésto pitch dark; **òcchi pésti** deeply-circled eyes

petardo firecracker

petròlio kerosene, petroleum

pettegolézzo: fare pettegolézzi to indulge in gossip

pètto chest; bosom

pettoruto heavy-bosomed; deep-girthed (horse)

pèzza cloth

pezzènte *m. and f.* beggar

pèzzo piece; snatch; **pèzzo di piède** the remainder of the foot; **da un pèzzo** for quite a while; **un pèzzo** for a while; **un bèl pèzzo** quite a while

pezzuòla handkerchief

piacére (a) *irr.* to like, to please; **far piacére** to please; **per piacére** please; *n. m.* pleasure

piacévole pleasant

piaga open wound

piagnucolare to whine

piancito floor

pianèlla slipper

pianeròttolo landing

piàngere *irr.* to weep, to cry; **piàngere dirottaménte** to burst into floods of tears

piano *n.* plain; level ground; floor; top (of a table); **piano di sópra** next floor; **primo piano** second floor; **secóndo piano** third floor; *adj.* level; *adv.* softly; **piano piano** very slowly, very gently; **piano!** take it easy!

pianofòrte *m.* piano

pianta plant; **pianta topogràfica** (city) map

piantatóre *m.* planter

pianto *n.* weeping

piattafórma platform

piatto dish; **servìzio di piatti** dinner set

Piave *m.* Italian river in Venetia which empties into the Adriatic Sea

piazza square

piazzale *m.* esplanade

piazzétta small square

picchiare to knock

piccino small

picco: a picco vertically; hanging precipitously

pìccolo *adj.* small; little; insignificant; slight; *n.* little one

piède *m.* foot; **ai pièdi** at the foot (*or* feet) of; **a pièdi** on foot; **dito del piède** toe; **in pièdi** standing; upright; on foot; to one's feet; **alzarsi in pièdi** to stand up; **in punta di pièdi** on tip toe; **non stare più in pièdi** not to be able to stand on one's feet any longer; **pèzzo di piède** the remainder of the foot; **règgersi** (*or* **stare**) **in pièdi** to stand on one's feet

piedistallo base

piegare to bend; **piegarsi** to bend, bend over

pièna: in pièna at flood peak

pièno full; complete; filled with; **pièno di cuòre** wholeheartedly

pietà pity

piètra stone

pievano parish priest

pìffero pipe (wind instrument)

pigióne *f.* rent

pigliare to take

pignòlo pedantic

pigro lazy

pilastro pillar

pinéta pine forest

pino pine tree

piòggia rain; **di piòggia** set for rain

piombare *colloq.* to land

piómbo: sóle di piómbo leaden sun

piòvere *irr.* to rain; to pour down; to spill over

piovigginare to drizzle

piovóso rainy

piròscafo steamship

Pisa Tuscan city on the Arno River

pisèllo pea

pistòla pistol

pittura painting

più more; farther; **più che** more than; **più di** more than; **più giù** below; **ancóra di più** still more; **di più** more than this; **il più** the most; **non più** no longer; **non... più** never; **non...più...** no longer; **non...più...** not... any more; **per lo più** for the most part; **tanto più... quanto più...** all the more ...because

piumino feather duster

piuttòsto rather; **piuttòsto che** rather than; **piuttòsto ... che** rather than

pizzo lace

placare to placate

placca plate

planare to glide

plausibìlità plausibility

plebèo plebeian

po' *apoc. of* **pòco**

pòco *adj.* little; *pl.* few, a few; *adv.* little; slightly; **pòco dópo** shortly after; **pòco fa** a short while ago; **pòco prima** shortly before; **a pòco** it's cheap; **a pòco a pòco** little by little; **ógni pòco** every once in a while; **per pòco** for a short time; **per pòco non** almost; **tra pòco** in a little while; **un pòco** a little; a while; **un pòco di** a bit of; **vedi un pòco** see what happens

podére *m.* farm

podestà *m.* Title given by the Fascist government to mayors appointed by Rome

poesìa poetry

poèta *m.* poet

poggiare to lean; **poggiare di spalla** to lean with one's back pòi then; next; besides; after all; later; **e pòi?** and what then?

poiché since

polare polar

polèmica: **per polèmica** to prove a point

polìtica: **digiuno di polìtica** ignorant about politics

polìtico political; **uòmo polìtico** political figure

polizìa police

poliziòtto police, policeman

pollàio hen-coop

pòllice *m.* thumb; inch

Pòlo Pole

polsino: **bottóni dei polsini** cufflinks

pólso wrist

poltróna armchair

poltroncina upholstered seat

pólvere *f.* dust; gunpowder

polveróne *m.* clouds of dust

polveróso dusty

pomerìggio afternoon; **primo pomerìggio** early afternoon; **tutto il pomerìggio** the whole afternoon

pomidòro tomato

pómo head (of a walking stick)

pomodòro *see* **pomidòro**

Pompèi Ancient city SE of Naples destroyed by eruption of Mt. Vesuvius A.D. 79.

pónte *m.* bridge; **alto pónte** top deck

ponticèllo little bridge

popolare cheap; **albèrgo popolare** fourth-class hotel

popolato populated, densely populated

pòpolo lower class

pòrco swine

pòrgere *irr.* to hand

poróso porous

pórre *irr.* to put; to bring

pòrsi *p. abs. of* pòrgere

pòrta door; (city) gate; **pòrta a vétri** glass door; **méttere alla pòrta** to dismiss summarily

portafòglio wallet

portafortuna *m.:* **còrno portafortuna** good-luck charm in the shape of a horn

portare to carry; to bring; to take; to lead; to go; to wear; to maneuver

portasigarétte *m.* cigarette case

porticato portico

portóne *m.* gateway; main entrance; **portóne d'ingrèsso** main entrance

pòsa *n.* pose

posare to lay, to place, to put down

posizióne *f.* position

possedére *irr.* to own

possìbile possible

pòsta mail

postale: **cartolina postale** post card

posterióre rear; **parte posterióre** rear

pósto *n.* place; seat; job; **al pósto di** in front of; **èssere a pósto** to be all set; **méttere a pósto** to fix (a person)

potènte domineering

potènza power

potére *irr.* to be able, can, may; **non potér fare a méno di** not to be able to help, avoid; **non potér farsi vedére** not to dare to go out; **non potérne più** to be unable to stand it any longer; **non potér non...** not to be able to keep from; *n. m.* power

poverétto poor thing

póvero *adj.* poor; **póver'uómo** poor fellow; *m. pl.* the poor

povertà poverty

pranzo dinner; **stanza da pranzo** dining room

pràtica: in pràtica in actuality

pràtico practical; experienced; **èssere pràtico di** to be familiar with

prato meadow

precèdere to precede

precipitare to rush; **precipitarsi** to rush upon someone; to break in abruptly

precipitóso *adv.* hastily

precisióne *f.* precision

preciso precise

prèda; in prèda a overcome by

predicare to preach

preferire to prefer; to favor

prefètto student monitor (boarding school)

Prefettura Regional seat of the national government

pregare to pray, to beg; to request

prèmere to press; to rush

preméssa premise

premiare to reward

Premuda small island in the Adriatic Sea near the Dalmatian coast; **Viale Premuda** Premuda Avenue

prèndere *irr.* to take, to get; to jot down; **prèndere a** to begin; **prèndere a nòlo** to hire; **prènder còrpo** to take shape; **prèndere il latte** to be nursed; **prèndere in**

disparte to take to one side; **prèndere la mano** to get the upper hand; **prèndere l'avvìo** to get under way; **prèndere sótto bràccio** to take someone by the arm; **mandare a prèndere** to send for

preoccuparsi di to worry, to worry about

preoccupazióne *f.* preoccupation, worry

preparare to prepare; **far preparare** to have prepared; **prepararsi** to get ready; **prepararsi il fagottino** to pack one's duds

présa: présa di corrènte socket; **lasciare la présa** to loosen one's grip

presentare to present; **presentarsi** to present (*or* introduce) oneself; to give oneself up

presènza presence

prési *p. abs. of* **prèndere**

presidènte *m.* president

presìdio garrison

préso *past part. of* **prèndere**

prèsso near, at, from; in the office of

prèsto soon; quick; hurry; early; **al più prèsto** at the earliest; **far prèsto** to hurry; **più prèsto che** as fast as

prète *m.* priest

pretèndere *irr.* to claim

pretensióso pretentious

pretèsto pretext; grounds

prevalére *irr.* to prevail

prevalso *past part. of* **prevalére**

prevedére *irr.* to foresee

prevenzióne *f.* objection

previsto *past part. of* **prevedére;** óra prevista appointed hour

prèzzo price; **a prèzzo d'occasióne** at a bargain

prigióne *f.* prison

prima before; first; **prima che** before; **prima di** before; **mèglio di prima** better than ever

primavèra spring

primaverile *adj.* of spring

primitivo primitive

primo first; best; **primo pomerìggio** early afternoon; **ai primi di** on the first days of; **per prima** the first one; **sulle prime** at first

prìncipe *m.* prince

princìpio beginning; principle; **princìpio di paura** rising fear

privare to deprive

privato privately owned

privazióne *f.* privation; deprivation

probàbile probable

procèdere to go on

processare to try (law)

procèsso trial

produrre *irr.* to produce

professióne *f.* profession

professóre *m.* professor; doctor (professor of medicine); **fare il professóre** to be a university professor

profilo profile

profóndo deep; depth; strong

progettare to plan

progrèsso progress

proibire (di) to forbid; to prevent from

proièttile *m.* bullet

prolungare to prolong

proméssa *n.* promise

promésso *past part. of* **prométtere**

prométtere (a) *irr.* to promise; **prométtere di** + *inf.* to promise

prónto ready; **di bórsa prónta** who pay in ready cash

pronùncia: pronùncia vernàcola local accent

pronunziare to pronounce

propagandista *m. and f.* propaganda agent

propinare to administer (medicine)

propiziare to propitiate

propiziatòrio propitiatory

propórre *irr.* to propose, to suggest

propòsito intention; **a propòsito** by the way

proprietà property, estate

proprietàrio proprietor, owner

pròprio *adj.* own, proper; *adv.* exactly, really, directly; **che pròprio io (voi)** that I (you), of all persons

pròroga extension

prorogare to defer, to postpone

prosciutto Parma ham

proseguire to go on

pròssimo *adj.* next; near; imminent; *n.* fellowman

protagonista *m. and f.* protagonist

protestante *adj.* Protestant

protestare to protest

protezióne *f.* protection

pròva: per pròva through experience

provare (a) to try, to experience; to feel

provenire *irr.* to come

provìncia province

provinciale provincial; **stradétta provinciale** secondary road

provocare to provoke, to cause

provocatòrio provocative

provvedére *irr.* to act

provvista: fare provvista to lay in a supply

prudènte wise

prudènza caution

pubblicare to publish

pùbblico public; fórza pùbblica police force

pudóre *m.* modesty

pugno fist

pulire to clean; pulirsi to wipe off

pulito clean

pulizìa housecleaning

pullman *m.* deluxe armchair bus

punta point; end; pointed object; dash, tip; crown (hat); in punta di pièdi on tip toe

puntare to aim

puntata sortie

puntellarsi (a) to lean heavily on; to buttress oneself against

puntìglio pertinacity

puntina thumbtack

punto point; al punto di to the point of; di punto in bianco suddenly

puntuto pointed

pupilla pupil

pur *apoc. of* pure

pure also; even; besides; nevertheless; by all means; although; pur di just to; provided that; pure...cóme... as

purché providing

purézza purity

purga purge

purtròppo alas, unfortunately

puzza stench

puzzare to smell bad

puzzolènte di reeking of

Q

qua here; di qua da on this side of

quadrettini: a quadrettini bianchi e néri with small black and white checks

quadro picture; painting

Quàglia surname, Quail

qualche (*sing. only*) a few, some; qualche vòlta sometime; in qualche mòdo somehow

qualcòsa something; fare qualcòsa intórno a to busy oneself with

qualcuno someone, somebody, some; farne qualcuna to pull a fast one

quale *pron.* who, which, whom; quale...quale... some...others...; tale e quale exactly the same; *adj.* which, what, what a

qualóra in case

qualsìasi any

qualùnque any, whatever; ordinary

quando when; a quando a quando at intervals; da quando ever since; di quando ever since; di quando in quando from time to time

quantità quantity

quanto how much; how many; how; how long; what; quanto a as far as; quanto méno even less; non tanto per...quanto perché not so much because of...but because; per quanto however; in spite of the fact; tanto più... quanto più... all the more ... because

quartière *m.:* di quartière of the neighborhood

VOCABOLARIO

quarto quarter

quasi almost, nearly; **quasi che** as if

quattro foùr; **in quattro e quattr'òtto** in a jiffy

quéllo *adj. and pron.* that; the one; that man; the thing; **quélla** that woman, that one; **quéllo che** what; that which; the one who

quèrcia oak tree

quésti *pron.* the latter

questióne *f.* question, problem

quésto *adj.* this; *pron.* the one, this one

Questura National Police Force; local office of the National Police Force

qui here; at this point; **di qui** around here; **fin qui** way out here; **tutto qui** that's all there is to it

quièto quiet

quindi therefore, so, then

quintale *m.* quintal (one hundred kilograms, equal to 220.46 lbs.)

quotidiano daily

R

ràbbia rage

rabbrividire to shiver

raccògliere *irr.* to pick up

raccòlsi *p. abs. of* **raccògliere**

raccòlto *n.* harvèst; *adj.* withdrawn; *past part. of* **raccògliere**

raccomandare to instruct; to advise; **mi raccomando!** I beg of you!

raccomandazióne *f.* recommendation; *pl.* wire-pulling; exhortation

raccontare to tell

raccónto *n.* story, short story

raddrizzarsi to straighten oneself

radicale radical

ràdio *f.* radio; **accèndere la ràdio** to turn on the radio

ràffica a volley of shots

raffinato *n.* epicure

ragazza girl

ragazzina little girl

ragazzino little boy

ragazzo boy; *pl.* children

ràggio ray

raggiùngere *irr.* to reach; to achieve

raggiunto *past part. of* **raggiùngere**

ragionaménto reasoning

ragióne *f.* reason; **avére ragióne** to be right, to be in the right

ragionévole reasonable

ràglan *m.* (*English*) raglan

ragnatéla spider web, cobweb

rallentare to slow down

rammàrico compunction

rammentarsi to remember

ramo branch

rancóre *m.* resentment

ràpido rapid, quick, quickly

rapiménto enchantment

rapito carried away, enchanted

rappòrto: rappòrto d'amicìzia friendly relations

rappresentare to represent

raro rare

rasarsi to get a shave

rasènte close to

rasóio razor

raspare to scratch

rassegnare to resign; **rassegnarsi** to resign oneself
rassegnazióne *f.* resignation
rassicurare to reassure
rassomigliare to resemble
rattrappirsi to clench
rattristarsi to grow sad
ràuco hoarse
ravviluppare to wrap up
razza breed, origin
ré *m. invar.* king
reagire to react
reale real
realizzàbile feasible
realizzare to come true, to come about
recàpito address
recènte: di recènte recently
recinto fence
recìproco reciprocal
recitare: recitare una parte to play a role
réclame *f.* (*French*) advertisement
reclinare to put down
refrattarietà refractoriness
regalare: mandare a regalare to send as a gift
règgere *irr.* to support the weight of; to hold up; to hold tight; **règgersi** to hold up; **règgersi in pièdi** to stand on one's feet
Règgio Capital of Calabria at the tip of the Italian boot
regista *m.* movie director
registro register; record book
regnare to reign; to prevail
régno kingdom, realm; **régno dei cièli** kingdom of heaven
règola rule; **in règola** in order
regolare to regulate
relazióne *f.* relation

religióne *f.* religion
religióso religious
remissivo subdued
remòto remote, ancient
Renato *m. prop. n.* Renatus
rèndere *irr.* to make; **rèndere infàusto** to make unhappy; **rèndersi** to become; to realize; **rèndersi cónto di** to understand; **non rèndersi cónto di** not to have an idea of
repellènte repulsive
repertòrio repertory
reprìmere *irr.* to hold back
repulsióne *f.* revulsion
resìstere to resist, to hold fast
réso *past part. of* **rèndere**
respìngere *irr.* to push away; to push back
respinsi *p. abs. of* **respìngere**
respirare to sigh with relief
réssa crush
restare to remain; to have left; to be; **restare incantato** to stand as though hypnotized; **restarci** to be left holding the bag
restaurare to restore
restìo reluctant
rèsto rest, remains; **del rèsto** anyhow, moreover, after all
restrìngere *irr.* to draw close together; **restrìngersi** to huddle over oneself
restrinsi *p. abs. of* **restrìngere**
réte *f.* net; **réte metàllica** wire netting
retribuire to pay
rètta rate; **dare rètta a** to heed
riabbassare to lower again
riacchiappare to catch
riacquistare to regain

riadattare to re-adapt
riaffermare to reassert
rialzare to pick up; to turn up; **rialzarsi** to rise again; to raise
riarso parched
riasciugare to dry out
riassùmere *irr.* to summarize
riavérsi (di) to get over
ribasso drop in price
ribàttere to retort; to cut in
ribellarsi to rebel
ribellióne *f.* rebellion
ricadére *irr.* to fall again
ricamare to embroider
ricatto blackmail
ricchézza wealth
rìcciolo curl
ricco rich
ricérca search
ricévere to receive, to get
riceviménto reception
ricevitóre *m.* receiver
ricevuta receipt
richiamare to recall, to call back; to catch
richiamo *n.* shout
richiedènte *m. and f.* applicant
richiùdere *irr.* to close again
richiusi *p. abs. of* **richiùdere**
rìcino: òlio di rìcino castor oil
ricominciare (a) to begin again
riconóbbi *p. abs. of* **riconóscere**
riconóscere *irr.* to recognize; to admit; **andare riconoscèndo** to begin to recognize
ricoprire *irr.* to cover
ricordare to remember, to recall; **ricordarsi (di)** to remember; to remind
ricòrdo *n.* memory
ricórrere *irr.* to resort

ricoverato inmate
ricreazióne *f.* recreation period
ricurvo curved
ridènte smiling; *fig.* charming
rìdere *irr.* to laugh; **scoppiare a rìdere** to burst out into laughter; **rìdersela** *refl.* to laugh up one's sleeve at
ridiventare to become again
ridòsso: a ridòsso di behind
ridótto *past part. of* **ridurre**
ridurre (a) *irr.* to reduce; *refl.* **ridursi a vìvere** to sink to the level of living
riempire to fill, to fill out
rientrare (in) to come back, to return; to go back in; to go back into; to belong
riepilogare to sum up
rièsco *1st sing. pres. indic. of* **riuscire**
rifare *irr.* to make over, to do over; to restore; **rifare il disperato** to act again as a desperate man; **rifare il vèrso a** to mimic; *refl.* **rifarsi le labbra** to put on lipstick
rifatto *past part. of* **rifare**
riferire to report
rifinito accomplished
rifiutare to refuse
rifiuto *n.* refusal; *pl.* sweepings
riflèsso *n.* reflection; *past part. of* **riflèttere**
riflèttere to think; **a riflètterci bène** on second thought
riforniménto gas station
rifugiarsi to take refuge
rigàgnolo rivulet
rigidità rigidity
rìgido severe

rigirare: rigirare per le dita to finger
riguardato protected
riguardo courtesy; **riguardo a** concerning
rilasciato resting
rilassarsi to relax
rilevare to relieve
rilùcere *irr.* to shine
riluttante reluctant
rimandare to send back
rimanére *irr.* to remain, to stay, to be left; **rimanére a bócca apèrta** to be dumbfounded; **rimanére impressionato** to be disturbed; **rimanér male** to be upset
rimasi *p. abs. of* **rimanére**
rimasto *past part. of* **rimanére**
rimbalzare to leap back
rimbròtto reproach
rimédio way out; **sènza rimédio** hopelessly
riméttere *irr.* to put back; **riméttterci** to lose; **riméttersi (da)** to recover from
rimodernaménto: lavóri di rimo-dernaménto remodeling
rimòrso remorse
rimòsso *past part. of* **rimuòvere**
rimpiàngere *irr.* to regret; to be missed
rimpianto *n.* regret
rimproverare to reproach
rimpròvero reproach
rimuòvere *irr.* to remove
rinàscere *irr.* to be reborn
rincasare to go back home
rinfacciare to twit about
rinfrésco refreshment
ringhièra rail
ringraziare to thank

rintanarsi to hide in one's room
rintócco tolling of the bells
rinunciare (a) *see* **rinunziare**
rinunziare (a) to give up
rinvenire *irr.* to come to
rinvénni *p. abs. of* **rinvenire**
riordinare to put in order
riparare to protect
ripartire to set off again
ripensare to think over; **ripensarci** to think it over
ripètere to repeat
ripiano surface
rìpido steep
ripiegare to move over
ripórre *irr.* to put back; to fall back
riposare to rest
ripósto *past part. of* **ripórre**
riprèndere *irr.* to take again; to begin again; to assume again; **riprèndersi** to get hold of oneself; **lasciarsi riprèndere** to get caught again
riprési *p. abs. of* **riprèndere**
ripréso *past part. of* **riprèndere**
risata laugh; laughter; **scoppiare in una grande risata** to burst into side-splitting laughter
riscaldare to warm up
rischiarare to light up, to brighten
rischiare to risk
riscóntro: a riscóntro forming a balanced unit
riscòssi *p. abs. of* **riscuòtere**
riscuòtere *irr.* to start
risedére to sit down again
risentire to miff
risèrbo discretion
risèrva reserve
risi *p. abs. of* **rìdere**

risièdere to reside
riso *n.* laughter
risollevarsi to get back on one's feet
risòlsi *p. abs. of* **risòlvere**
risòlversi *irr.* to resolve
risórgere *irr.* to rise again
risórsa resort
risparmiare to save, to spare, to economize
rispàrmio *n.* saving
rispettàbile respectable
rispettivo respective
rispètto *n.* respect; *adv.* **rispètto a** compared to
rispettóso respectful
rispondènte corresponding
rispóndere *irr.* to reply, to answer back, to respond
rispósi *p. abs. of* **rispóndere**
rispósta answer, reply
rispósto *past part. of* **rispóndere**
ristare *irr.* to remain
ristètti *p. abs. of* **ristare**
ristorante *m.* restaurant
ristorare to regain one's strength
risultare to stand out; to end up by being
risultato result
risuonare to sound
risvegliare to wake up; **risvegliarsi** to awake
risvòlto cuff
ritàglio strip; clipping
ritardo: èssere in ritardo to be late
ritégno reticence
ritirarsi to withdraw
ritirata lavatory, w.c.
ritirato in seclusion
ritmato rhythmic
ritmo rhythm

rito ritual
ritoccare to keep touching
ritornare (a) to return; to become again
ritórno return; return trip; **di ritórno** upon returning; **permésso di ritórno** re-entry permit
ritrarre *irr.* to portray; to withdraw
ritratto *n.* portrait; *past part. of* **ritrarre**
ritrovare to find again; **ritrovarsi** to find oneself
ritto standing straight
riuscire *irr.* to prove; **riuscire a** to succeed in
riuscito *past part. of* **riuscire**
rivedére *irr.* to see again
rivelare to reveal
rivelazióne *f.* revelation
riverito esteemed
rivestire to reinforce
rivòlgere (a) *irr.* to turn toward; to address; **rivòlgere un'occhiata** to cast a glance; **rivòlgere uno sguardo** to glance
rivòlsi *p. abs. of* **rivòlgere**
rivoltèlla revolver
rivòlto *past part. of* **rivòlgere**
rivoluzióne *f.* revolution
ròba possessions; belongings; merchandise; **ròba da mangiare** food
robusto robust, strong
Ròcca Rock
ròccia rock
Róma Rome, the capital of Italy; **Róma Tèrmini** Rome Terminal Station
romano Roman
rómbo rumble
romitàggio hermitage

rómpere *irr.* to break; to break in
rompiscàtole *m. invar. colloq.*
pest; *adj.* pesky
ronfare to snore
ronzare to buzz
ronzìo buzzing
Roosevelt, Franklin Delano (1882-
1945) 32nd President of the
United States from 1933 to
1945
ròsa rose; **ròsa tea** tea rose; *adj.*
pink; *prop. n.* Rose
rosmarino rosemary
rosolare to roast
rosòlio rosolio, sweet homemade
liqueur
rosóne *m.:* **rosóne a trafóri** rose
window with tracery
rósso red; **farsi rósso** to grow red
in the face
rotolare to roll
ròtolo *n.* roll
rotóndo round
rótto *past part. of* **rómpere;** *adj.*
worn, full of holes
rovesciare to throw up; to turn
over
rovina ruin
rovinare to ruin
ruga wrinkle
rumóre *m.* noise
rumoróso noisy
ruòta wheel
rupe *f.* cliff
ruppi *p. abs. of* **rómpere**
russare to snore
rùvido crude, rough

S

sàbbia sand

sacco bag, sack
sacrificio *see* **sacrifìzio**
sacrifìzio sacrifice
sagrestano sacristan; **fàccia da
sagrestano** *colloq.* hypocrite's
face
sagrestìa sacristy
sala hall
salàrio salary
saldarsi to stick
sale *m.* salt
salernitano inhabitant of Salèrno
salétta small hall
salire *irr.* to climb, to go up; to
come up; to get in, to get on; to
float up
salita climb
salóne *m.* barber shop
salòtto drawing-room, parlor; **salòtto buòno** Sunday parlor
saltare to bob, to jump, to leap;
saltar su to burst forth
salto *n.* jump
sàlubre healthful
salutare to greet, to hail; to say
goodbye
salute *f.* health; **Salute!** To your
health!; **salute malférma** poor
health
saluto *n.* bow
salvare to save, to rescue; **salvarsi**
to be saved
sàlvia sage (Botany)
salvo safe; *adv.* **salvo** except; **in
salvo** safe
sanità medical corps
sano *adv.* soundly, safe
santo saint; **Santo Cièlo** *exclam.*
Great Heavens; **Spìrito Santo**
Holy Ghost
sapére *irr.* to know; to know how;

to find out; **sapére di** to know about; **sapére dire** to be able to tell; **far sapére a** to inform

saponata: àcqua saponata soapy water

sapóne *m.* soap

sapóre *m.* taste; flavor; tang

saracinésca rolling metal door

sarta: sarta finita accomplished dressmaker

sartina young seamstress

sarto tailor

sartorìa tailor shop

Sarzana a small town near La Spezia (Tuscany)

sasso stone

sassóso stony

saturniano Saturnian, gloomy

sbagliare to make a mistake; to be wrong; **tutto sbagliato** completely mistaken; **sbagliarsi** to be mistaken

sbàglio *n.* mistake

sbalordire to be stunned, to be flabbergasted

sbarcare to land

sbarco *n.* landing

sbarrato wide open

sbàttere to beat; **sbàtter fuòri a calci** to kick out

sbattuto *adj.* downcast

sbavatura smudge

sbertucciato crumpled

sbindolarsi to unwind

sbirciare to ogle; to glance at

sbirro (*slang*) cop, policeman

sboccare to come out into; to empty (of a river)

sbottare to explode

sbrigarsi to hurry

sbucare to emerge

sbucciatura bruise

scacciare to drive out

scadére *irr.* to expire

scaffale *m.* shelf

scagliare to hurl

scala staircase

scaldino terra-cotta handwarmer

scalétta stone steps

scalinata staircase, flight

scalino step

scambiare to confuse; **scambiarsi** to exchange

scampanellare to ring a bell

scandìnavo Scandinavian

scandire to spell out; to scan

scannare to slit the throat of

scantonare to turn a corner

scappare to escape, to run away; **scappare da ghignare** to sneer inadvertently

scarmigliato disheveled

scarno lean, fleshless

scarpa shoe; **scarpa su misura** custom-made shoe

scarpiccìo sound of footsteps

scartare to discard

scassare to smash

scatarrarsi to clear one's throat

scàtola box

scattare to burst out

scatto: di scatto abruptly; with a click

scavalcare to put one leg over

scavare to dig, to dig out

scégliere *irr.* to select

scélsi *p. abs. of* **scégliere**

scélto *past part. of* **scégliere**

scémo *adj.* foolish; **mèzzo scémo** feeble-minded

scèna scene

scenata row, brawl

scéndere *irr.* to descend, to go down, to come down; to alight, to get down, to get out of, to get off

scendilètto *invar.* bedside mat

sceneggiatura scenario, movie script

scési *p. abs. of* **scéndere**

scéso *past part. of* **scéndere**

schedàrio filing cabinet

schermirsi to shy off

schérmo screen

schernire to scoff at

schérno: sorriso di schérno scoffing smile

scherzare to joke

schérzo joke; charm

schiacciare to crush; to press

schiaffo slap in the face

schièna back

schièra row

schierare to line up

schifato contemptuous

schifo: che schifo *exclam.* how revolting

schioccare to smack

schiùdere *irr.* to open; **schiùdersi** to open

schiusi *p. abs. of* **schiùdere**

schizzare di to spatter with

sciaguattare *n. m.* swishing

sciagurato poor wretch

scialbo weak

scialle *m.* shawl

sciènza science

scintillare to shine, to sparkle

sclocchézza foolishness

sciògliere *irr.* to be scattered; **sciògliersi** to be loosened; to loosen

sciòlsi *p. abs. of* **sciògliere**

sciròcco sultry south-east wind

sciupare to waste

sciupato wizened

scivolare to slip

scodèlla soup plate

scodinzolare to wag a tail

scolorito colorless

scolpire to carve; to delineate

scomodità discomfort

scomparire *irr.* to vanish; to die

scomparso *past part. of* **scomparire**

scompartiménto compartment

sconcertare to disconcert

sconfinato boundless

scongiurare to ward off

scongiuro *n.* charm against the evil eye

sconosciuto unknown

sconsolato disconsolate

scontare to pay; **fare scontare** to make someone pay dear for

scontróso irritable; cantankerous

scopèrsi *p. abs. of* **scoprire**

scopèrta *n.* discovery

scopèrto *adj.* uncovered; **a capo scopèrto** bareheaded; **allo scopèrto** open; exposed; **automòbile scopèrta** open car; *past part. of* **scoprire**

scoppiare to explode, to burst out, to break out; **scoppiare a rìdere** to burst out into laughter; **scoppiare in una grande risata** to burst into side-splitting laughter

scoprire *irr.* to discover; to uncover; to reveal

scòrgere *irr.* to perceive; to discover; **scòrgersi** to see

scorpióne *m.* scorpion

scórrere *irr.* to peruse

scortecciare to peel off

VOCABOLARIO

scòrza bark; *fig.* surface

scòssa *n.* jerking

scòssi *p. abs. of* scuòtere

scossóne *m.*: far fare uno scossóne to make one start violently

scostarsi to draw aside, to pull aside

scostumato rude

scozzése *adj.* plaid

screpolare to crack

scricchiolìo creaking

scritto *n.* writing; *past part. of* scrìvere

scrittóio desk

scritturale *m.* copyist

scrìvere *irr.* to write; scrìvere a màcchina to typewrite; màcchina da scrìvere typewriter; *n. m.* writing

scrollarsi to shake off

scrutare to peer at

scuòla school

scuòtere *irr.* to shake

scure *f.* axe

scuro dark; somber; vestire di scuro to wear dark colors

scusare to excuse; scusi I beg your pardon

sdegnarsi to become indignant

sdégno indignation

sdentato toothless

sdraiare to stretch at full length; bèn sdraiato lying comfortably; sdraiarsi to lie down

se *conj.* if, whether, in case; se no otherwise; se non except

sé *pron.* him, himself; her, herself; it, itself

sebbène although

seccare to annoy

sécchio bucket

sécco dry; laconic; restare a sécco to run dry

séco: séco medésimo with oneself

sècolo century

secóndo *adj.* second; Secóndo Impèro *see* impèro; *n. m.* di secóndo in secóndo with every passing second; *prep.* according to; it all depends

sèdano celery

sedére *irr.* to sit; to be seated; sedérsi to sit, to sit down

sèdia chair

sedile *m.* seat

seduto seated

sèggiola chair

segnalare to signal

segnale *m.* signal

segnare to mark; to line

ségno sign; far ségno di to motion

segretària secretary; far la segretària to be a secretary

segretézza secrecy

segréto *n.* secret; *adj.* secret

seguire to follow

selciato cobbled pavement

selvàtico wild

sembrare to seem

séme *m.* seed

semi *prefix* half

semiapèrto half-open

semibùio poorly lighted

seminare to sow

seminàrio seminary

seminascósto half-hidden

semivuòto half-empty

semplicIòtto simpleton

semplicità simplicity

semplificare to simplify

sèmpre always, ever, still; sèmpre più increasingly

séno breast

sensale *m.:* **fare il sensale** to be a broker

sensazióne *f.* sensation

sensìbile sensitive

sènso feeling; sense; meaning; reaction

sentièro footpath

sentiménto feeling

sentinèlla sentry; **smontare da sentinèlla** to come off sentry duty

sentire to hear; to listen; to savour; **sentir dire** to hear (someone say); **sentire nominare** to hear one's name; **sentirsi** to feel; **sentirsi il cuòre strétto** to feel one's heart sink; **sentirsi male** to feel sick

sentito *adj.* heartfelt

sentóre *m.* inkling

sènza without; **sènz'altro** at once

separare to separate

sepolcrale sepulchral

sepólto buried

séra evening, late afternoon; night; **vestire da séra** to wear evening dress

serata: **in serata** during the evening

serbare to save

serbatóio tank

seréno serene

sergènte *m.* sergeant

sèrie *f. invar.* series

serietà seriousness

sèrio serious; **sul sèrio** in the real meaning of the word

serramànico spring knife

serrare to close; to fasten

serratura lock; **serratura di sicurézza** safety lock

sèrva female servant, maid; **fare la sèrva** to be a maid

servire to serve; to be of use; to cater to; **servire da** to serve as; **andare a servire** to become a servant; **non servire a nulla** to be useless

serviziévole obliging

servìzio service; **servìzio di piatti** dinner set; **al servìzio** in the service; **andare a servìzio** to go into domestic service; **dònna di servìzio** houseworker; **fare il pròprio servìzio** to do one's rounds

séta silk

settentrionale *adj.* northern

settimana week

severità severeness, strictness

sevèro severe

sezióne *f.* local

sfèra sphere

sfida defiance

sfidare: **sfido che** no wonder that

sfidùcia dismay

sfilare to slip off; to undo

sfilatino grinder, poor-boy sandwich

sfinito exhausted

sfiorare to rub against

sfociare to empty

sfogarsi to unbosom oneself

sfòggio: **fare sfòggio di** to show off

sfortunato unlucky

sforzare to force; **sforzarsi di** to force oneself; to make the effort

sfòrzo reluctance

sfratto eviction

sfregare to smear

sfuggire *irr.* to avoid; to peek out

sgabèllo stool

VOCABOLARIO

sgargiante showy

sghignazzare to break into derisive laughter

sgolarsi: sgolarsi a gridare to bellow at the top of one's voice

sgómbero *n.* move (change of residence)

sgombrare to clear out

sgómbro *adj.* free

sgoménto dismay

sgraffiarsi to get scratched

sgranchire to stretch

sgraziato clumsy

sguardo glance, look; stare; **girare lo sguardo** to look around; **méttere a fuòco lo sguardo** to focus one's eyes on; **rivòlgere uno sguardo** to glance; **vòlgere attórno lo sguardo su** to gaze around at

sgusciare to slither

si *impers. pron.* one, we

sì yes; indeed; **ma sì** of course; *lit. for* **così**

sibilare to hiss

siccóme since

Sicìlia Sicily, the largest Italian island

siciliano Sicilian

sìculo *adj.* Sicilian

sicurézza security; **serratura di sicurézza** safety lock

sicuro certain, sure; certainly; **al sicuro** safe; **al sicuro di tutto** safe from harm

sidèreo astral

sièpe *f.* hedge

siffatto: un siffatto such a

sigarétta cigarette; **sigarétta Stop** brand of Italian cigarette

sìgaro cigar; **sìgaro toscano** *or* *simply* **toscano** long, narrow, strong-smelling Italian cigar

sigillo seal

significare to mean

signóra Madam, lady; mistress; wife (when used in reference to the wife of another); **la signóra ... Mrs....**

signóre *m.* gentleman; Sir; Our Lord; **il signór... Mr....**; **i signóri** the wealthy, the gentry; **i signóri passeggèri** (*or* **viaggiatóri**) the passengers

Signorìa: Piazza della Signorìa City Hall Square (of Florence)

signorile fashionable, upper-class

signorina Miss; girl; unmarried woman; **la signorina... Miss...**; **signorina bèlla** my dear Miss

silènzio silence

silenzióso silent

sillabare: con vóce sillabata articulating every word

Silviétta *dim. of* **Sìlvia** Sylvia

Sìlvio Sylvyus

sìmile such; **sìmile a** like

simpatìa sympathy; friendliness; fellow-feeling; **non avére in simpatìa** to have no liking for

simpàtico attractive, congenial

simulazióne *f.* deception

sincèro sincere

sìndaco mayor

singhiózzo sob, sobbing

sinistra left; **a sinistra** on the left

sinistro left; sinister

sino: sino a until, as far as; **sino in** up to

sinóra up to now

Siracusa Ancient city on the eastern coast of Sicily

siringa hypodermic needle

sissignóre yessir

sistèma *m.* system

sistemare to settle; **sistemarsi** to settle; to settle down; to fit

situato well rooted

situazióne *f.* situation

slanciarsi to hurl oneself

slàncio vigor

slittare to skid

smaltare to smooth over

smaniare to go into hysterics

smarrire to be bewildered

smentire to deny

smerigliato frosted

smésso *past part. of* **sméttere**

sméttere (di) *irr.* to stop; to drop

sminatòre *m.* (*Military*), sapper detailed for the detection and removal of land mines

smisi *p. abs. of* **sméttere**

smisurato endless

smontare to dismount; to get off; to calm down; **smontare da sentinèlla** to come off sentry duty

smórfia grimace; **far smórfie** to make faces

smòrto dull; wan

snèllo slender

soave gentle

soavità gentleness

sobbórgo suburb

socchiùdere *irr.* to half-close

socchiusi *p. abs. of* **socchiùdere**

socchiuso *past part. of* **socchiùdere**

soccórrere *irr.* to help

sociale social

soddisfare *irr.* to satisfy

soddisfatto *past part. of* **soddisfare**

soddisfazióne *f.* satisfaction

sofà *m.* couch

sofferènte (di) afflicted (with)

sofferènza suffering

soffiare to blow; to snuff, to puff out

sóffio *n.* breath

soffitto ceiling

soffocare to suffocate; to choke; to stifle

soffóndere *irr.* to suffuse

soffrire *irr.* to suffer; to stand

soffuso *past part. of* **soffóndere**

sofisticare to split hairs

soggètto *adj.:* **andare soggètto a** to endure

soggiórno sojourn

sòglia doorstep; threshold

soggiùngere *irr.* to add

soggiunsi *p. abs. of* **soggiùngere**

sogguardare to look askance at

sognacchiare to have fitful dreams

sognare to dream

sógno *n.* dream

soldato soldier

sòldo the twentieth part of a lira, cent; *pl.* money

sóle *m.* sun; **sóle di piómbo** leaden sun; **al sóle** in the sun

solére *irr.* to use to; to be wont, to have the habit of

sòlfa rigmarole

sòlido solid

sòlito *n.* custom; *adj.* usual; **al sòlito** as usual; **di sòlito** as a rule

solitùdine *f.* solitude

sollecitare to urge

solleóne *m.* scorching sun

solliévo relief

sólo *adj.* alone, single, only; **da sólo** by oneself; singlehanded; **il sólo** the only one; *adv.* only

soltanto only

sommésso meek

sómmo extreme

sonare to sound; to ring; **sonare a mòrto** to toll a knell

sónno sleep; **avér sónno** to be sleepy

soppesare to weigh

sopportare to tolerate, to endure

sópra on, above; on top of; **al di sópra di** above; **di sópra** over; upstairs; **piano di sópra** next floor

sopraccìglio eyebrow

soprannóme m. nickname

soprappensièro absorbed in thought

soprastante above

soprattutto above all

sórcio mouse

sórdo adj. deaf; n. deaf man; **sórdo e muto** deaf-mute; **fare il sórdo** to play deaf

sordomuto n. deaf-mute; **finto sordomuto** pseudo deaf-mute

sorèlla sister

sórgere irr. to rise, to emerge; **sórgere da** to rise out of

sorpassare to pass by

sorprèndere irr. to surprise; to catch in the act; **sorprèndersi** to catch oneself

sorprésa n. surprise

sorpréso past part. of **sorprèndere**

sorrèggere irr. to support; to uphold

sorrèssi p. abs. of **sorrèggere**

sorrìdere irr. to smile

sorrisi p. abs. of **sorrìdere**

sorriso n. smile; **sorriso di schérno** scoffing smile

sòrta sort

sospèndere irr. to suspend

sospéso past part. of **sospèndere**

sospettare to suspect

sospètto n.: **fuóri sospètto** above suspicion

sospìngere irr. to spur on

sospinsi p. abs. of **sospìngere**

sospinto past part. of **sospìngere**

sospirare to sigh

sospiro n. sigh

sostantivo noun

sostenére irr. to hold, to hold up

sosténni p. abs. of **sostenére**

sostituire to replace

sottécchi: di sottécchi slyly

sottile thin

sottintéso n. hidden meaning

sótto under, below, beneath; downstairs; **al di sótto di** beneath; **di sótto (a)** from under

sottobràccio: prèndere sottobràccio to take someone by the arm

sottopónte m. lower deck

sottopósto subject

sottoscala m.: **in un sottoscala** under a stairway

sottoscritto n. colloq. yours truly

sottostante beneath, below

sottovèste f. petticoat

sottovóce in a whisper

sottrarre irr. to substract

sovènte often

sovrabbondare to be overabundant

spaccare to split

spagnòlo Spanish

spago string

spalancare to open wide

spalla shoulder; **alle spalle** behind one; **alle spalle di** behind one's back; **alzare le spalle** to shrug one's shoulders; **con le spalle a** with one's back turned against;

con le spalle nel vènto with backs to the wind; **strìngersi nelle spalle** to shrug one's shoulders; **voltare le spalle a** to turn one's back on

spallièra back (of a chair, etc.)

spàndere: spèndere e spàndere to spend recklessly

sparare to shoot

spàrgere *irr.* to spread, to scatter; **spàrgersi** to spread

sparire to disappear

spariazióne *f.* disappearance

sparpagliare to scatter

sparsi *p. abs. of* **spàrgere**

sparso *past part. of* **spàrgere**

spartire to divide; **non avér nulla da spartire con** to have nothing in common with

spavalderìa swaggering; brashness

spaventare to frighten; **spaventarsi** to be terrified, to be scared

spavènto *n.* terror; fright

spaventóso frightening

spazientire to be impatient; to be out of patience

spàzio space

spazióso spacious

spècchio mirror

speciale special

specialità specialization

spècie *f. inv.* kind

spedire to mail, to send off

spediazióne *f.* expedition

spèndere *irr.* to spend; **spèndere e spàndere** to spend recklessly

spèngere *irr.* to extinguish, to put out; to exhaust; to stop; **spèngersi** to peter out

spènto *past part. of* **spèngere** *and also of* **spègnere**

speranza hope

sperare (di) to hope

spèrdersi *irr.* to get lost

sperduto remote

spésa *n.* buy; *pl.* the expense, costs; **fare la spésa** to do the marketing; to go marketing

spéso *past part. of* **spèndere**

spésso *adj.* thick; *adv.* often

spettàcolo show, performance

spettinare to dishevel

spèttro ghost

Spézia, La Italian city and naval base on the Tuscan coast

spezzare to break, to split

spìa spy; **fare la spìa** to act as a spy; **fare la spìa a** to spy on

spiacévole unpleasant

spiàggia beach

spiare to spy on

spiazzo: spiazzo di ferrovìa railroad siding

spìcchio slice; **spìcchio d'àglio** clove of garlic

spiccicare: spiccicarsi di dòsso to cast off

spiegare to explain

spiegazióne *f.* explanation

spietato merciless

spilla stickpin

spillo pin

spina thorn; *(electricity)* plug

spìngere *irr.* to push; to thrust

spinóso spiny

spinsi *p. abs. of* **spìngere**

spinto *past part. of* **spìngere**

spioncino peephole

spìrito spirit; soul; **Spìrito Santo** Holy Ghost

splèndere to shine, to glow

splèndido bright; sumptuous

splendóre *m.* splendor
spogliare to pick clean
spòla spool
spolverare to dust
spontàneo spontaneous
spòrco soiled, dirty, murky
spòrgere *irr.* to lean out; to stretch out; to pop out; **spòrgersi** to lean out
sportèllo window (carriage); door (auto, bus, train)
sposare to marry; **sposarsi** to marry, to get married
spostare to move, to shift; **spostarsi** to move
sprazzo: a sprazzi by flashes
sprofondare to immerse; to gouge circles around
sproporzióne *f.* disproportion
spruzzo spray
spuma foam
spuntare to appear; **spuntarla** to succeed; **prima che spuntasse il giórno** before daybreak
sputare to spit
sputo spit, spittle
squadra: squadra lavóri work gang
squàllido squalid
squillare to blow; to ring
stàbile *m.* building; *adj.* permanent
stabilire to establish; to agree upon
staccare to remove; to tear off; to take off; to pick up (the receiver)
staffa stirrup
staffétta: fare la staffétta to be a courrier
stagióne *f.* season
stagnare to hang low
stalla stable
stallàggio livery stable

stamattina this morning
stampa print
stampare to print
stampatèllo: a stampatèllo in block letters
stampèlla coat hanger
stampo *n.* die
stancarsi (di) to grow tired (of)
stanco tired
stanga shaft
stanòtte *adv.* tonight
stanza room; **stanza da pranzo** dining room; **stanza e vitto** board and room; **stanza in famìglia** board and room with family
stanzétta small room
stanzino cubbyhole
star *apoc.* of **stare**
stare *irr.* to stay; to stand; to be; to live; to sit; **stare a** to remain; **stare a cuòre** to be dear to one's heart; **stare a guardare** to look on; to stand looking; **stare attènto** to watch out; to take care not to; **stare bène** to be well; to be all right; to be well off; to feel at ease; **stare còmodo** to be comfortable; **stare in òzio** to idle; **stare in pièdi** to stand on one's feet; **stare male** to be ill; to feel sick; **stare per i fatti suòi** to mind one's business; **stare zitto** to be quiet; **lasciare stare** to leave alone; **non stare più férmo** to be unable to sit still; **tanto da stare...** just enough to fill... **stàrsene a lètto** to stay in bed
starnutire to sneeze
stato *n.* state; country; status; **stato**

di conforto standard of comfort; *past part. of* **èssere**

stavòlta this time

stazióne *f.* railroad station; **Stazióne Marìttima** Maritime Station

stécco stick

stellato star-like

Sten *m.* name of a British machine carbine

stèndere *irr.* to stretch out; to lie; **panni stési** laundry hung out

stènto hardship

stèrile barren

sterlina pound sterling, English monetary unit.

sterminato endless

stèrzo steeringwheel

stési *p. abs. of* **stèndere**

stéso *past part. of* **stèndere**

stésso same, self, very; **le scale stésse** the stairs themselves; **lo stésso** just the same; **quéllo stésso** the very one

stetoscòpio stethoscope

stillare to drip

stima appraisal; esteem

stimare to esteem; **fare stimare** to have appraised

stìpite *m.* door jamb

stivale *m.* boot

stivalétto child's high shoe

stizzito vexed

stòffa material

stòmaco stomach

stonato tone deaf

stonatura jarring note

stoppino wick

stordito stunned

stòria history; story

storpiare to ruin

stovìglie *f. pl.* crockery

strabordare to run over

stracciare to tear

stràccio *n.* rag; floor rag; desk cloth

strada street; road; **strada carrozzàbile** hard-surfaced road; **strada ferrata** railway; **fare mólta strada** to come a long way; **per strada** on the road

stradale *m.* highway

stradétta: stradétta provinciale secondary road

stradóne *m.* highway

stragrande preposterous

stramazzare to collapse

strambo eccentric

stranièro *n.* foreigner; *adj.* foreign

strano strange

straordinàrio extraordinary

straparlare to rant

strapièno di crammed with

strappare to tear; to tear off; to tear out; to pull off

straripare to overflow

strascicare to drag

stràscico trail

strato layer

strattóne *m.* violent shaking

stréga witch

stregato bewitched

strepitare to clatter

strétto *adj.* narrow; tight; tightly; **sentirsi il cuòre strétto** to feel one's heart sink; *past part. of* **strìngere**

strìdulo strident

strillare to scream

strillo *n.* scream

strìngere *irr.* to squeeze; to clench; **strìngere gli òcchi** to screw up

VOCABOLARIO

one's eyes; **strìngersi** to shrug
one's shoulders; **strìngersi nelle
spalle** to shrug one's shoulders
strìscia strip
strisciare to drag
strisciata: strisciata d'òcchi sweeping glance
strìscio: colpire di strìscio to graze
strizzare to wink
stroncare to truncate
struggiménto desperate longing
struménto tool; **struménto agrìcolo**
farm tool
studènte *m.* student
studiare to study
stùdio study, office
stuòia hemp matting
stupefare *irr.* to astound
stùpido fool
stupire to astonish
stupóre *m.* amazement
su on, over, up, upon; upstairs; in;
about
sùbbio beam (of a loom)
subire to undergo
sùbito at once, immediately,
shortly; suddenly
subordinato subordinate
succèdere *irr.* to happen; **succè-
dersi** to follow one after another
successióne *f.* succession
successivo following
succèsso *n.* success; *past part. of*
succèdere
succhiare to suck
succo juice
succulènte succulent, exquisite
Sud *m.* South
sudare to perspire, to sweat
sùdicio dirty
sudóre *m.* sweat

sufficiènza: di sufficiènza in one's
self-sufficiency
suggerire to suggest
sugo juice; **dar sugo** to add zest
suicìda *m.* suicide
suòi: i suòi his or her family
suòla sole
suonare *see* **sonare**
suòno *n.* sound
suòra nun
superficiale superficial
superfìcie *f. inv.* surface
superióre *m. n. and adj.* superior
suppellèttili *f. pl.* household fur-
nishings
suppergiù more or less
sùpplica entreaty
supplicare to entreat
supplichévole beseeching
suppórre *irr.* to suppose
suscettìbile sensitive
suscitare to arouse
sussurrare to whisper
svago pleasure
svaporare to evaporate
svegliare to awaken; **svegliarsi** to
wake up
svéglio *adj.* alert
svenire *irr.* to faint
svénni *p. abs. of* **svenire**
sventolare to wave
sventura misfortune, bad luck
sviluppare to develop
svogliato apathetic
svolazzare to flap
svòlgere *irr.* to unroll; **svòlgersi** to
be spent
svòlta turn
svoltare to turn the corner
svuotare to empty

T

taccuino pad
tacére *irr.* to be silent
taciturno silent
tàcqui *p. abs. of* **tacére**
tagliare to cut
tagliatèlle *f. pl.* type of noodles
tagliènte sharp
tàglio cut (of cloth)
talare: àbito talare cassock
tale such; in such a way; **tale e quale** exactly the same
talènto: con il talènto di with the talent to become
talóra at times
talvòlta at times
tamarindo tamarind
tanfo musty smell
tanto so, such; so much; in any case; *pl.* so many; **tanto che** so much so that; **tanto méno** even less; **tanto per** just to; **tanto più** all the more; **tanto più... quanto ...** all the more ... because; **tanta da stare** just enough to fill; **è tanto che** it's been a long time since; **non tanto per ... quanto perchè** not so much because of ... but because; **ógni tanto** every once in a while, now and again
tardare (a) to take a long time to; to delay; to be late
tardi late
targa name plate
tartaruga tortoise shell
tasca pocket
tassa tax
tastóni *adv.* groping
taurino bull-like

tavèrna tavern
tàvola table
tavolino small table
tàvolo table
tazza cup
tazzina demi-tasse
tè *m.* tea; **prèndere il tè** to have tea
tèa: **ròsa tèa** tea rose
teatro theater
tedésco German
tegamino ramekin
tégola roof tile
teièra teapot
téla cloth; **téla cerata** oil cloth
telàio loom
telefonare to telephone
telefonata telephone call
telèfono *n.* telephone
telegràfico telegraphic
telègrafo telegraph
télo cloth
temeràrio *adj.* rash
temére to fear
tempestóso tempestuous
tèmpia temple
tèmpo time; **da gran tèmpo** long since; for a long time; **fare in tèmpo a...** to...in the nick of time; **in quésti ùltimi tèmpi** lately; **un tèmpo** once upon a time
tenàglie *f. pl.* pliers
tènda curtain; awning
tèndere *irr.* to stretch; to hold out; **tèndere l'orécchio** to listen
tendina curtain, window shade
tenére *irr.* to hold; to keep; to take; to have; to run; **tenérci a** to care really, to attach a great deal of importance to something; **tenér cónto di** to give im-

portance to; **tenér dìetro** to follow; **tenér paura** to be afraid; **tenérsi fòrte a** to hold fast to; **tenérsi per mano** to hold hands

tenerézza tenderness

tènero tender; wispy

tensióne *f.* tension

tentare (di) to attempt; to try

Teresèlla *dim. of* **Terèsa,** Theresa

tèrmine *m.* term, expression

Tèrmini: Róma-Tèrmini Rome Terminal Station

tèrra earth; land; piece of land; ground; dirt; **tèrra canapina** hemp land; **a tèrra** on the floor; on the ground; **da tèrra** from the shore; **per tèrra** on the floor; on the ground;

terràneo *n.* ground-floor dwelling

terrazza terrace

terréno soil

terrìbile terrible, frightening

terróre *m.* terror

terzogènito third-born

tésa brim; **a larghe tése** wide-brimmed

tési *p. abs. of* **tèndere**

téso *adj.* drawn; outstretched; *past part. of* **tèndere**

tèssere to weave

tèsta head; mind; **girare la tèsta** to feel dizzy; **in tèsta** on one's head; **per la tèsta** in one's head; **non passare per la tèsta a** not to enter one's head

testardo stubborn

testata head

testimoniare to testify

tètro dismal

tétto roof

tettóia train shed, overhang

tièpido tepid

timidézza shyness

tìmido timid, shy

timóre *m.* fear

tìmpano eardrum

tinèllo dinette

tìngere *irr.* to dye

tintinnare to tinkle

tinto *past part. of* **tìngere**

tipo character; fellow; **che tipo** what a character

tirante: campanèllo a tirante pull-bell

tirare to pull; to draw; to throw; **tirar vìa** to hasten away; **tirarsi dìetro** to take along

tìrchio stingy

tìzio guy

toccare to touch; to reach; to affect; *impers.* **toccare a** to be up to

tócco *n.* contact

tògliere *irr.* to take; to take out; to take away; **tògliersi** to remove; **tògliersi da** to draw from

tòlsi *p. abs. of* **tògliere**

tòlto *past part. of* **tògliere**

tònaca habit (of a priest or monk)

tóndo round; rounded script; **chiaro e tóndo** without mincing words

tónfo thud

tòno tone

tónto impassive

tòpo mouse

topogràfico: carta topogràfica (city) map; **pianta topogràfica** (city) map

tòrcere *irr.* to contort; **tòrcersi** to wring; to writhe

Torino Turin, capital of Piedmont

and center of the Italian automobile industry

tormentare to torment

tormentóso harrowing

tornante *m.* hairpin turn; **a tornanti** zigzag

tornare to return; to go back; to be again; **tornare ad addormentarsi** to go back to sleep; **tornare ad èssere** to come to mean again; **tornare a distèndersi** to relax again; **tornare a parlare** to talk again; **tornare a risvegliarsi** to awake again

torpóre *m.* torpor

tórre *f.* tower

torrènte *m.* torrent; stream

tórsolo core

tòrto: avér tòrto to be wrong; **dare tòrto a** to consider some one in the wrong; **in tòrto** in the wrong; *past part. of* **tòrcere**

tortuóso winding

tórvo grim

tosare to clip

Tósca *prop. n.* Tosca

toscano Tuscan; **sìgaro toscano** *see* **sìgaro**

tòssico poison

tovàglia tablecloth

tòzzo short; thickset

tra between; among; through; in; **tra mé e mé** to myself; **tra pòco** in a little while, soon; **tra sé** to oneself; **di tra** through

traboccare to run over; **traboccare di** to overflow with

tràccia trace

tracciare to trace

tracòlla: a tracòlla slung over the shoulder

tradiménto betrayal; **colpire a tradiménto** to stab in the back

tradire to betray

tràffico: escluso al tràffico closed to traffic

trafóro: rosóne a trafóri rose window with tracery

tram *m. invar.* streetcar

trama plot

tramèzzo partition

tramontare to set

tramónto sunset

tramutare to transform

trangugiare to gulp down

tranquillo quiet, calm; alone

trànsito: di trànsito on one's way through

tranvài *m. invar.* streetcar

Tràpani seaport in the NW tip of Sicily

trapelare: lasciar trapelare to give sign of

tràppola trap

trarre *irr.* to take out

trasalire to jerk; to flinch

trasaltare to start

trascendentale inexplicable

trascinare to drag; to drag off

trascórrere *irr.* to pass

trascórso *past part of* **trascórrere**

trasentire to hear vaguely

trasferirsi to move away

trasformare to transform; **trasformarsi** to become transformed

trasportare to transport; to transfer; to carry; to carry out

trassi *p. abs. of* **trarre**

trattare to treat; **trattarsi** to be a question of

trattenére *irr.* to keep; to hold on to; to hold together; **non potér**

trattenére da not to be able to keep from; **trattenérsi** to stay; to control oneself

tratto stretch; **a tratto a tratto** from time to time; **a un tratto** suddenly; **d'un tratto** suddenly; **tutto ad un tratto** all of a sudden; *n. pl.* features

travedére *irr.* to catch sight of

traversare to cross; to go across

tréccia braid

tremare to tremble; to shake

tremarèlla: avére la tremarèlla to be scared stiff

tremèndo tremendous

trèmito tremor

tremolante trembling; shimmering

trèno train

trepidante aflutter

Trièste Italian city and seaport at the head of the Adriatic Sea

trillare to chirp

trincare to tipple

trinità trinity

trionfante triumphant

triónfo triumph

triste sad

trombétta trumpet

tròppo too; too much; **di tròppo** too many

trotterellare to trot

tròtto: al tròtto at a trot

trovare to find; **trovare di mèglio** to find something better; **far trovare** to have ready; **trovarsi** to find oneself; to happen to be; to like; **trovarsi bène** to like; *impers.* to be (located)

truffare to swindle

tubétto tube

tubo pipe

tuffare to plunge

turbaménto agitation

turbare to upset; **turbarsi** to become upset

turbato disturbed; ruffled

tùrbine *m.* vortex

turismo touring

tutelare to protect; *adj.* **nume tutelare** household god

tuttavìa yet, nevertheless

tutto *adj.* all, every; *pron. sing.* all, everything; *pl.* everybody, anybody; *adv.* completely; **tutt'altro che** anything but; **tutti e due** both; **tutt'insième** in one fell swoop; **tutto il giórno** all day long; **tutto il pomerìggio** the whole afternoon; **tutto qui** that's all there is to it; **tutto un** a whole; **c'è tutto** everything is here; **del tutto** completely

tuttóra still, till now

U

ubriàco drunk

uccèllo bird

uccìdere *irr.* to kill

ucciso *past part. of* **uccìdere**

Ùdine city in Venetia NE of Venice

udire *irr.* to hear

ufficiale *m.* officer; *adj.* official

ufficio office; **Ufficio d'Igiène** Board of Health

uggióso wearisome

uguale alike, even

ulivo olive tree

ùltimo last; *n.* **l'ùltima** the last straw

umanità humanity

umano human; èssere umano human being

ùmido *adj.* humid; *n.* humidity

ùmile humble

umiliare to humiliate

umiliazióne *f.* humiliation

umóre *m.* temperament

ùnico *adj.* only, single; only one

unifórme *f.* uniform

univèrso universe

uno *adj. and pron.* one; uno ad uno one by one; Itàlia una unified Italy; l'un l'altro one from the other; Nàpoli una unified Naples

untùme *m.* grease

untuóso greasy

uòmo man; uòmo polìtico political figure; póver'uòmo poor fellow

uòvo egg

urbano urbane

urlo cry, scream

urtarsi to get irritated

usanza custom

usare to use; to be in the habit of

uscière *m.* sheriff's deputy

ùscio door; doorway

usciòlo small door

uscire *irr.* to go out; to come out; to leave; to take out; uscire da to fall out of

uscita: vìa d'uscita way out

V

va' 2nd sing. *imperative of* andare

vacanza vacation; andare in va-canza to go on vacation; passare la vacanza to spend the vacation

vagare to wander

vàglia *m. invar.* money order

vago vague

vagóne *m.* freight car, car

valére *irr.* to be worth; valére a to succeed in; valére la péna to be worthwhile, to be worth the trouble

valigétta small suitcase

valìgia suitcase; fare la valìgia, to pack one's bag

vallata valley

valle *f.* valley; a valle down the valley

valóre *m.* value

valsi *p. abs. of* valére

vampa flash

vanga spade

vano *n.* doorway

vantàggio advantage

vantare to praise; vantarsi to boast

vànvera: discórso a vànvera empty words

vaporare to vaporize

vàrio miscellaneous

vasca tub

Vasco *prop. n.* from the Portuguese navigator Vasco da Gama

vasino: vasino da nòtte small chamber pot

vaso pot

vassóio tray

vècchia old woman

vecchiétto little old man

vècchio *adj.* old; *n.* old man

vecchióne *m.* fat old man

vecchiòtto sturdy old man

vedére *irr.* to see; farsi vedére to show up, to turn up; non potér

farsi vedére not to dare to go out; **nón vedérci** to be almost blind; **non vedér l'óra di** to be hardly able to wait to; **védi un pòco** see what happens

védova widow; **védova di guèrra** war widow

veìcolo vehicle

véla: andare a gónfie véle to go full steam ahead

velare to veil; **velarsi** to become veiled

velluto corduroy

vélo veil

velóce fast

velocità: a grande velocità at top speed

venale *adj.* money-mad

véndere to sell

vendicativo vindictive

véndita stall

venire *irr.* to come; (*as auxiliary instead of* **èssere**) to be; to happen; **venire incóntro a** to meet halfway; **venir méno** to faint; **da far venire** to arouse

vénni *p. abs. of* **venire**

ventata: a ventate in gusts

vènto wind; **al vènto** in the wind; **con le spalle al vènto** with backs turned to the wind; **prèndere il vènto** braving the wind

venuta *n.* coming

venuto *past part. of* **venire**

vèrbo verb

vérde green

verdógnolo greenish

verdura green vegetables

vergógna embarrassment; **avére vergógna (di)** to be ashamed (of)

vergógnarsi to be ashamed

vergognóso *adv.* in shame

verità truth

vernàcolo: pronùncia vernàcola local accent

verniciare to varnish

véro true, real

versante *m.* ridge

versare to pour; **versarsi** to pour for oneself

versicolóre many-colored

vèrso *prep.* toward; about; around; **vèrso l'alto** toward the upper stories; *n.* way; **rifare il vèrso a** to mimic

verzura verdure

véscovo bishop

vèste *f.* suit; *pl.* clothes

vestire to dress; **vestire di** to dress in; **vestirsi** to dress; **vestirsi da** to dress as; **vestire da sèra** to wear evening dress; **vestirsi di chiaro** to wear light colors; **vestirsi di scuro** to wear dark colors

vestito *n.* dress; *pl.* clothes; **vestito alla cacciatóra** hunting suit; **cambiarsi di vestito** to change one's clothes

vèto veto

vetrata French window

vetrina shop window

vétro glass; glass pane; *pl.* windows; glass door; **cabina di vétro** glass booth; **due vétri** two pieces of glass; **pòrta a vétri** glass door

vettura car; coach; vehicle

vezzeggiare to coddle

vi *adv.* there

via *n.* street; road; *adv.* away; far away; **via d'uscita** way out; **via**

intèrna side-street; via vai hustle and bustle; e così via and so forth and so on; e via di quésto passo and so on and so forth; per via di on account of; passare a vie di fatto to pass from words to blows; tirare via to hasten away

viaggiare to travel

viaggiatóre *m.* traveller, passenger; i signóri viaggiatóri the passengers

viàggio travel, journey, trip; fare; freight; viàggio di nòzze honeymoon trip; buòn viàggio have a nice trip; compagno di viàggio travelling companion; èssere in viàggio to be travelling; in viàggio travelling

viale *m.* avenue

vibrare to vibrate

vicènda vicissitude

vicino *adj. and adv.* near, close; nearby, neighboring; vicino a near; *n.* neighbor

vìcolo alley, very narrow street

vidi *p. abs. of* vedére

vietare (di) to forbid; to keep from

vigìlia eve, night before

vigna vineyard

vignéto vineyard

vigoróso strong

villa villa

Villa San Giovanni town at the tip of the Italian peninsula where one takes the ferryboat to go to Sicily

villàggio village

villano yokel

vìmine *m.* reed

vinàccia wine dregs

Vincènzo Vincent

vìncere *irr.* to win; to overcome

vincitóre *m.* winner

vino wine

vinsanto sweet wine

vinto *past part. of* vìncere

violènto violent

violènza violence; assault and battery

viòttolo path

vìscido viscous

visìbile visible

visièra visor

vìsita visit; bigliétto da vìsita calling card; fare una vìsita (medical) to examine

visitare to visit; to examine

viso face

vispo alert

vissuto *past part. of* vìvere

vista view; sight; eyesight; in vista exposed to view; misurare la vista to examine one's eyesight; pèrdere di vista to lose sight of

visto *past part. of* vedére

vita life; waistline; vita civile civilized society; vita in campagna country life; vita paesana smalltown life

vitto food; stanza e vitto board and room

vittòria victory

Vittòrio Emanuèle II (1820-1878) the first king of United Italy

vittorióso triumphant

Vitùccio *dim. of* Vito Vitus

vivacità sprightliness

vìvere *irr.* to live

vivo living; alive; keen; urgent; farsi vivo to give signs of life

vìzio vice

VOCABOLARIO

vizióso *n.* the spoiled darling
vocàbolo word
vóce *f.* voice; **a bassa vóce** in a
low voice; **ad alta vóce** aloud,
in a loud voice; **a gran vóce**
aloud; **con pòca vóce** with a
thread of voice; **con vóce sillabata** articulating every syllable; **dare una vóce a** to call to
vocétta thin voice, soft voice
vociare to shout
vocina soft voice
vocióne *m.* heavy voice
vòglia desire; **nessuna vòglia di**
complete indifference to; **sènza
vòglia** listlessly
voiàltri *contraction of* **voi altri**
you, you people
volante *m.* steering wheel; **méttersi
al volante** to get behind the
steering wheel
volare to fly; to flit
volenteróso eager
volentièri gladly
volére *irr.* to want; *(with expressions of time)* to take; **volér
bène a** to be fond of; **volér dire**
to mean; **volérci** *impers.* to need;
to take
vòlgere *irr.* to turn; **vòlgere attórno lo sguardo su** to gaze
around at; **vòlgersi** to turn
vòlli *p. abs. of* **volére**
vólo flight
volontà will
volontàrio voluntary
vòlta time; **ancóra una vòlta** once
more; **a sua vòlta** in its turn; **a
vòlte** at times; **in una sóla vòlta**
all at once; **qualche vòlta** sometimes; **una vòlta** once; *n.* vaulted
ceiling
voltare to turn; **voltare le spalle a**
to turn one's back on; **voltarsi** to
turn around
voltata *n.* turn
vólto face
voluminóso voluminous
volutaménte intentionally
vomitare to throw up
vuòto empty; **càmera vuòta** unfurnished room; *n.* void

Z

zèlo zeal
Zeus Zeus
zi' *apoc. of* **zìo** *or* **zìa**
zìa aunt
zìo uncle
zitto silent; not a word; **zitto zitto**
very quiet, very quietly; **Zitto!**
Be silent!; **stare zitto** to be quiet
zòccolo hoof; baseboard
zóna zone
zoppicare to limp
zuavo: **calzóni alla zuava** knickers
zucca squash
zuccherifìcio sugar factory
zufolare to whistle
zuppa soup
zuppièra tureen